經學、教育與香港大學

二十世紀的足跡

陳伯陶·
區大典··
溫肅···
朱汝珍····
劉百閔·····

許振興 著

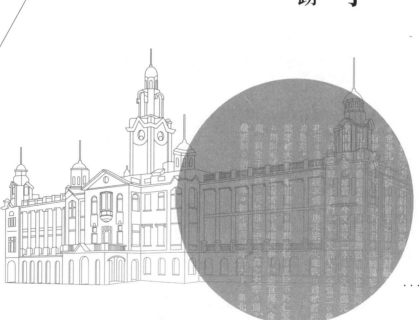

中華書局

目錄

緒　論

　　「經學」是西漢中期開始確立，以研究、闡釋儒家經籍，建構社會人生準則、成己成人、內聖外王的一門學問。由於它在學術上被西漢以來大多數統治者賦予「法定」的「獨尊」地位，又得到統治者在學校、教育、科舉、任官等方面的大力配合，所以能藉「大一統」、「天命」、「三綱」、「五倫」、「禮治」等思想與觀念的規範，在政治、社會、文化等層面將社會各階層的人民融結成密不可分的合成體。[1] 由於它的發展一直跟現實世界息息相關，是以它的實用價值長期受到社會各階層的廣泛肯定。因此，兩千多年來盡心經學者有若恆河沙數，而他們的行事、思想、著述等都一一成為「中國經學」不容忽視的內容。[2]

　　但隨着科舉制度與君主制度在清末民初相繼被廢除，經學在二十世紀驟然喪失賴以生存的土壤。科舉制度的廢除，令經學無法再成為士子的登龍利器；而民國政府的成立，又令維持經學權威地位的君主集權體制徹底被推翻。[3] 西方學校教育既成為國家育人選官的主要途徑，過往以

1　參看周予同（1898－1981）、湯志鈞：〈「經」、「經學」、經學史〉，載朱維錚（1936－2012）主編：《周予同經學史論著選集》（上海：上海人民出版社，1983 年 11 月），頁 656-657；湯志鈞撰：《近代經學與政治》（北京：中華書局，1989 年 8 月），頁 1-7；李威熊：〈明代經學發展的主流與旁支〉，載林慶彰、蔣秋華主編：《明代經學國際研討會論文集》（臺北：中央研究院中國文哲研究所籌備處，1996 年 6 月），頁 77；許道勛（1939－2000）、徐洪興撰：《中華文化通志・學術典・經學志》（上海：上海人民出版社，1998 年 10 月），頁 1-12、395-400。

2　朱維錚的《中國經學史十講》稱：「經學在中國很古老。倘若將西元前一三五年西漢帝國當局宣稱『儒術獨尊』視作起點，倘若將一九一二年民國臨時政府宣佈『廢止讀經』看作終點，那麼以不同形態相繼君臨中世紀列朝統治學說領域的經學，已經走過了兩千來年的漫長旅程。」（上海：復旦大學出版社，2002 年 10 月，〈小引〉，頁 1）

3　參看雷海宗（1902－1962）編著、黃振萍整理：《中國通史選讀》（北京：北京大學出版社，2006 年 5 月），頁 702。

經學為中心的知識體系遂被西方學科分類體系全面取代。「經學」不僅無法成為一門獨立學科（discipline）的名稱，它的內容更先後被劃歸「國學」或「哲學」等學科。這遂使中國的「經學時代」[4]在民國時期因着西方學校教育與學科分類重整的重重衝擊而被逼步上不歸路。[5]

經學在民國時期雖被摒於中、小學課程外，[6]當時不少大學仍藉着開授「國學概論」、「經學歷史」、「經學通論」、「經書選讀」、「專經研究」等科目（course）努力構建無「名」而有「實」的經學教育。[7]「中國經學」

4　「經學時代」是指儒學成為經學，並主導中國各王朝政治、經濟、社會、文化等層面發展的時代。馮友蘭（1895－1990）於一九三一年面世的《中國哲學史》上冊始用此名稱。他認為「自董仲舒（前179－前104）至康有為（1858－1927），大多數著書立說之人，其學說無論如何新奇，皆須於經學中求有根據，方可為一般人所信愛。經學雖常隨時代而變，而各時代精神，大部分必於經學中表現之，自孔子（孔丘，前551－前479）至淮南王（劉安，前179－前122）為子學時代，自董仲舒至康有為則經學時代也。」（馮友蘭撰、塗又光〔1927－2012〕纂：《三松堂全集》，第2卷〔《中國哲學史》上冊〕，開封：河南人民出版社，1988年5月，頁370）高瑞泉嘗在他與尹繼佐主編的《二十世紀中國社會科學·哲學卷》指出：「馮友蘭的這個說法有相當的概括力。經學，在今天的學者看來只是傳統學術的一部分，其實在古代中國曾經有至高無上的地位，因為它提供着整個文化的價值。這至少表現在四個方面：為歷代的政治提供了具體的合法性依據；是科舉取士的正統標準；承擔了文化傳承的任務；注釋經典是哲學家進行哲學創造的主要形式。所以說自董仲舒以後即進入了經學時代。」（上海：上海人民出版社，2005年9月，頁9）儘管這原是馮友蘭就中國哲學史分期提出的分期說法，現今借用於中國經學史的分期，實亦恰當。趙吉惠（1934－2005）的《中國儒學簡史》便認為後世容或對「經學時代」的具體時限有細微的差異，卻大體一致認同「經學時代」的存在（長沙：湖南人民出版社，2004年9月，頁337）。本書認為中華民國臨時政府教育部於一九一二年廢止師範、中、小學的讀經科正式標誌着「經學時代」的結束。

5　主要參看楊天石：〈儒學在近代中國〉，載中國現代文化學會編：《東西方文化交流的道路與選擇》（成都：四川人民出版社，1993年12月），頁311-322；羅志田：〈清末民初經學的邊緣化與史學的走向中心〉，載氏撰：《權勢轉移：近代中國的思想、社會與學術》（武漢：湖北人民出版社，1999年7月），頁302-341；房德鄰：〈西學東漸與經學的終結〉，載朱誠如等主編：《明清論叢》，第2輯（北京：紫禁城出版社，2001年4月），頁328-351；左玉河撰：《從四部之學到七科之學：學術分科與近代中國知識系統之創建》（上海：上海書店出版社，2004年10月）；張亞群撰：《科舉革廢與近代中國高等教育的轉型》（武漢：華中師範大學出版社，2005年3月），頁139-151。

6　龐樸主編的《20世紀儒學通志·紀事卷》稱：「民國元年（1912）1月19日，中華民國臨時政府教育部頒佈了《普通教育暫行辦法》，對舊教育進行改造，其中規定：『小學讀經科一律廢止』，代之以修身、國文和歷史等，而有關儒家經典的內容也只是眾多課程中的一部分。5月，教育部又頒發了第二道法令，『廢止師範、中、小學讀經科』。同時，時任教育總長的蔡元培（1868－1940）在全國第一屆教育會議上提出了『各級學校不應祭孔』的議案。三個連續動作，標誌着中國長久以來的讀經制度正式廢除。」（杭州：浙江大學出版社，2012年12月，頁18，法帥撰〈廢止讀經〉條）

7　參看王應憲：〈民國時期大學經學教育檢視〉，載《中國學術年刊》，第35期（2013年

〔下轉頁3〕

的發展遂得以幸運地在「後經學時代」[8]不致驟然橫遭腰斬。二十世紀的中國經歷從「經學時代」走向「後經學時代」的重要轉變，僻處中國南方海隅的香港於這期間能有學者在經學研究與經學教育上貢獻力量，箇中價值與意義自是不容等閒看待。可惜，相關人物的努力一直未獲後世重視。目前已出版的多種中國經學史都未見隻字提及「香港經學」便是明證。[9]

其實，近數年來香港經學才逐漸進入研究者的視野。它的定義、對象、內容等無疑都有待學者進一步確定。[10]但二十世紀香港經學的發展跟當時中國的政治、學術、教育、文化聲息相應卻是不爭的事實。日本侵華軍隊在一九四一年十二月至一九四五年八月攻佔香港的三年零八個月，便將二十世紀的香港歷史斷然分割。清廷廢除科舉制度與民國政府廢除君主制度，固然是二十世紀前期中國的要事，而辛亥（1911）革命前後相率移居香港的前清翰林與一九一二年成立的香港大學，都為此時期香港的經學發展提供了推動者與駐足地。中國在日本侵華戰爭中取得最終勝利，與民國政府在內戰中失掉大陸的管治權，都是二十世紀後期中國的要事，而民國政府遷往臺灣前後相率南移香港的國內學者，與

9月），頁110。

8　高瑞泉在《二十世紀中國社會科學‧哲學卷》指出：「後經學時代的最明顯的標誌，是經學從獨尊的、可以提供政治合法性和價值有效性論證的意識形態一變而僅僅為知識的一個特殊門類，而且還是一個日漸冷落的門類。」（頁10）

9　朱維錚認為：「經學史在中國卻很年輕。即使從晚清初具近代史學觀念的維新人士的所謂經學論著算起，到上個世紀末，這門學科的歷程，也只有一百多年，況且它的生存還倍歷坎坷。」（《中國經學史十講》，〈小引〉，頁1）因此，目前成書的中國經學史實際只有寥寥數種。皮錫瑞（1850－1908）撰著的《經學歷史》（上海：商務印書館，1925年）、馬宗霍（1897－1976）撰著的《中國經學史》（上海：商務印書館，1936年11月）、吳雁南等主編的《中國經學史》（福州：福建人民出版社，2001年9月）、許道勳與徐洪興合撰的《中國經學史》（上海：上海人民出版社，2006年10月）都是箇中犖犖大者。

10　林慶彰教授在二○一五年發表的〈香港經學文獻的檢索與利用〉嘗為「香港經學」作定義，稱：「香港經學一詞是最近幾年才流行起來的，它的內涵有待進一步的討論。我粗淺的理解，應符合下列條件學者的研究成果，才能算是香港經學。1.在香港長期任教或作研究的學者，在各地所發表的研究成果。2.某一時段在香港從事教學或研究，此一時段的教學或研究成果。3.香港留學生在世界各地獲得學位之學位論文。符合上述各條件的研究成果，可稱為香港經學。」（載《古籍整理研究學刊》，2015年第4期〔2015年7月〕，頁1）

一九四六年復課的香港大學同樣為此時期香港的經學發展，提供了時、地、人的需要條件。中國政治上的變動意外地為香港的經學發展注入生力軍，而本是大英帝國殖民地大學的香港大學，亦始料不及地一再領導香港的經學研究與經學教育。這箇中的人和事，自然饒具被抽絲剝繭的探究價值。因此，本書雖以《經學、教育與香港大學 —— 二十世紀的足跡》為名，實際仍不可避免地聚焦於跟香港大學息息相關的「二十世紀香港經學」與「二十世紀香港經學教育」。

第一章
二十世紀香港經學發展的背景

一 · 導言

「香港」包括香港島、九龍半島、新界與離島。它位處珠江出海口的
東側，僻處南海一隅。香港是否「文化沙漠」固然見仁見智，可是二十
世紀前香港的經學教育絕不普及確是事實，而經學研究幾付闕如亦非虛
言。[1] 二十世紀的中國經歷從「經學時代」走向「後經學時代」的重要轉
變，僻處香港的學者卻因緣際會，在經學研究與經學教育上作出了不容
否定的貢獻。

香港一向是中國的領土，自一八四一年一月二十六日英國軍隊侵佔
香港島後，便因着一八四二年八月二十九日清朝與英國簽訂的《南京
條約》而被迫淪為英國的殖民地。[2] 此後，英國相繼藉着一八六〇年十月

1　香港（主要是新界）自宋代始，間有獲薦辟入仕、獲登甲科、獲鄉試中式、獲選貢生、
　　獲選例貢者，相關資料，可參看王齊樂撰：《香港中文教育發展史》（香港：三聯書店〔香
　　港〕有限公司，1996 年 9 月），頁 67-74。這固然是教育的成效，而經學教育當是箇中
　　要項。但千年以來幸獲此等殊遇者寥寥可數，足證有緣接受經學教育者絕非多數，更遑
　　論從事經學研究者。

2　據褚德新、梁德主編：《中外約章匯要：1689－1949》一書附上的注釋，「本約簽訂時
　　原無定名，史籍中又稱《江寧條約》、《白門條約》。多數近代史著稱《南京條約》。」
　　（哈爾濱：黑龍江人民出版社，1991 年 1 月，頁 72）該條約第三條稱：「因大英商船
　　遠路涉洋，往往有損壞須修補者，自應給予沿海一處，以便修船及存守所用物料。今大
　　皇帝准將香港一島給予大英國君主暨嗣後世襲主位者常遠據守主掌，任便立法治理。」
　　（同上書，頁 70）香港島自是淪為英國的殖民地。丁新豹的〈歷史的轉折：殖民體系
　　的建立和演進〉指出「條約的中英文版本詞意頗有出入。英文本上用 cede（割讓）、

〔下轉頁 6〕

二十四日簽訂的《中英北京條約》與一八九八年六月九日簽訂的《展拓香港界址專條》將九龍半島、新界與離島納入他們的殖民統治範圍。[3]香港的首次「英佔時期」於一九四一年十二月二十五日因着日本軍隊攻佔香港而結束。此後三年零八個月的「日佔時期」，香港在日本軍政府的管治下，將港英殖民地政府在首次「英佔時期」建立的政治、社會、經濟、文化體制徹底摧毀。[4]一九四五年八月十五日，日本天皇裕仁（1901－1989，1926－1989 在位）宣佈無條件投降。英國皇家海軍在英軍總司令夏慤（Cecil Halliday Jepson Harcourt，1892－1959）率領下於八月三十日登陸香港島，並逐步接管九龍半島與新界，從而開始香港歷史

---

to be possessed in perpetuity（永遠擁有）及 to be governed by such laws and regulations as Her Majesty the Queen of Great Britain etc. shall see fit to direct（由英女皇視為適當的法律和規例所統治）等完全肯定的字眼。根據英文本，英人無疑擁有香港的主、治權。但反觀中文本卻只說『給予』、『常遠主掌』（《中外約章匯要：1689－1949》作「常遠據守主掌」）、『任便立法治理』。……由於中英文本詞意不盡相同，遂導致雙方各持己見，為香港主權、治權，展開一次又一次的論爭。」（王賡武主編：《香港史新編》，香港：三聯書店〔香港〕有限公司，1999 年 7 月，頁 69）

3　《中英北京條約》，據《中外約章匯要：1689－1949》一書附上的注釋稱：「本約原稱中英《續增條約》，通稱《中英北京條約》。」（頁 162）該約第六款稱：「前據本年二月二十八日大清兩廣總督勞崇光（1802－1867），將粵東九龍司地方一品，交與大英駐扎粵省暫充英法總局正使功眷三等寶星巴夏禮（Harry Smith Parkes, 1828－1885）代國立批永租在案，茲大清大皇帝定即將該地界付與大英大君主并歷後嗣，并歸英屬香港界內，以期該港埠面管轄所及庶保無事。其批作為廢紙外，其有該地華民自稱業戶，應由彼此兩國各派委員會勘查明，果為該戶本業，嗣後倘遇勢必令遷別地，大英國無不公當賠補。」（同上書，頁 161）九龍半島遂歸英國擁有。《展拓香港界址專條》稱：「溯查多年以來，素悉香港一處非展拓界址不足以資保衛，今中、英兩國政府議定大略，按照粘附地圖，展擴英界，作為新租之地。其所定詳細界線，應俟兩國派員勘明後再行劃定。以九十九年為限期。又議定，所有現在九龍城內駐扎之中國官員，仍可在城內各司其事，惟不得與保衛香港之武備有所妨礙。其餘新租之地，專歸英國管轄。至九龍向通新安陸路，中國官民照常行走。又議定，仍留附近九龍城原舊碼頭一區，以便中國兵、商各船、渡艇任便往來停泊，且便城內官民任便行走。將來中國建造鐵路至九龍英國管轄之界，臨時商辦。又議定，在所展界內，不可將居民迫令遷移，產業入官，若因修建衙署、築造礮臺等，官工需用地段，皆應從公給價。自開辦後，遇有兩國交犯之事，仍照中、英原約香港章程辦理。查按照粘附地圖所租與英國之地內有大鵬灣、深圳灣水面，唯議定，該兩灣中國兵船，無論在局內、局外，仍可享用。」（同上書，頁 315）新界與離島自是被逼租予英國九十九年。

4　有關香港首次「英佔時期」歷時百年的發展與「日佔時期」三年零八個月的狀況，主要可參看丁新豹的〈歷史的轉折：殖民體系的建立和演進〉（《香港史新編》，頁 59-130）。「日佔時期」香港的情狀，另可參看謝永光（1928－1998）撰：《戰時日軍在香港暴行》（香港：明報出版社，1991 年 11 月）與關禮雄撰：《日佔時期的香港》（香港：三聯書店〔香港〕有限公司，1993 年 8 月）兩書。

上第二次「英佔時期」。[5] 這第二次「英佔時期」因一九九七年七月一日香港回歸中國而在該年六月三十日結束。[6] 因此，一八四一年、一九四一年、一九四五年與一九九七年都是香港歷史上極重要的年份。

英國在第一次「英佔時期」踏進二十世紀前已成功將香港島、九龍半島、新界與離島納入他們的殖民管治範圍。此後四十年間，一九一二年中華民國建國[7]與清宣統帝（愛新覺羅溥儀，1906－1967，1909－1911 在位）遜位，[8] 令中華民國取代滿清皇朝成為英國致力在中國爭取最大利益的新對手。由於文化的發展總不免受着同時期政治、社會、經濟等因素的影響，香港處身中、英兩國夾縫間，除房產、貿易、工商業等需另闢蹊徑外，[9] 文化發展亦不能例外。香港著名史學家羅香林（1906－1978）便嘗以一八四二年至一九一一年為香港「商埠初建的階段」，而一九一二年至一九四一年則為香港「文化建設的階段」。[10] 香港經學的發

5　參看劉存寬（1928－2012）：〈英國重佔香港與受降問題〉，載余繩武（1926－2009）、劉蜀永主編：《二十世紀的香港》（香港：麒麟書業有限公司，1995 年 12 月），頁 214-224。

6　參看徐中約（1923－2005）撰，計秋楓、朱慶葆譯：《中國近代史》（香港：中文大學出版社，2001－2002 年），頁 1017-1027。

7　中華民國成立於一九一二年一月一日。有關「中華民國」一名的由來與意義，蔣永敬（1922－2018）〈從三個名詞的微觀角度透視辛亥革命〉（載林啟彥等主編：《有志竟成——孫中山、辛亥革命與近代中國》，香港：香港浸會大學人文中國學報編輯委員會、香港中國近代史學會，2005 年 12 月，頁 25-35）一文嘗作闡釋，可供參考。

8　清宣統帝於一九一二年二月十二日遜位。退位詔由中華民國臨時政府實業部總長張謇（1853－1926）預擬，經清朝內閣總理大臣袁世凱（1859－1916）增訂成文。詔書全文，參看中國科學院近代史研究所史料組編輯：《辛亥革命資料》（北京：中華書局，1961 年 10 月），《南京臨時政府公報》，第 15 號（中華民國元年二月十四日），〈電報〉，頁 118。有關詔書的探討，逯耀東（1932－2006）：〈對清帝退位詔書的幾點蠡測〉（載《中國歷史學會史學集刊》，第 6 期，1974 年 5 月，頁 251-276）一文可備參考。

9　香港在鴉片戰爭後約百年間如何倚仗它處身中、英兩國夾縫的獨特身份，依靠在港商人與港英政府的「經營和建設」，從「無關重要的荒島」逐步「繁榮」起來的景象，培淞在一九三五年撰寫的〈香港〉（載《粵風》，第 1 卷第 2 期〔1935 年 8 月〕，頁 5-8；另載盧瑋鑾編：《香港的憂鬱——文人筆下的香港（一九二五——一九四一）》，香港：華風書局，1983 年 12 月，頁 63-67）一文，或許正是當時一眾「文人」的心聲，不妨參看。

10　參看羅香林：〈香港史話序〉，載林友蘭（1916－1980）撰：《香港史話》（香港：芭蕉書房，1975 年 9 月），頁 4。羅香林特別強調香港大學的創立與發展是此「文化建設的階段」主要的象徵。

展便是因着此獨特的環境而別有一番景象。

二·清末民初經學的命運

　　清代學術昌盛，經學在科舉制度的配合下，因着經世之學、考據學、古文經學、今文經學的相繼盛行而時見綻放異彩。參與人數與著述數目更是盛況空前。[11] 這大抵緣於經學的實用價值長期受到社會的廣泛肯定。但隨着英、法、俄、日等列強相繼壓境，清廷上下禦敵無方；內憂外患紛至沓來，令經學的實用價值遭到前所未有的挑戰。[12] 晚清時期不少在朝在野的士人遂自動自覺努力尋求救急解困的良方。由於他們是經學薰陶下成長、仕進的一群，他們順理成章將經學應用到各方面的改革上，這便令他們不得不認真思索經學的價值與實用功效。張之洞（1837－1909）取法廣東著名書院學海堂[13]先後創辦四川尊經書院與廣

11　參看艾爾曼（Benjamin A. Elman）撰、張琰譯：〈清代科舉與經學的關係〉，載《故宮博物院院刊》（1996 年第 4 期，1996 年 8 月），頁 1-12。此外，Benjamin A. Elman "Political, Social, and Cultural Reproduction via Civil Service Examinations in Late Imperial China"（*The Journal of Asian Studies*, Vol. 50, No. 1, February, 1991, pp. 7-28；中譯本為艾爾曼撰、謝海濤譯：〈艾爾曼論中華帝國晚期科舉的三重屬性 —— 政治、社會和文化再生產〉，載《北方民族大學學報（哲學社會科學版）》，2010 年第 6 期〔總第 96 期〕，2010 年 12 月，頁 90-96）與劉海峰：〈科舉制與儒學的傳承繁衍〉（載《中國地質大學學報（社會科學版）》，第 9 卷第 1 期，2009 年 1 月，頁 7-13）兩文亦可參考。有關清代經學的發展，可參看吳雁南主編：《清代經學史通論》（昆明：雲南大學出版社，2001 年 2 月）一書。有關清代科舉考試的內容，參看鄧嗣禹（1905－1988）撰：《中國考試制度史》（臺北：臺灣學生書局，1977 年 8 月），頁 221-242；劉海峰、李兵撰：《中國科舉史》（上海：東方出版中心，2006 年 1 月），頁 353-382。

12　「經學」與「儒學」在晚清遭到的各式挑戰，頗多類同，可參看房德鄰撰：《儒學的危機與嬗變 —— 康有為與近代儒學》（臺北：文津出版社，1992 年 1 月）一書。有關「經學」與「儒學」的關係與異同，參看許道勳、徐洪興撰：《中華文化通志·學術典·經學志》（上海：上海人民出版社，1998 年 10 月），頁 9-12。

13　有關廣東著名書院學海堂的創建、建置、規制、學長、專課肄業生、《學海堂集》選取者與學海堂所刻書諸項，容肇祖（1897－1994）的〈學海堂考〉（載《嶺南學報》，第 3 卷第 4 期，1934 年 6 月，頁 1-147）資料頗豐，可參看。此外，Steven B. Miles（麥哲維）以他的博士論文 *Local Matters: Lineage, scholarship and the Xuehaitang Academy in the Construction of Regional Identities in South China, 1810-1880* (A dissertation submitted in partial fulfillment of the requirements for the degree of

〔下轉頁 9〕

東廣雅書院的經歷，正是他們意圖本經學以經世的連番嘗試與探索。[14]
但嚴峻的現實，亡國滅種的威脅，使不少論者進而思索經學與人才的關
係。他們甚至認定唐代以來經學賴以傳承繁衍的科舉制度是人才不適時
用的罪魁禍首。廢除科舉的議論在二十世紀初高唱入雲。一九○五年九
月二日（光緒三十一年八月初四日甲辰），清廷在朝野壓力下，因袁世
凱、趙爾巽（1844－1927）、張之洞等會奏要求停止科舉、推廣學校而
飭令「丙午（1906）科為始，所有鄉、會試一律停止，各省歲、科考試
亦即停止」，[15] 而以張之洞、榮慶、張百熙等共同設計，經清廷於一九○
四年一月十三日（光緒二十九年十一月二十六日丙午）頒令的《奏定學
堂章程》（即「癸卯學制」）為本，[16]「着學務大臣迅速頒發各種教科書，
以定指歸而宏造就。並着責成各該督撫實力通籌，嚴飭府、廳、州、縣
趕緊於城鄉各處遍設蒙、小學堂，慎選師資，廣開民智。」[17] 這不單為已
推行一千三百年的科舉制度劃上句號，更徹底瓦解了宋代以來經義取士
形成的「經學、科舉、取士三位一體」，[18] 共榮共存的相互依存關係。

　　清廷匆匆廢科舉的影響，絕非當時政策推動者所能輕易預作估

Doctor of Philosophy, University of Washington, 2000）為基礎撰寫的專著 *The Sea of Learning: Mobility and Identity in Nineteenth-century Guangzhou* (Cambridge, Mass.: Harvard University Asia Center, 2006)，內容詳盡，頗便參看。

14　有關四川尊經書院與廣東廣雅書院創建與發展的種種啟示，謝放的〈從晚清書院看 19
　　世紀後期中西文化交流的地域差異〉（載趙春晨等主編：《中西文化交流與嶺南社會變
　　遷》，北京：中國社會科學出版社，2004 年 3 月，頁 117-134）與拙撰〈經學與世變：
　　晚清四川尊經書院的見證〉（「四川學者的經學研究」第一次學術研討會論文，臺北：中
　　央研究院中國文哲研究所，2006 年 7 月 14 日）俱可參考。

15　楊學為主編：《中國考試史文獻集成》，第 6 卷（北京：高等教育出版社，2003 年 7 月），
　　頁 790，〈袁世凱、趙爾巽、張之洞等會奏之停科舉推廣學校摺暨上諭立停科舉以廣學
　　校〉（光緒三十一年八月四日）。

16　參看課程教材研究所編：《20 世紀中國中小學課程標準・教學大綱匯編：課程（教學）
　　計劃卷》（北京：人民教育出版社，2001 年 2 月），《奏定初等小學堂章程》，頁 23-
　　30；《奏定高等小學堂章程》，頁 31-39；《奏定中學堂章程》，頁 40-48。

17　《中國考試史文獻集成》，第 6 卷，頁 790，〈袁世凱、趙爾巽、張之洞等會奏之停科舉
　　推廣學校摺暨上諭立停科舉以廣學校〉（光緒三十一年八月四日）。

18　參看王曾瑜訪談、張弘採訪：〈經學、科舉、取士三位一體〉，載《新京報》主編：《科
　　舉百年 —— 科舉、現代教育與文官制度的歷史審察》（北京：同心出版社，2006 年 2
　　月），頁 252-253。

量。[19] 孫中山（1866－1925）於一九一〇年二、三月間接受舊金山致公堂主辦的《大同日報》主筆劉成禺訪問時，便嘗力數科舉制度的優點：

> 中國歷代考試制度不但合乎平民政治，且突過現代之民主政治。中國自世卿、貴族、門閥薦舉制度推翻，唐宋屬行考試，明清尤峻法執行，無論試詩賦、策論、八股文，人才輩出；雖所試科目不合時用，制度則昭若日月。朝為平民，一試得第，暮登臺省；世家貴族所不能得，平民一舉而得之。謂非民主國之人民極端平等政治，不可得也！美國考試均由學校教育付諸各省，中央不過設一教育局，管理整齊，故官吏非由考試，而由一黨之推用；唯司法有終身保障。英國永久官吏制度，近乎中國之衙門書吏制度，非考試制度。唯唐宋以來，官吏均由考試出身。科場條例，任何權力不能干涉。一經派為主考學政，為君主所欽命，獨立之權高於一切。官吏非由此出身，不能稱正途。士子等莘莘向學，納人才於興奮，無奔競，無繳（徼）幸。此予酌古酌今，為吾國獨有，而世界所無也。[20]

論者嘗以為「孫中山的觀點導致了後來民國考試院的建立，實際上是科舉制的復活」。[21] 但新成立的民國政府一直只着眼於晚清學制的內容更定，而絕無重新推行科舉的意圖。科舉制實際已成了「歷史」。

科舉制的廢除，令經學喪失了賴以生存的土壤；而民國政府的成立，又令維持經學權威地位的君主集權體制徹底被推翻。面對如此局面，雷海宗（1902－1962）嘗就科舉廢除與帝制被推翻兩事發出無奈的慨歎：

19　參看羅志田：〈清季科舉制改革的社會影響〉，載《中國社會科學》，1998 年第 4 期（1998 年 8 月），頁 185-196；何懷宏撰：《選舉社會及其終結：秦漢至晚清歷史的一種社會學闡釋》（北京：生活‧讀書‧新知三聯書店，1998 年 12 月），頁 416-424；楊天宏：〈科舉制度的革廢與近代軍閥政治的興衰〉，載氏撰：《中國的近代轉型與傳統制約》（貴陽：貴州人民出版社，2000 年 8 月），頁 104-142；《中國科舉史》，頁 427-431；楊齊福：〈清末廢科舉的社會效應〉，載劉海峰、張亞群編：《科舉制的終結與科舉學的興起》（武漢：華中師範大學出版社，2006 年 10 月），頁 370-376；王日根撰：《中國科舉考試與社會影響》（長沙：岳麓書社，2007 年 11 月），頁 390-431。

20　廣東省社會科學院歷史研究室等合編：《孫中山全集》，第 1 卷（北京：中華書局，1981 年 8 月），頁 446，〈與劉成禺的談話（一九一〇年二三月間）〉。

21　劉海峰撰：《科舉學導論》（武漢：華中師範大學出版社，2005 年 8 月），頁 124。

　　傳統的中國，在制度方面可以帝制為象徵，在文化方面可以科舉為象徵。經過西洋七十年（1842 年至 1912 年）的打擊之後，自宋以下勉強支持的中國不能再繼續掙扎，傳統中國的兩個古老象徵也就隨着清朝一併消滅。⋯⋯

　　帝制先取消了科舉，象徵傳統文化大崩潰的開始；然後帝制自己也被取消，象徵傳統制度大崩潰的開始。所餘的是一個在政治文化各方面都失去重心的中國，只有一個外表上全新的面孔聊以自慰自娛。積弱不堪的民族文化從此要在新舊的指針一併缺乏之下盲目地改換方向，亂尋方向；前途茫茫，一切都在不可知的數中。[22]

民國政府建立民主共和政體後，根本無法針對「傳統政治文化之總崩潰」[23] 的權威真空現象提出有效的統治政策。南京臨時政府教育部標示的國家教育宗旨率先以「忠君」不合於共和政體、「尊孔」有違於信教自由，取消清廷強調的「忠君」、「尊孔」教育；又將清廷訂立的「尚公」、「尚武」、「尚實」諸教育方針改造為注重道德教育、實利教育、軍國民教育與美感教育，以體現受教育者身心和諧發展的教育新路向。袁世凱的北京民國政府雖於一九一四年一月通過「祀孔」法案，令全國恢復尊孔、祀孔，從而在社會上掀起一陣尊孔讀經的風氣；可是，一九一三年「壬子——癸丑學制」的落實推行、一九一六年洪憲帝制的失敗與袁世凱的去世等事件，都令尊孔讀經在新文化運動衝擊下日漸失卻主導的地位。[24]

22　《中國通史選讀》，頁 702。

23　雷海宗以 1839 年至 1912 年為「傳統政治文化之總崩潰」的時代，參看同上書，頁 677-706。

24　參看李果主編：《20 世紀的中國・教育事業卷》（蘭州：甘肅人民出版社，2000 年 6 月），頁 56-70；董孟懷等撰：《百年教育回眸》（北京：中國經濟出版社，2000 年 9 月），頁 47-53；孫培青主編：《中國教育史（修訂版）》（上海：華東師範大學出版社，2001 年 1 月），頁 357-373；楊東平主撰：《艱難的日出——中國現代教育的 20 世紀》（上海：文匯出版社，2003 年 8 月），頁 27-38；蘇雲峰（1933－2008）撰、吳家瑩整理：《中國新教育的萌芽與成長（1860－1928）》（北京：北京大學出版社，2007 年 1 月），頁 19-39；袁征：〈儒學在中國現代教育中的地位（1901－1949 年）〉，載氏撰：《孔子・蔡元培・西南聯大——中國教育的發展和轉折》（北京：人民日報出版社，2007 年 1 月），頁 137-156。

　　清末民初是中國教育發展的重要時期，更是中國教育現代化的關鍵時期。從一九○二年《欽定京師大學堂章程》到一九一三年的《公佈大學規程》、一九○四年的「癸卯學制」到一九一三年的「壬子 ── 癸丑學制」，新學制帶動的學科建設在「分科教學」的設置原則下，自小學至大學均以西方的專門學科分類為主導。過往以經學為中心的知識體系遂被西方學科分類體系分解為不同的學科，「經學」不僅無法成為一門獨立學科的名稱，更因日趨邊緣化而先後被劃歸「國學」或「哲學」等科。中國從此告別「經學時代」，而香港的經學發展自是難免深受影響。

三‧二十世紀前香港的經學教育

　　香港的教育發展隨着香港島、九龍半島與新界先後歸於英國管治而被區分為前、後兩階段。各相關地區在英佔以前的教育，大抵秉承宋、元以來的發展模式，以書室、學塾為主要的教與學媒介。教師除着重啟蒙學生外，亦會盡力嘗試引導他們致力舉業。英國管治下的香港殖民地政府在一八四四年便曾記錄得香港島上共有七所要求學生直接向塾師繳費的學塾。這七所學塾的學生，學習的內容主要是《三字經》、《百家姓》等蒙學教材，而學習活動則偏重於識字、誦讀、摹寫、習字等。這大抵應是英佔香港前已存在的慣常教與學模式。[25] 九龍半島與新界的民間教育則多以村落與家族為重心，而於廟宇、祠堂設置學塾、學校作村民的學習場所；稍為富足的村落與家族則每特設書室、家塾、書院等供村民與族人學習。[26] 儘管學生能藉中舉獲得朝廷授官者寥若晨星，村中父老對子弟的教育仍相當重視。專研香港中文教育史的王齊樂便嘗記錄得創建年代可確考與大致可考的書室與學校二十所，計有：元朗錦田的桂角山下力瀛書院、水頭村二帝書院、大沙洲與北圍村間周王二公書院，元朗屏

25　參看 G. B. Endacott (1900－1971): *A History of Hong Kong* (Hong Kong: Oxford University Press, 1964), p.142，《香港中文教育發展史》，頁 78-80。

26　參看吳倫霓霞：〈教育的回顧（上篇）〉，載《香港史新編》，頁 419。

山的坑尾村若虛書室、坑尾村覲廷書室、坑尾村聖軒公家塾、坑頭村五
桂書室、塘坊村述卿書室，元朗新田的蕃田村文氏宗祠、蕃田村麟峯文
公祠，上水的石湖墟報德祠、鄉門口村與中心村間萬石堂、大圍村應鳳
廖公家塾、莆上村應龍廖公家塾、鄉莆上村允升家塾，粉嶺的龍躍頭新
屋村（原名西竹村）善述書室，沙頭角的上禾坑村鏡蓉書屋，大埔的泰
亨村善慶書室，九龍的九華徑村養正家塾、九龍寨城內的龍津義學。[27]
此外，他亦訪得創建年份不詳的大埔泰亨村藝浣堂與正倫書室、上水鄉
大園村圖南書室與萃英堂、大埔頭村敬羅家塾。[28] 莘莘學子在父老、師
長的敦促、鞭策下，能藉科舉揚名者計有：元朗錦田人鄧文蔚獲中康熙
二十四年（1685）乙丑科陸肯堂榜第三甲進士，元朗錦田人鄧與璋以《書
經》中式、登乾隆元年（1736）丙辰科第二名、元朗錦田人鄧晃（又名
鄧正晃）亦以《書經》中式、登乾隆二十七年（1762）壬午科，上水金
錢村人侯倬雲以《詩經》中式、登乾隆五十三年（1788）戊申科，上水
人廖有執獲中嘉慶十二年（1807）丁卯科、登舉人第六十一名，上水人
廖汝翼獲中道光二十九年（1849）己酉科、登舉人第三十六名。此外，
獲選為貢生、例貢、增生或附生者亦時有所聞。[29] 這都證明英佔香港前，
新界的教育遠較香港島與九龍半島發達，而錦田、屏山、大埔、上水諸
地居民的教育水平則應較新界其他地區為高。香港島與九龍半島一直未
有成功涉足科場者，而鄧姓家族則是新界的主要科場得益者。清代的登
第者未必具備卓越的學術成就，卻必定是經學教育的受惠者，而新界個
別地區的經學教育水平無疑已達朝廷認許的程度。

　　自一八四一年英國軍隊登陸香港島後，香港島原有的教育便遭到前
所未有的衝擊與挑戰。緊隨英國軍隊抵埗的西洋傳教士藉着一八四二年
清朝與英國簽訂的《南京條約》，在香港成為英國的殖民地後，相率在
香港開展佈道、教育、出版、醫療等工作。他們都不約而同視香港為儲

27　參看《香港中文教育發展史》，頁 32-63。

28　參看同上書，頁 45-51。

29　有關新界各地學子廁身科舉的情況，參看同上書，頁 68-73。

備實力、培養人材以求北向進入中國佈道的跳板。[30] 他們引進的西方學校教育制度更成為「英佔時期」香港教育的最重要標誌。

　　英佔初期的香港殖民地政府本無意涉足教育事務，而只希望假手教會培養政府需要的人材。當時以英華書院（Anglo-Chinese College）院長（即校長）理雅各（James Legge，1815－1897）為首的基督教更正教（Protestant Christianity）教會領袖一直着重帶領學生融入社會的世俗教育；而以香港首任宗座代牧（Vicario Apostolico）高神父（Father Timoleon Raimondi，1827－1894）為首的羅馬天主教（Roman Catholic）教會領袖則強調大力向學生推行濃厚宗教教育的重要。他們南轅北轍的教育思想令港英殖民地政府意圖藉教會教育培養需要人材的構想一直成效不彰。殖民地政府遂決定發展官辦教育，積極提倡英語教學。一八六二年創辦的中央書院（The Government Central School）[31] 與一八九〇年創辦的中央女子書塾（Central School for Girls，即日後的庇理羅士女書塾，Belilios Public School）[32] 便是香港

30　梁廣漢（Leung Kwong-hon）的 "Obstacles to the development of missionary education in Hong Kong in the 1840s and 1850s" 嘗指出學校（教育）、醫院（醫療）、教堂（佈道）是傳教士在新抵地區紮根佈道的必備媒介。十九世紀四十年代新抵香港的西洋傳教士為求立足，大多採用佈道為先、教育居次、醫療殿後的佈道策略。因為他們深知香港居民若對傳教士的作為一無所知，則教育、醫療、佈道諸事便無從開展。但他清楚申明各方傳教士在香港的努力，都以北向進入中國發展為目標（載馬楚堅、楊小燕主編：《羅香林教授與香港史學 —— 羅香林逝世二十週年紀念論文集》，香港：羅香林教授逝世二十週年學術研討會籌備委員會，2006 年 10 月，頁 300）。

31　中央書院於一八六二年開始接納學生入學，一八八九年改稱為維多利亞書院（Victoria College），一八九四年再改稱為皇仁書院（Queen's College），並沿用至今。有關中央書院的創辦與相關歷史，可參看 Anthony Edward Sweeting（施偉庭，1938－2008）: Education in Hong Kong Pre-1841 to 1941: Fact and Opinion - Materials for a History of Education in Hong Kong (Hong Kong: Hong Kong University Press, 1990), pp.150-152, 213-215；《香港中文教育發展史》，頁 132-138, 167-172；Gwenneth Stokes（司徒胡君麗）: Queen's College, 1862-1962, Hong Kong: Queen's College, 1962；Gwenneth and John Stokes（司徒胡君麗與司徒莊）: Queen's College: Its History 1862-1987, Hong Kong: Queen's College Old Boy's Association, 1987；Queen's College (ed.): Queen's College, Hong Kong: Queen's College, 2000. 王齊樂於《香港中文教育發展史》指出中央書院成立後，「是當時全港最大的書院，故此也稱為『大書院』；又因為它是政府所設立的，所以又稱為『國家大書院』。」（頁 138）

32　有關中央女子書塾的創辦與相關歷史，可參看 Education in Hong Kong Pre-1841 to 1941: Fact and Opinion - Materials for a History of Education in Hong Kong,

〔下轉頁 15〕

首間官立男校與官立女校。[33]

香港殖民地政府在倡辦官辦教育、提倡英語教學的同時，為了平衡各宗教派系在教育路向上的分歧，在中央書院首任掌院、香港教育司首任首長史釗活（Frederick Stewart，1836－1889）的倡議下，[34] 立法局於一八七三年四月二十四日通過大力推行「補助書館計劃」（Grant-in-Aid Scheme）。計劃規定受助的書館須是公眾可以入讀的不牟利初級程度書館，學生每天的出席數目不少於二十人，每日須有不少於四小時的世俗教育課程。政府應允不干預受助書館上課時間以外的宗教教育內容，而書館可自由聘用具備政府認許資格的教師。政府願意補助此等教師薪酬的四分一。政府每年任命考官主持學年考試，書館整體的補助金額便以學生學年考試的成績為據。計劃甫推出，便吸引各宗教團體主辦的書館參加。但羅馬天主教教會始終對計劃強調的濃烈世俗教育意味表示極不滿意。一八七三年底，已參加計劃的羅馬天主教教會書館全部退出，而未參加計劃者則一律拒絕參加。一八七七年，香港總督軒尼詩

p.213；《香港中文教育發展史》，頁 172。

33 中央書院為香港首間官立學校與官立男校的地位近年不斷受到學者的挑戰。香港的英皇書院（King's College）前副校長梁植穎便在長期焚膏繼晷，窮翻大量政府檔案後，在二〇一七年出版《官立英皇書院創校 160 周年紀念文獻圖片集（1857－2017）》（香港：明報出版社有限公司，2017 年 11 月）一書，論證英皇書院的創辦實應溯源於一八五七年創辦的西角書院，所以該書院才是香港首間官立學校與官立男校。丁新豹為該書撰的〈序言（一）〉甫開首便已指出：「開埠之初，香港政府的首要任務是發展經濟及進行基礎建設。教育工作多倚仗教會──特別是基督新教提供，所以本港最早開辦的學校都是教會學校。直至 1862 年，政府創立中央書館（當時稱大書館，即後來的皇仁書院），一般視為政府投資教育之始。這說法並不正確，忽略了在此之前，政府已在多區設立『皇家書館』（Government Schools），1857 年更委任德國傳教士羅傳列牧師（Rev. W. Lobscheid）為監督。皇家書館教授《三字經》、《千字文》、四書五經，也有歷史、地理等科目。皇家書館的前身可追溯到分佈於港島維多利亞城、赤柱及石排灣的三間私立學塾。這些皇家書館可算是香港官立小學教育的濫觴。從 1847 年港府開始資助私立學塾及把它改成皇家館，至 1857 年，皇家書館由三間增至十九間，反映了人口增加與城市拓展。……其中正包括了創辦於 1857 年的西角書院（West Point School）。」（頁 iv）梁植穎在書中便逐一臚列史料，介紹這一八五七年創辦的西角書院在一八七二年易名為西營盤書院（Sai Ying Pun Anglo-Chinese Government School），再在一九二六年正名為英皇書院的歷程（參看該書頁 1-64）。

34 有關中央書院首任掌院與香港教育司首任首長史釗活的行事，可參看 Gillian Bickley 撰 *The Golden Needle: The Biography of Frederick Stewart (1836-1889)*(Hong Kong: David C. Lam Institute for East-West Studies, 1997) 一書。

（John Pope Hennessy，1843－1890，1877－1882 在任）修訂補助書館條例，並於一八七九年一月起施行，准許書館在每周教授足夠時數的世俗科目後可以在上課時間內教授宗教科目。這遂令長期爭議不休的宗教教育與世俗教育問題得以圓滿解決，而各宗教團體亦樂意全力投身教育的發展，令殖民地政府積極提倡英語教學的意願得以實踐。[35]

除了官辦學校與教會學校外，民間塾館仍廣受普羅大眾歡迎。一八八三年任職註冊署署長的原中央書院首任校長史釗活曾調查得香港島共有私人開辦的收費塾館一百零三間，學童一千一百六十一人，佔適齡學童數目三分一。由於塾館缺乏官方資助，規模一般較小、設備亦較簡陋，兼且大多只設於民房、廟宇、祠堂內。每間塾館的學生平均只得十數人，是以程度與年齡不同的學生多被安排一起上課。學生學習的內容主要是中國的傳統典籍。學生每年需繳交六至三十元的學費。當時的塾館主要分為三大類：

1. 私人設館授徒，塾館多設於中環市場、太平山街、上環市場、赤柱、香港仔一帶，規模一般較小，學生數目多只得十數人。塾館多由一位塾師負責，學生人數較多時，則設一、二助教。塾師主要倚靠學費維生。

2. 團體、商會、同鄉會主辦的義學，主要為會員、街坊以至普羅大眾提供低廉、甚或免費的教育。東華三院、孔聖會等主辦的學塾便是廣受家長歡迎、學位供不應求的表表者。

3. 富家大戶招聘塾師在家設館，專職教導家族成員，塾師的起居飲食全由僱主負責。塾師的水平每較私塾、義學高，不少更是名噪一時的宿儒。學生學習的內容自亦相應提高，自基本蒙學、儒學經典，以至經、史、子、集。

學塾教育不管是私塾、義學、家館等都能為學生、家長提供英語教

---

35 有關「補助書館計劃」，參看 *Education in Hong Kong Pre-1841 to 1941: Fact and Opinion - Materials for a History of Education in Hong Kong*, pp.209-211；《香港中文教育發展史》，頁 146-154。

育、宗教教育以外傳統的儒學教育。除富家大戶的家館外，私塾、義學更能為低下階層子弟提供謀生所需的基本文字、道德知識與基礎經學知識。[36] 二十世紀前九龍半島與新界的教育因未受殖民地政府官辦教育、教會教育與「補助書館計劃」的太大影響，是以經學教育仍能大體保持。

四·二十世紀前香港的經學研究

二十世紀前香港的經學教育根本未見蓬勃，而經學研究更是乏善足陳。自《南京條約》促成英佔香港的事實後，矢志進入中國傳揚基督教的傳教士在長期「等待中國」（Waiting for China）後，[37] 已急不及待要求盡快分享「中國，開門！」（Open up，China！）的初步成果。[38] 原馬六甲英華書院（Anglo-Chinese College）院長、英國倫敦傳道會（London Missionary Society）傳教士理雅各（James Legge，1815－1897）便在英華書院舊生、香港首任專責華民事務的中文秘書（The Chinese Secretary）馬儒翰（John Robert Morrison，1814－1843）協助下，於一八四三年將英華書院從馬六甲遷址香港島，[39] 這竟因緣際會

36　參看《香港中文教育發展史》，頁 173-192；吳倫霓霞：〈教育的回顧（上篇）〉，頁 428-431；王惠玲：〈東華義學 —— 促進香港平民教育〉，載冼玉儀、劉潤和主編：《益善行道，東華三院 135 周年紀念專題文集》（香港：三聯書店〔香港〕有限公司，2006 年 2 月），頁 224-239。

37　曾於二十世紀五六十年代任教香港大學歷史系的赫理遜（Brian Harrison）便是以「等待中國」作為他研究馬六甲英華書院一書的書名，可參看他的 *Waiting for China: The Anglo-Chinese College at Malacca, 1818-1843, and Early Nineteenth-century Missions* (Hong Kong: Hong Kong University Press, 1979) 一書。

38　長期研究馬禮遜的臺灣學者蘇精便以「中國，開門！」作為他所撰寫一部研究馬禮遜的專書名稱，可參看他的《中國，開門！馬禮遜及相關人物研究》（香港：基督教中國宗教文化研究社，2005 年 6 月）一書。該書的英文書名稱為 *Open up, China! Studies on Robert Morrison and his circle*，用意更是明顯。

39　有關馬六甲英華書院遷址香港的歷史，主要參看 *Waiting for China :The Anglo-Chinese College at Malcca,1818-1843,and Early Nineteenth-Century Missions*, pp.103-115; 李永權等主編：《古樹英華 —— 英華書院校史》（香港：英華書院校友會有限公司，2001 年 3 月），頁 29-39；張家輝主編：《皕載英華》（香港：三聯書店〔香港〕有限公司，2018 年 11 月），頁 199-205。

為香港的經學研究注入了新的力量。

　　理雅各於一八一五年十二月二十日在蘇格蘭（Scotland）東北部阿伯丁郡（Aberdeen）亨得利鎮（Huntly）的一個富裕布商家庭出生。他在一八三一年考入阿伯丁大學（University of Aberdeen）的國王學院（King's College），並在一八三六年大學畢業後赴蘭開夏郡（Lancashire）的布雷克班（Blackburn）擔任教職。一年後，他前往倫敦（London）聖公會的海伯雷神學院（Highbury Theological College）修讀神學。他在完成神學課程後，便接受倫敦傳道會的委派遠赴馬六甲英華書院服務。由於他被分派到馬六甲的華語區傳教，所以在出發前專誠跟隨前馬六甲英華書院院長、時任倫敦大學（University of London）中文講座教授（Chair Professor of Chinese）的修德（Samuel Kidd，1804－1843）學習中文。一八三九年七月，他帶同新婚妻子瑪麗（Mary Isabella Morison，1816－1852）乘船東來。一八四〇年一月，理雅各夫婦抵達馬六甲，並迅速在當地開展傳教與教學的工作。馬六甲英華書院在一八四三年遷址香港島後，他便長留香港從事傳教與教育工作三十年（圖一：理雅各在香港時期畫像）。他在一八七三年告別香港，歷遊中國上海、天津、北京、山東等地後便取道大運河返回上海，再經日本、美國返回英國，在一八七六至一八九七年間擔任牛津大學（Oxford University）首任中文講座教授（Chair Professor of Chinese）。一八九七年十一月二十九日，他猝逝於任內。[40]

　　理雅各在香港英華書院的工作自開始已不太順利。儘管他的辦學成

40　有關理雅各生平的敍述，主要參看 H. E. Legge: *James Legge: Missionary and Scholar*, London: Religious Tract Society, 1905（中譯本為理雅各撰、馬清河譯：《漢學家理雅各傳》，北京：學苑出版社，2011 年 5 月）; Norman J. Girardot: *The Victorian Translation of China: James Legge's Oriental Pilgrimage*, Berkeley: University of California Press, 2002（中譯本為吉瑞德撰，段懷清、周俐玲譯：《朝觀東方：理雅各評傳》，桂林：廣西師範大學出版社，2011 年 1 月）. 倫敦傳道會傳教士偉烈亞力（Alexander Wylie，1815－1887）於一八六七年撰成的 *Memorials of Protestant missionaries to the Chinese: giving a list of their publications and obituary notices of the deceased* 有關理雅各於該年前的記述，亦頗可參考（Shanghae: American Presbyterian Mission Press, 1867, pp.117-122）。

績日見出眾，傳教的成績卻未如理想。他在繁重的工作壓力下，身體經常發燒與出血。他便在一八四五年底離開香港回英國休養。他在一八四八年重返香港時已決定投身中國學術的研究。由於香港殖民地政府在一八四七年十二月成立教育委員會，專責處理教育發展事務，他回港後便迅即被委出任教育諮詢委員，隨後更奉命籌辦中央書院。他為了減輕日常的工作負擔，便在一八五二年六月卸任香港英華書院院長一職，改由倫敦傳道會牧師湛約翰（Rev. John Chambers，1825－1899）接任。理雅各從一八五八年開始便着手將中國經

DR. JAMES LEGGE.
From the portrait by George Richmond.

▲ 圖一、理雅各在香港時期畫像

典陸續翻譯成英文，並相繼付梓。他在離開香港前出版的《中國經典》（*The Chinese Classics: with a Translation, Critical and Exegetical Notes, Prolegomena, and Copious Indexes*，參看圖二：《中國經典》第一卷書影）五卷八冊便是箇中成果。[41] 這包括：

典籍名稱	譯　本	出版年份
《論語》（*Confucian Analects*） 《大學》（*The Great Learning*） 《中庸》（*The Doctrine of the Mean*）	《中國經典》第一卷	1861 年
《孟子》（*The works of Mencius*）	《中國經典》第二卷	1861 年
《書經》（*The Shoo King*） 附《竹書紀年》（*Bamboo Annals*）	《中國經典》第三卷（兩冊）	1865 年
《詩經》（*The She king*）	《中國經典》第四卷（兩冊）	1871 年
《春秋》（*The Ch'un ts'ew*） 附《左傳》（*Tso chue*）	《中國經典》第五卷（兩冊）	1872 年

41　James Legge: *The Chinese Classics: with a Translation, Critical and Exegetical Notes, Prolegomena, and Copious Indexes*, Hong Kong: printed at the London Missionary Society's Printing Office, 1861-1872.

▲　圖二、《中國經典》第一卷書影

他返回英國執教牛津大學後，仍努力從事其他典籍的翻譯。牛津大學東方學家、比較宗教學專家麥克思．穆勒（F. Max Müller，1823－1900）主編的五十卷本《東方聖典叢書》（The Sacred Books of the East），便特闢《中國聖典叢書：儒家典籍》（*The Sacred Books of the China: The Texts of Confucianism*；參看圖三：《中國聖典叢書：儒家典籍》第一部書影）與《中國聖典叢書：道家典籍》（*The Sacred Books of the China: The Texts of Tâoism*）刊載理雅各的相關譯著（參看圖四：《中國聖典叢書：道家典籍》書影）。[42] 這包括：

典籍名稱	譯　本	出版年份
《書經》全譯修訂本（*The Shû King*）	《東方聖典叢書》第三冊《中國聖典叢書：儒家典籍》第一部	1879 年
《詩經》有關「宗教內容」的刪節本（*The religious portions of the Shih King*）		
《孝經》（*The Hsiâo King*）		
《易經》（*The Yî King*）	《東方聖典叢書》第十六冊《中國聖典叢書：儒家典籍》第二部	1882 年
《禮記》（*The Lî Kî*）	《東方聖典叢書》第二十七、二十八冊《中國聖典叢書：儒家典籍》第三部	1885 年

42　F. Max Müller (ed.): *The Sacred books of the East*, Oxford: The Clarendon Press, 1879-1910.

（續上表）

《道德經》（*The Tâo Teh King*） 《莊子》（*The writings of Chuang Tzŭ*） 《太上感應篇》及其他（*The Thâi-shang Tractate of Actions and their Retributions*）	《東方聖典叢書》第三十九、四十冊 《中國聖典叢書：道家典籍》	1891年

　　從《中國經典》第一卷在一八六一年於香港問世始，前後歷經四分一世紀，《四書》、《五經》終在一八八五年《中國聖典叢書：儒家典籍》第三部於牛津出版後有了首部由一位譯者成功完成的英譯本。《中國經典》五卷八冊包括的《論語》、《大學》、《中庸》、《孟子》、《書經》、《詩經》與《春秋》肯定都是香港經學的成果。

　　《中國經典》翻譯的各種經書都依循嚴格的體例格式，由「卷首前言」（Preface）、「學術緒論」（The Prolegomena）、「譯文正文」（The Body of the Volume）與「附錄索引」（Indexes）四部分組成：

　　1.「卷首前言」是理雅各對翻譯對象或翻譯緣起的簡單述說；

　　2.「學術緒論」是理雅各本歷史、社會、文化等視角，或就《四

▲　圖三、《中國聖典叢書：儒家典籍》
　　第一部書影

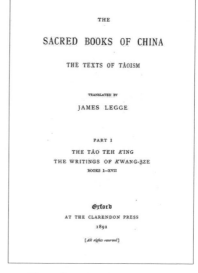

▲　圖四、《中國聖典叢書：道家典籍》
　　書影

書》、《五經》等儒家典籍的構成及地位作申說，或就孔子（孔丘，前551－前479）、孟子（孟軻，約前372－前289）等儒家人物的生平與學說作析論，或就各書成書歷程、面世背景、版本考證、文本真偽、注疏集釋與譯者使用的參考資料作解說；

　　3.「譯文正文」是理雅各對翻譯對象的英譯；

　　4.「附錄索引」是全書的主題索引、專名索引與漢字索引。

　　理雅各嚴格遵守這自創的體例，所有《中國經典》的「譯文正文」都採漢、英對照的形式，每頁分為三部分：原文居上、譯文居中，注釋居下。原文各章都被分為若干節，譯文、注釋藉章節序號跟原文對照，而於頁眉標明該頁篇章序號，令讀者一目了然，便於查對（參看圖五：《中國經典》譯文版式【一】，圖六：《中國經典》譯文版式【二】）。他的譯文採用譯注結合的方式，利用大篇幅的注釋，或揭示典籍各篇章的主題，或訓譯篇章原文的關鍵詞語，或選譯具代表價值的注疏，或闡釋篇章涉及的重要人物、地名、制度與事件，或提供篇章原文的淺白意譯，甚或盡情表達自己對相關典籍與原文的意見。這配合篇幅甚大的「學術緒論」，充分反映了理雅各對儒學與儒家經典的不少研究心得，從而大大增強了《中國經典》全書的學術價值。當然，他高度忠於原著的翻譯原則，不免令譯文顯得過度冗長、沉悶、甚或呆板；而他經常過度糾纏於學術細節的探求亦難免令探討的焦點顯得模糊。他偏重朱熹（1130－1200）的注疏固已引來學者的關注，而他的譯著不時流露個人對基督教優越感的驕傲亦難免令人側目。此外，譯著的專名注音系統欠缺統一亦時常為讀者帶來困擾。[43] 儘管《中國經典》翻譯的《四書》、《書

43　有關理雅各翻譯諸經書的緣起、體例、特色與評價，可參看羅香林：〈香港早期之教會與理雅各、歐德理等之翻譯中國要籍〉，載氏撰：《香港與中西文化之交流》（香港：中國學社，1961年2月），頁15-42；《香港中文教育發展史》，頁139-143；The Victorian Translation of China: James Legge's Oriental Pilgrimage, pp.47-68, 235-285（《朝觀東方：理雅各評傳》，頁39-58，209-243）；王輝：〈理雅各英譯儒經的特色與得失〉，載《深圳大學學報（人文社會科學版）》，第20卷第4期（2003年7月），頁115-120；段懷清：〈理雅各《中國經典》翻譯緣起及體例考略〉，載《浙江大學學報（人文社會科學版）》，第35卷第3期（2005年5月），頁91-98；段懷清：〈理雅各與維多利亞時代的英國漢學──評吉瑞德教授的《維多利亞時代中國古代經典英譯──理雅各的東方朝聖之旅》〉，載《國外社會科學》，2006年第1期（2006年2月），頁

〔下轉頁23〕

經》、《詩經》與《春秋》仍有不少可供改善的地方，它們都是理雅各在香港的華洋友好黃勝（黃達權，1827－1902）、羅祥、王韜（1828－1897）、湛約翰、合信（Benjamin Hobson，1816－1873）、史釗活等大力協助下的成果。[44]

▲ 圖五、《中國經典》譯文版式【一】　　　▲ 圖六、《中國經典》譯文版式【二】

　　《中國經典》雖是《四書》、《書經》、《詩經》與《春秋》諸書的英譯，它的特有體例卻令它處處洋溢着濃烈的學術氣味。各書「學術緒論」與「譯文正文」的學術價值早已名揚遐邇。這無疑是二十世紀前香港經學研

81-83；段懷清：〈理雅各與儒家經典〉，載《孔子研究》，2006 年第 6 期（2006 年 12 月），頁 52-63；王東波：〈理雅各與中國經典的譯介〉，載《齊魯學刊》，2008 年第 2 期（總第 203 期，2008 年 4 月），頁 31-34。

44　參看羅香林：〈香港早期之教會與理雅各、歐德理等之翻譯中國要籍〉，頁 25-26；羅香林：〈王韜在港與中國文化之關係〉，載《香港與中西文化之交流》，頁 43-75；Lee Chi-fang（李齊芳）：*Wang T'ao (1828-1897): His Life, Thought, Scholarship, and Literary Achievement*, unpublished Ph.D. Thesis, University of Wisconsin, 1973；李齊芳：〈王韜的文學與經學〉，載林啟彥等主編：《王韜與近代世界》（香港：香港教育圖書公司，2000 年），頁 190-217。

究的傑作，而譯者與助譯者都是南來的華人或東來的洋人。因此，《中國經典》實際便是香港經學研究史上首項中外合作的成果。

五·清遺民與香港經學

二十世紀前的香港經學除理雅各的譯著《中國經典》備受世人重視外，經學教育與經學研究的表現都乏善足陳。這現象在清末民初大批廣東籍清遺民相率南來後，才見明顯改善。

其實二十世紀的香港，殖民地政府雖意圖以西方學校制度為本，着意推行英語精英教育；[45] 可是經學知識的傳授仍是大多數學塾的主要教學任務。[46] 創辦宗旨在訓練英語人才的香港最大官辦英文書院 —— 中央書院於一九〇四年復設停辦八年的漢文課程，[47] 教授學生研習《左傳》、《論

45　有關港英政府在香港推行英語精英教育的概況，可參看吳倫霓霞：〈教育的回顧（上篇）〉，載《香港史新編》，頁 431-444。此外，Carl T. Smith（施其樂）的 "English-educated Chinese Elites in Nineteenth-century Hong Kong"(in Marjorie Topley ed.: *Hong Kong: The Interaction of Traditions and Life in the Towns*, Hong Kong: Hong Kong Branch of the Royal Asiatic Society, 1975, pp.65-96) 亦有相關的論述。

46　有關港英政府管治下傳統學塾在香港的發展，可參看《香港中文教育發展史》，頁 78-84、177-192；吳倫霓霞：〈教育的回顧（上篇）〉，載《香港史新編》，頁 423-431。

47　理雅各籌辦中央書院時，本意是創設一所以英文教學為主的學校。但開辦初期，為了吸引學生入讀，並不強行規定學生學習英文，教學上只是採用漢文與英文並重的形式。隨着社會環境的改變，書院的教習才因應學生與家長的要求，從漢文與英文並重逐漸轉變為標榜以訓練英文人才為主。一八九五年，書院更在殖民地政府的建議下，決定改變漢文部與英文部並設的編制，停辦漢文部。一九〇四年一月始，書院為了加強學生翻譯漢文與英文的能力，方復設漢文教學、添加漢文課程、增聘漢文教習。當時書院的教習吳銘泉、曾達廷於該校校刊（School magazine）《黃龍報》（*The Yellow Dragon*）合撰〈漢文復設〉一文交代箇中因緣始末，稱：「天下事相資則有濟，專注則或偏，如英文、漢文是也。英文為當今之要務，非博學不足以擅長；漢文為翻譯之急需，非兼精不足以達用。然則漢文之不可或缺也明矣。我皇仁書院為養育人才之地，開設已歷四十餘年。其中濟濟多士，後先繼起，盡屬英才，亦云盛矣。惟出為世用，其精於英文者固不乏人，而求其華、英文兼擅者，曾不多覯。蓋其心專習英文，故於漢文每多缺略，不知英文與漢文有相資為用者焉，有不可偏廢者焉。有人於此通達漢文，而肄習英文，將見因此推彼，反必悟乎三隅。觸類旁通，理豈分乎二致？心思既明，功效必速，故出所學以應酬。無論職任洋行，席膺衙署，即至為領事、為參贊，無不勝任而愉快。此相資則有益者也。又或英文精矣，而漢文未諳，將見翻譯之間，必多窒礙，語言之際，亦少溫文。即令所學見用於世，遇有涉於漢文者，或遜謝不遑，或潦草塞責，豈不貽訊大雅。此偏廢則有弊者也。是以前任卜制軍（卜力，Henry Arthur Blake, 1840－1918，

〔下轉頁 25〕

語》、《孟子》諸書，[48] 大抵已顯示經學雖未能得到港英殖民地政府的特別
眷顧，卻已名正言順躋身官辦教育的正規課程。當時的英語精英教育根
本無法取代傳統的學塾教育、經學教育。

自《南京條約》以後，港英殖民地政府一直想方設法維繫香港社會
的穩定。當時數目不少、主要擔任洋行買辦與轉口貿易行商的華人紳商
（簡稱「華商」）便成了支持政府管治與安定基層民眾的關鍵力量。[49] 蔡榮
芳的《香港人之香港史 1841－1945》嘗指出：

> 英國佔領香港的主要目的，並不是為了征服土地、或擴張領域，
> 而是為了推進貿易。因此，只要能夠維持社會秩序，以促進國際貿易，
> 港英政府對華人並無興趣採取同化政策，而是任他們依照自己的生活方
> 式、風俗習慣，謀生過日；在華商的領導下，華人組織各種職業行會、
> 文化社團，形成一個華人社會。[50]

這些華商大多藉着港英殖民地政府推行的自由貿易政策，為外國商人、
洋行企業提供金融、航運、倉儲等服務，從而獲取巨利。他們都不願意

1898－1903 任香港總督）離港時，於漢文諄諄致意，梅署督（梅含理，Francis Henry
May, 1865－1921，1912－1918 任香港總督）亦以為。今梅署督五值理及黎掌院
（黎璧臣，George Henry Bateson Wright, 1881－1909 任書院院長）知漢文之關係英
文甚大也，於是定議於本年復設漢文，更為斟酌盡善，兼用新書，務期於學童有益。已
聘定前漢文教習何君務吾、陳君達明、羅君步登；復聘新教習何君奉璋、陳君文俊合共
五名，類皆品學兼優，師程可法，堪為後學楷模。行見善誘循循，共被春風之披拂，規
模井井，咸沾化雨之涵濡，所願合志同方，知尊函丈則有教無類，賴以成材，無負國家
培育人才之至意，是所厚望焉。」（ The Yellow Dragon, Vol. 5, No.5, May 1904, no
page number）

48 吳銘泉、曾達迁合撰的〈漢文復設〉列出各班級的漢文課程為：「第五班：《蒙學七集》、
《古文評註》、《秋水軒尺牘》、《左傳句解》、《四書・下・孟》。第四班：《蒙學七集》、《論
說入門》、《古文亭評註》、《寫信必讀》、《四書・上・孟》。第三班：《蒙學五、六集》、
《訓蒙捷徑》、《故事瓊林》、《寫信必讀》、《四書・上・孟》。第二班：《蒙學三、四集》、
《通文便集》、《四書・上・論》、《婦孺釋詞》。第一班：《蒙學一、二集》、《婦孺淺史》、
《通問便集》、《四書・上・論》。至於各班功課之餘，兼及字學，此其大略也。」（同上）

49 有關香港華商在清末民初的發展狀況，可參看張曉輝撰：《香港近代經濟史（1840－
1949）》（廣州：廣東人民出版社，2001 年 10 月），頁 177-240。

50 蔡榮芳撰：《香港人之香港史 1841－1945》（香港：牛津大學出版社，2001 年），頁
37。

看到有利的營商環境因政治與社會動盪而受到損害。這使他們致力爭取
成為華人社會的領袖與基層民眾的代表，以便一方面代表基層民眾向殖
民地政府爭取最大的權益，另一方面也協助殖民地政府維持有效管治。
他們不僅需要重視殖民地政府強調的英語教育，也得尊重華人社會長期
珍視、以廣義儒家思想為主體的中國傳統文化。[51] 但香港一直缺乏足以號
召社會群眾的中國傳統文化代言人。華商如何塑建自己尊重中國傳統文
化的形象便成了頗費周章的難題。一九一一年辛亥革命的爆發不單改變
了中國的政治生態，也改變了香港的文化生態。華商尋找中國傳統文化
代言人的難題，竟因大批廣東籍清遺民相率南來而得以迎刃而解。

　　香港一向是人口流動頻繁的地方，每當中國內地出現政治、社會動
盪時，人口數目便會出現幅度不小的變動。自戊戌政變、歷八國聯軍入
侵，再經辛亥革命、以至五四運動短短二十二年間，香港的人口數目自
二十五萬四千多人增至六十三萬多人，激增差不多一倍半。[52] 由於二十世
紀開始，舉家移居香港者日眾，兼以在香港出生的嬰兒數目日見增多；[53]
此數目龐大的人口來源正好為二十世紀初的香港經濟、教育與文化發展
注入新的營養素。[54] 不少原籍廣東、本為「避禍」而蟄居香港的「晚清遺
老」──清遺民便因着他們早在前清科場獲取的顯赫功名、鄉間樹立的

51　參看同上書，頁 42-43、50-52。此外，John M. Carroll 的 *Edge of Empires: Chinese elites and British Colonials in Hong Kong* (Cambridge, Mass.: Harvard University Press, 2005) 亦嘗作論析。

52　根據香港政府出版的 *Historical and Statistical Abstract of the Colony of Hong Kong 1841-1930* (Hong Kong: Noronha & Company, government printers, 1932)，香港的人口在一八九八年時為 254,400 人、一九〇一年時為 300,660 人、一九〇六年時為 329,038 人、一九一〇年時為 435,986 人、一九一二年民國成立當年為 467,777 人、一九一九年五四運動發生當年為 598,100 人、一九二〇年五四運動發生後一年已突破六十萬為 630,307 人。自一八九八年至一九二〇年短短二十二年間，人口激增幾達三十八萬人。

53　丁新豹的〈移民與香港的建設和發展──1841-1951〉指出：「早期來香港的多是一些單身漢，所以在十九世紀晚期香港出現了很多社會問題，妓寨、煙館、賭館等林立；而踏入二十世紀以後，移民的模式發生了變化，一家人遷居的情況漸有增加。」（李光雄等編：《歷史與文化：香港史研究公開講座文集》，香港：香港公共圖書館，2005 年 2 月，頁 36。）

54　參看《香港中文教育發展史》，頁 11-15、222。

尊貴形象與社會上確立的獨特地位而備受眾多華商重視。他們一一成為
華商爭相延攬、優禮厚待，藉以標榜自己酷愛中國傳統文化與儒家文化
思想的「活標本」。程美寶的《地域文化與國家認同：晚清以來「廣東
文化」觀的形成》曾概括介紹他們的特點：

> 　　「晚清遺老」是辛亥革命的產物，他們不肯改易朝服，不事新朝。
> 站在革命者的立場看來，遺老死守滿清舊室，無疑屬落後迂腐，背叛漢
> 種之輩；站在遺老的立場看，他們的做法只不過是不事二主，忠心耿
> 烈。有趣的是，辛亥革命以「反清復明」為口號，奉明室為正統，革命
> 人士或同情革命者極力追尋明遺民足跡，以表現自己抗清之志；晚清遺
> 老亦以明遺民自況，儘管他們在現實上支持的是清朝政權。革命之後，
> 部分遺老一方面參與復辟，期望擁立清帝，光復舊物，惟屢起屢敗；另
> 一方面，又透過進行各種文化教學活動，繼續編織他們的遜清殘夢。然
> 而，當時中國一片更新冒進的氣象，主要城市的文教活動，不少已為新
> 派人士把持，廣東遺老因地利之便，得以避居香港。在英人的統治下，
> 香港不論是社會或文教政策，皆比中國保守，這片殖民地反成遺老的
> 樂土。[55]

華商們不論本身的學歷、出身如何，對於稍具文望與學識者都異常重
視，並處處凸顯孟嘗（田文，？－前279）的風範。凡「四方名流至者，
必殷勤款洽；而於騷人墨客、謫宦遺民，尤加禮重；或遇有急，必稱量
周之；聞遠近有義舉，必竭力協助」。[56] 不少遺老自是倚靠華商提供的
華衣美食、瓊漿曼舞，終日詩酒唱酬、吟哦諷誦、自得其樂。鄭德能的
〈胡適之（胡適，1891－1962）先生南來與香港文學〉指出：

55　程美寶撰：《地域文化與國家認同：晚清以來「廣東文化」觀的形成》（北京：生活・讀書・
　　新知三聯書店，2006 年 6 月），頁 192。

56　賴際熙撰、羅香林輯：《荔垞文存》（香港：學海書樓，2000 年），卷 1，〈誥授光祿大
　　夫子丹陳公（陳步墀，1870－1934）行狀〉，頁 142。溫肅亦有相類的親身經歷，稱：
　　「余曩以從亡在外，資用常不給，公（陳子丹）時濟其困。」（載氏撰：《溫文節公集》，
　　香港：學海書樓，2001 年，卷 3，《檗庵文集》，〈陳子丹墓誌銘〉，頁 164。）

他們（遺老們）的作品不多見，大概不外些序跋之類。他們既不是學先秦，學漢魏，學六朝；又不是學唐宋八大家的古文；更不像清代駢文家，桐城派，樸學家，所作的文章的體格。他們的作品的特徵可說是脫不了八股的氣味。[57]

儘管如此，他們卻成了促進二十世紀香港經學發展的新動力。友生的〈香港小記〉說：

> 香港為商業之地，文化絕無可言，英人之經營殖民地者，多為保守黨人，凡事拘守舊章，執行成法，立異趨奇之主張，或革命維新之學說，皆所厭惡。我國人之知識淺陋，與思想腐迂者，正合其臭味，故前清之遺老遺少，有翰林、舉人、秀才等功名者，在國內已成落伍，到香港走其紅運，大顯神通，各學校之生徒，多慕此輩，如吾國學校之慕博士、碩士焉。彼輩之為教也，言必稱堯舜，書必讀經史，文必尚八股。蓋中、英兩舊勢力相結合，牢不可破，一則易於統治，一則易於樂業也。[58]

他們影響的層面更由華商社群擴展至學校教育，陳謙於《香港舊事見聞錄》憶述自己的見聞：

> 辛亥革命後，晚清的舉人、秀才和在廣州城畢業於中學及法政學堂者，紛紛湧至港九，一時新開設的學校如雨後春筍，分班教授，將蒙館式初步擴大為學校式，課程學科有所改變。教員人數每校亦有增多，不只一人。雖然仍為迎合那時社會風氣，對《四書》、《五經》的講授，未能全廢，但已改稱「經學科」，每星期不過三數節課，而且做到逐句解釋，使學生容易接受。[59]

57　《香港的憂鬱——文人筆下的香港（一九二五——一九四一）》，頁 69-70。鄭德能的〈胡適之先生南來與香港文學〉原刊載於 1935 年 6 月 1 日出版的《香港華南中學校刊》創刊號。

58　《香港的憂鬱——文人筆下的香港（一九二五——一九四一）》，頁 51。友生的〈香港小記〉原刊載於 1934 年 5 月 1 日出版的《前途》第 2 卷第 5 號。

59　陳謙撰：《香港舊事見聞錄》（廣州：廣東人民出版社，1989 年 8 月），頁 187-188。

香港原有的學塾與新開設的學校都成了南下清遺民謀生的處所。華商對設館授課的遺老特別多加青睞，紛紛選送子弟入學從讀。[60] 他們更大力支持民間的尊孔團體孔聖會（創立於一九〇九年）、孔聖支會（創立於一九一七年）、中華聖教總會（創立於一九二一年）、孔聖堂（創立於一九二八年）、孔聖學院（創立於一九三〇年）等，[61] 使孔子迅速成為風靡香港華人的精神寄託。民間的尊孔活動不僅連年不輟，規模更日見宏大。每年孔誕日萬人空巷、熱烈慶祝的場面早已司空見慣。[62] 這使社會上尊經、崇儒的風氣日見濃烈。當時中國國內的政治形勢瞬息萬變，不少香港居民對一九一九年的五四運動、一九二二年的海員大罷工、一九二五年至一九二六年的省港大罷工均表現了前所未有的激動與投入。[63] 這使港英殖民地政府領導層深切體會利用華商與遺老的特殊關係，藉尊孔、讀經以增強控制港人思想的重要。蔡榮芳的《香港人之香港史1841－1945》分析他們的心態，認為：

> 港英政府的文化政策，一向獎勵華民保存國粹、維護傳統儒家舊道德，強調社會秩序。港府忌憚五四運動以來科學與民主的新文化思潮。因此殖民當局加強對公立學校和私立漢文學校之管理，並鼓勵華商提倡讀經尊孔，宣揚傳統禮教。華人殷商與港府攜手合作，刻意維持半封建之殖民體系。[64]

自民國成立以來，「清季翰苑中人、寓港者無慮十餘輩，或以文鳴，或以學顯」。[65] 他們本因「辛亥革軍興，寇攘藉姦宄，人心既瓦解，天命

60　參看同上書，頁 189-190。

61　參看盧湘父（1868－1970）：〈香港孔教團體史略〉，載吳灞陵（1905－1976）編：《港澳尊孔運動全貌》（香港：香港中國文化學院，1955 年 5 月），頁 1-4。

62　參看〈港人祝孔熱烈情形（節錄）〉，載鄭樹森、黃繼持（1938－2002）、盧瑋鑾編：《早期香港新文學資料選：（一九二七——一九四一年）》（香港：天地圖書有限公司，1998 年），頁 66-72。原載《華僑日報》，1927 年 9 月 24 日。

63　參看《香港人之香港史 1841－1945》，頁 102-171。

64　同上書，頁 164。

65　《荔垞文存》，羅香林：〈故香港大學中文學院院長賴煥文先生傳〉，頁 165。

豈顧諟，大盜總師幹，移國不旋踵」[66]而「避亂寓港」，[67]但緣於政局的改變，他們除了成為影響香港社會、文化發展炙手可熱的人物外，[68]更出人意表地在當時尊孔、重儒的氛圍下成為推動香港經學發展舉足輕重的人物。他們除有賴際熙（1865－1937）、區大典（1877－1937）、溫肅（1879－1939）、朱汝珍（1870－1943）等幾位參與香港大學（University of Hong Kong）與香港大學中文學院的經學教育工作外，[69]還有不少投身學海書樓的創建、營運與講學。

一九二三年創辦的學海書樓是一眾移居香港的清遺民承傳與發揚傳統文化的場域。它是時任香港大學漢文講師的賴際熙為保存國粹、發揚儒家文化，而在華商的雄厚財力支持下建立的一處兼具講學與圖書館功能的去處。它「實仿道光間（1821－1850）廣州學海堂講學之意，所藏書特供講者聽者研究耳，非如一般圖書館專以閱覽群書為務也」。[70]根據賴際熙自述，他原擬將書樓命名為「崇聖書堂」。[71]一輩寓居香港的清遺民除協助書樓聚書外，還不時登壇講學，為提倡與推廣經史諸學盡力。鄧又同（1915－2003）的〈香港學海書樓之沿革（上）〉載：

> 在未建立書樓前，賴際熙太史與熱心愛護國粹人士，有感於當時香港社會風氣，忽視國學，道德日下，為保存國粹，發揚傳統文化，有益世道人心起見，爰於一九二零年至廿二年之間，先租賃香港中環半山堅道廿七號樓下，設壇講學，聘何翽高（何藻翔，1865－1930，1892進

66　陳伯陶（1855－1930）撰：《陳文良公集》（香港：學海書樓，2001年），〈七十述哀一百三十韻〉，頁282。

67　《溫文節公集》，卷3，《檗庵文集》，〈陳子丹墓誌銘〉，頁164。

68　「晚清遺老」對香港社會、文化的影響，一九二七年二月魯迅（周樹人，〔1881－1936〕）到香港來演講時已有體會（參看魯迅：〈略談香港〉，載《香港的憂鬱——文人筆下的香港（一九二五——一九四一）》，頁3-10），而一九三五年一月胡適到香港接受香港大學頒授的名譽法學博士學位時，情況似更變本加厲（參看胡適：〈南遊雜憶〉，載同上書，頁55-61；鄭德能：〈胡適之先生南來與香港文學〉，載同上書，頁69-74）。

69　有關清遺民與香港大學經學教育的關係，參看本書第二章〈香港大學首三十年的經學課程〉。

70　羅香林：〈香港大學中文系之發展〉，載《香港與中西文化之交流》，頁207。

71　參看賴際熙：〈籌建崇聖書堂序〉，載《荔垞文存》，頁30-32。

士）先生主講，每週講課二次。何氏乃清代遺老，曾隨張蔭桓（1837－1900）出使西藏，國學湛深，極有志於宏揚中華文化。兩年以來，主講國學，闡揚孔孟學說、四書五經，旁及諸子百家，詩詞歌賦，聽課者眾，座為之滿。及至一九二三年，賴際熙太史有感聽眾踴躍，乃建議成立學海書樓，致力於保存古籍，發揚國粹，並達成其常謂「宏振斯文，宜聚書講學」之志願，於是熱心人士積極贊助，殷商名流踴躍捐資，遂購香港中區般含道二十號房屋作為藏書及講學之用。當時書樓初期所庋藏之書籍，承本港紳商何東（1862－1956）、郭春秧（郭禎祥，1859－1935）、利希慎（1879－1928）、李海東四君捐資購買暨各方人士送贈與自購，日積月累，蔚為大觀。其時香港政府及市政局尚未設立公共圖書館，而當時學海書樓庋藏圖書，設有閱覽室備供眾覽借閱，成為當時香港有史以來民間設立最早之公開圖書館，復在書樓設壇講學。本書樓創辦人賴際熙太史其時常臨主講經學，並主持書樓事務。[72]

賴際熙不僅傾力倡導學術，還盡心擔任書樓的義務行政工作。他長期出任書樓的主任，對香港、粵港以至粵港澳（澳門）文化的推動與經史諸學的傳揚確實貢獻不少。[73] 許晉義於一九九一年為《學海書樓主講翰林文鈔》一書撰序介紹擔任書樓講者的一眾清遺民時稱：

　　香港學海書樓創立於一九二三年，垂六十八載。其始也，賴公煥文倡議宏振斯文，保存國粹，聚書講學，兼而有之。辛亥國變，清季翰苑中人，僑居香港者有陳伯陶、區大典、賴際熙、溫肅、區大原、朱汝珍、岑光樾（1876－1960）等太史，其文章道德、亮節高風，士林景

72　鄧又同：〈香港學海書樓之沿革（上）〉，載氏編：《香港學海書樓歷年講學提要彙輯，學海書樓歷史文獻，學海書樓藏廣東文獻書籍目錄》（香港：學海書樓董事會，1995年冬月），頁7。原文本載《華僑日報》，1990年7月21日。有關學海書樓的創建，另參看學海書樓刊：〈誌學海書樓之原起及今後之展望〉，載《香港與中西文化之交流》，頁207-208。

73　參看曾漢棠：〈香港學海書樓與粵港文化的承傳關係〉，載《學海書樓七十五周年紀念特刊》編輯小組：《學海書樓七十五周年紀念特刊》（香港：香港學海書樓，1998年4月），頁13-24；彭海玲撰：《汪兆鏞與近代粵澳文化》（廣州：廣東人民出版社，2004年7月），頁52-62、105-113。有關學海書樓的歷史，可參看廣東省政協文化和文史資料委員會編：《香海傳薪錄：香港學海書樓紀實》（北京：中國文史出版社，2008年4月）一書。

仰。此七人者,除陳公伯陶為光緒十八年(1892)壬辰科一甲進士外,其餘乃最後兩科光緒廿九年癸卯及三十年(1904)甲辰翰林,均與賴公稔交,或為同年、或為前後輩,其志趣與賴公相同,因而響應和議,熱心贊助,輪值在書樓講學,風雨無間,循循善導,啟迪後昆,嘉惠士林,有足多矣。[74]

這股力量不僅成為當日社會上傳揚經史學問的中流砥柱,也成為有志問學者的指路明燈。不少講者務求教學相長,亦投身經史等學問的研究。這無疑為香港的經學教育與研究注入新力量。

六·結語

香港本是學術的荒蕪地,一向經學不振。自鴉片戰爭後,香港島、九龍半島與新界陸續被逼或割讓、或租借給英國。由於它的獨特角色,它意外地成為中外人物薈萃的地方。東來播教的英國傳教士理雅各因翻譯《四書》、《五經》而帶動華洋合作的經學研究成果固然令人刮目相看。清遺民於辛亥革命後相率南來,在華商的龐大財力支持下,本於保存國粹、發揚中國文化傳統的使命感,大力推動香港學術文化作多層面發展,同樣收穫出人意表。因此,香港經學的發展,實深受瞬息萬變的政治環境影響,而外來的學者正是推動發展的主要動力。

---

74 鄧又同輯錄:《學海書樓主講翰林文鈔》(香港:學海書樓,1991年11月),許晉義〈序一〉,頁1。該書〈陳伯陶太史事略〉(頁1)、〈區大典太史事略〉(頁33)、〈賴際熙太史事略〉(頁47-48)、〈溫肅太史事略〉(頁69)、〈區大原太史事略〉(頁91)、〈朱汝珍太史事略〉(頁95)與〈岑光樾太史事略〉(頁107)俱可參看。

第二章
香港大學首三十年的經學課程

一 · 導言

　　香港大學（University of Hong Kong）是香港歷史最悠久的大學，它的成立既是香港教育發展的標誌點，也是香港高等教育發展的里程碑。自一九一二年三月十一日香港大學成立迄今，逾百年的日子過去了。一九四一年十二月至一九四五年八月日本侵佔香港的三年零八個月是香港大學發展的分水嶺。戰前三十年的努力成果幾被侵略日軍的戰火盡毀；而戰後七十年的重建與發展則持續迄今。[1] 由於戰後重生的香港大學，辦學宗旨、目標、發展方向等都深受戰前種種成制的影響，它的首

1　香港大學的成立典禮在一九一二年三月十一日舉行，箇中詳情，可參看報刊 Hong Kong Daily Press 於一九一二年三月十二日題為 "Opening of the Hongkong University" 的報道。有關香港大學成立後的發展，可參看 William Woodward Hornell (1878-1950) 編 The University of Hong Kong: Its Origin & Growth (Hong Kong: Ye Olde Printerie, Ltd., 1925)，University of Hong Kong 編 The University of Hong Kong, 1912-1933: A Souvenir (Hong Kong: Newspaper Enterprise Ltd., 1933)，Brian Harrison 編 University of Hong Kong: The First 50 Years, 1911-1961 (Hong Kong: Hong Kong University Press, 1962)，Bernard Mellor（梅樂彬，1917－1998）編 The University of Hong Kong: An Informal History (Hong Kong: Hong Kong University Press, 1980)，Chan Lau Kit-ching（陳劉潔貞）and Peter Cunich 合編 An Impossible Dream: Hong Kong University from Foundation to Re-establishment, 1910-1950 (New York: Oxford University Press, 2002)，Peter Cunich 編 A History of the University of Hong Kong (Hong Kong: Hong Kong University Press, 2012)，古達詩（Stacy Belcher Gould）與彭綺雲合編 HKU Memories from the Archives (Hong Kong: University Museum and Art Gallery, the University of Hong Kong, 2013) 諸書。

三十年歷史便饒具研究價值。它的經學課程自然不容例外。

　　香港大學成立的首三十年，中國正經歷清末民初以來教育現代化的洗禮，「經學」在西方學校教育與學科分類重整的重重衝擊下，已無法成為一門獨立的學科（academic discipline）。[2] 過往以「經學」為中心的知識體系只能化整為零寄存於文學、歷史、哲學等學科。[3] 標榜創立目的在促進文理學科學習研究的香港大學，[4] 竟能在此時代氛圍下跟香港經學的發展結下不解緣。箇中情況絕非創校者始料可及。[5]

二・文學院時期的經學課程（1913 － 1926）

　　香港大學籌備創辦時，已被擔任香港第十四任總督的首任監督（Chancellor）盧押（Frederick John Dealtry Lugard，1858 － 1945，1907 － 1912 擔任香港總督）定性為實用主導的英語大學。[6] 他更

2　參看左玉河撰：《從四部之學到七科之學：學術分科與近代中國知識系統之創建》與張亞群撰：《科舉革廢與近代中國高等教育的轉型》兩書。

3　參看車行健：〈現代中國大學中的經學課程〉，載《漢學研究通訊》，第 28 卷第 3 期（總第 111 期，2009 年 8 月），頁 21-35；王應憲：〈民國時期大學經學教育檢視〉，載《中國學術年刊》，第 35 期（2013 年 9 月），頁 109-130。

4　*The University Ordinance, 1911, No. 10 of 1911* 的原文為 "Whereas it is desirable to establish a University within the Colony of Hong Kong for the promotion of Arts, Science and Learning, the provision of higher education, the conferring of degrees, the development and formation of the character of students of all races, nationalities, and creeds, and the maintenance of the good understanding with the neighbouring Empire of China."(Frederick J. D. Lugard: *Hong Kong University: Present Position, Constitution, Objects and Prospects, with photo, plans, and appendices containing the University Ordinance, 1911, speeches, statements of accounts, and estimates of revenue and expenditure*, reprinted March 30th, 1912, with agreement with the Hong Kong College of Medicine and speeches at the opening ceremony. Hong Kong: Noronha & Co. 1912, p.11)

5　參看許振興：〈1912 － 1941 年間香港的經學教育〉，載施仲謀主編：《百川匯海 —— 文史譯新探》（香港：中華書局，2013 年 6 月），頁 151-166；許振興：〈民國時期香港的經學 —— 一九一二至一九四一年間的發展〉，載林慶彰主編：《變動時代的經學與經學家論文集 —— 民國時期（1912 － 1949）經學研究》（臺北：萬卷樓圖書股份有限公司，2014 年 12 月），頁 555-596。

6　香港大學以「實用主導」為辦學目標，可參看 Frederick J. D. Lugard: *Some Notes for Readers in England*, in Hong Kong, Committee for the establishment of a

〔下轉頁 35〕

曾揚言教習中國語言及文學知識的課程（knowledge of the Chinese language and literature）絕不會成為香港大學吸引世人的特色（an attractive feature in the University）。[7] 當一九一二年香港大學成立時，校方本於「實用」的原則，只將校董會委員何啟（1859－1914）於一八八七年成立的香港西醫書院（College of Medicine for Chinese, Hong Kong）改稱為大學的醫學院（Faculty of Medicine），[8] 配合新成立的工程學院（Faculty of Engineering），[9] 組成大學的核心學院。文學

university for Hong Kong: *Papers relative to the proposed Hong Kong University* (Hong Kong: Noronha & Co., 1908), pp. i-ii. 香港大學以英語為法定教學語言，可參看 Frederick J. D. Lugard: *Souvenir presented by Sir Hormusjee N. Mody and the Committee of the Hong Kong University to commemorate the laying of the foundation stone of the Hong Kong University building by His Excellency Sir F. J. D. Lugard, K.C.M.G., C.B., D.S.O., Governor of the Colony on Wednesday, 16th March, 1910* (reprinted with speeches at the ceremony, and illustrations, Hong Kong: Noronha & Co., 1910), pp.4-5. 有關盧押擔任香港總督時的各項施政，可參看 Bernard Mellor 的專著 *Lugard in Hong Kong: Empires, Education and a Governor at work 1907-1912* (Hong Kong: Hong Kong University Press, 1992).

7   參看 Frederick J.D. Lugard: "Memo. By His Excellency the Governor", Enclosure 8 of C.P. Carter: *Report of Sub-committee: Hong Kong, 25th September, 1908*, in *Papers relative to the proposed Hong Kong University*, pp.16-19.

8   有關香港西醫書院的創設、發展與影響，參看羅香林：〈香港早期之西醫書院及其在醫術與科學上之貢獻〉，載氏撰：《香港與中西文化之交流》（香港：中國學社，1961 年 2 月），頁 135-178；David Meurig Emrys Evans (compiled): *Constancy of purpose: An Account of the Foundation and History of the Hong Kong College of Medicine and the Faculty of Medicine of the University of Hong Kong, 1887-1987*, Hong Kong: Hong Kong University Press, 1987；The University of Hong Kong, Li Ka Shing Faculty of Medicine (ed.): *Shaping the Health of Hong Kong: 120 Years of Achievements*, Hong Kong: The University of Hong Kong, Li Ka Shing Faculty of Medicine, 2006. 有關何啟的生平、思想與貢獻，主要參看 Chiu Ling-yeong（趙令揚，1932－2019）: *The Life and Thought of Sir Kai Ho Kai*, Ph. D. Thesis, University of Sydney, 1968；Jung-fang Tsai（蔡榮芳）: *Comprador Ideologists in Modern China: Ho Kai (Ho Ch'i), 1859-1914, and Hu Li-yuan, 1847-1916*, Ph. D. Thesis, University of California, 1975；G. H. Choa（蔡永業，1921－2001）: *The Life and Times of Sir Kai Ho Kai: a Prominent Figure in Nineteenth-century Hong Kong*, Hong Kong: Chinese University Press, 2000；張禮恒撰：《何啟‧胡禮垣評傳》，南京：南京大學出版社，2005 年 12 月。

9   有關香港大學工程學院的創設、發展與影響，參看 University of Hong Kong (introduced by C.A. Middleton Smith): *Details Concerning the Faculty of Engineering*, Hong Kong: Noronha & Co., 1913；C. H. Middleton Smith: *The University of Hong Kong: The Work and Equipment of the Engineering Faculty*, Hong Kong: *Far Eastern Review*, 1922；Faculty of Engineering, University of

〔下轉頁 36〕

院（Faculty of Arts）的成立，主要是校董會委員何啟與聖士提反書院（St. Stephen's College）創辦者 Archdeacon E. J. Barnett 鍥而不捨、連番爭取的成果。[10] 由於「《香港大學條例》第十三則，規定文科須注重教授中國語言文學」，[11] 是以文學院成立後便不可避免地需要聘任教授中國語言文學（Chinese language and literature）的教師。陳謙的《香港舊事見聞錄》嘗載：

> 香港大學中文課教師最初由教育當局提議，將皇仁書院漢文教習陞任，但香港議員、英國大律師何啟提出異議，認為皇仁書院漢文教習最高學歷是前清秀才，不符合大學教師資格，應聘請前清翰林為宜。其始屬意於前越華書院山長丁仁長（1861－1926），丁氏以母老不能離省城為辭，又屬意於前應元書院山長吳道鎔（1853－1936），吳氏亦以年老不便遷港為辭，但介紹他的學生賴際熙、區大典，賴、區都是晚清翰林院編修，賴任漢文總教習，並授史學，區則專授經學，以《易》義

Hong Kong (ed.): *75 Years of Engineering: 75th Anniversary Commemorative publication*, Hong Kong: Faculty of Engineering, University of Hong Kong, 1988；Faculty of Engineering, University of Hong Kong (ed.): *Engineering at HKU: 90 Years of Dedication*, Hong Kong: Faculty of Engineering, The University of Hong Kong, 2002；Faculty of Engineering, The University of Hong Kong (ed.): *Engineering the Future*, Hong Kong: Faculty of Engineering, The University of Hong Kong, 2007；Faculty of Engineering, University of Hong Kong (ed.): *Engineering at HKU: A Century of Excellence*, Hong Kong: Faculty of Engineering, The University of Hong Kong, 2012.

10　有關文學院成立的概況，可參看 Brian Harrison: "The Faculty of Arts", in *University of Hong Kong: The First 50 Years, 1911-1961*, pp.127-128. 有關文學院首百年的發展，可參看 Faculty of Arts, the University of Hong Kong (ed.): *Faculty of Arts 100: A Century in Words and Images*, Hong Kong: Faculty of Arts, the University of Hong Kong, 2014.

11　《荔垞文存》，附錄〈香港大學文科華文課程表〉，頁 169。「《香港大學條例》第十三則」實是〈一九一一年香港大學堂憲章〉（*The University Ordinance, 1911, No. 10 of 1911*）的第十三則，該則第一條有關大學學院（The Faculties）的設置，清楚列明 "There shall be Faculties of Medicine and Engineering, and such others as maybe constituted by the Court, priority being given to Science and Arts Faculties, in the latter of which due provision shall be made for the study of the Chinese language and literature."(in *Hong Kong University: Present Position, Constitution, Objects and Prospects, with photo, plans, and appendices containing the University Ordinance, 1911, speeches, statements of accounts, and estimates of revenue and expenditure*, p.14)

教學生。賴氏就職後，即為港大購買圖書，除了《十三經》、《二十四史》、《九通》、《百子全書》等等外，大率是叢書，高文冊府，學生閱覽者少。[12]

前清翰林們便因何啟的建議，頓時成為聲價十倍的「奇貨」。光緒二十九年（1903）癸卯榜進士廣東增城人賴際熙與同榜進士廣東南海人區大典便在曾登光緒六年（1880）庚辰榜進士的老師、廣東番禺人吳道鎔大力舉薦下，雙雙成為香港大學的漢文講師（Lecturer in Chinese）。[13]

賴際熙與區大典獲香港大學聘任為漢文講師後，分別負責講授「傳統漢文（Classical Chinese）」課程的「史學（History）」與「文學（Literature）」科目。[14] 由於他們對西方現代學術分科的認識相當有限，自然難以講授具有現代學術分科意識的「中國語言及文學」，是以「史學」與「文學」兩科均採用傳統「經史之學」的講授方式。根據當時大學的規定，四年學制被區分為兩階段：首兩年的中期課程（Intermediate Course）與末兩年的終期課程（Final Course）。賴際熙與區大典甫上任時負責講授該兩科目的安排為：

1. 史學：由賴際熙負責，選取二十四史、《資治通鑑》、《續資治通鑑》、《通典》、《通考》、《通志》、《通鑑輯覽》與宋（960－1279）、元（1271－1370）、明（1368－1644）的歷史載錄，分別於中期課程講授三代至東晉（317－420）、終期課程講授南北朝（420－589）至明朝的歷史。

2. 文學：由區大典負責，講授朱熹與其他學者對《四書》（中期課程）

12　《香港舊事見聞錄》，頁 205-207。

13　參看 University of Hong Kong: *University of Hong Kong Calendar, 1913-14* (Hong Kong: The Newspaper Enterprise Ltd., 1914), p.58；《香港舊事見聞錄》，頁 205-207。有關賴際熙的生平，參看孫甄陶撰：《清代廣東詞林紀要》（臺北：臺灣商務印書館，1971 年 10 月），頁 149；《學海書樓主講翰林文鈔》，〈賴際熙太史事略〉，頁 47-48。有關區大典的生平，參看《清代廣東詞林紀要》，頁 149；《學海書樓主講翰林文鈔》，〈區大典太史事略〉，頁 33。有關吳道鎔的生平，參看《清代廣東詞林紀要》，頁 135-136。

14　參看 *University of Hong Kong Calendar, 1913-14*, pp.60 & 100.

與《五經》（終期課程）的評注。[15]

一九一七年時，除「史學」的中期課程保留不變外，「文學」的中期課程已明確列出區大典講授的經書為《四書》、《春秋三傳》與《周禮》三種。[16]「史學」與「文學」兩部分的終期課程則規定由賴際熙與區大典共同負責，講授《十三經》基本原理與內容、精讀《十三經》一種、概述歷代治亂興衰與探討歷代經典有關管治、稅收、教育、地理等記述。[17]

香港大學校方對這樣的教學內容一直採用模糊處理的包容手法。這實緣於校方既無法否定中國經、史學的傳統，又不能漠視「經學」與「史學」都不屬於西方現代學術分科的事實。[18]但「經學」與「史學」兩者又確實難以斷然分割，是以在終期課程時將此傳統「經史之學」合併講授。當時，中華民國北京政府教育總長蔡元培（1867－1940）以「舊學自應保全，惟經學不另立為一科，如《詩經》應歸入文科，《尚書》、《左傳》應歸入史科」[19]的論調，無疑為校方此安排提供了有力的論據。校方為照

15　參看 *University of Hong Kong Calendar, 1913-14*, pp.60 & 100; University of Hong Kong: *University of Hong Kong Calendar, 1914-15* (Hong Kong: The Newspaper Enterprise Ltd., 1915), pp.73&77.

16　參看 University of Hong Kong: *University of Hong Kong Calendar, 1917-18* (Hong Kong: Noronha & Co., 1917), p.76.

17　參看同上書，pp.81-82. 原文標目為 "Classical Chinese, History and Literature (Two subjects)"，內容為 "A series of lectures by Messrs. Lai His Chi and Au Tai Tin on: (a) The fundamental principles and general outlines of the thirteen classics. (b) One of the thirteen classics considered in detail. (c) A general survey of Chinese History, dealing chiefly with the rise and fall of dynasties. (d) The Chinese Classics as dealing with rules of Government-taxation, education, etc. Geography in connection with Chinese History. "(*Ibid.*, pp.81-82) 這一年的課程還特別標明校長（Vice-Chancellor）會以歐洲人的觀點就中國歷史與文學發表一系列演說，原文為 "In 1917-1918 the Vice-Chancellor will deliver a series of lectures on Chinese History and Literature, regarded from the European point of view."(*Ibid.*, p.82) 如此安排，絕非成例。

18　傳統「經史之學」的「史學」與現代學術分科的「歷史」、「歷史學」並不完全相同，相關論析可看李紀祥的〈以「史」為學與以「歷史」為學〉（載氏撰：《時間·歷史·敘事——史學傳統與歷史理論再思》，臺北：麥田出版，2001 年 9 月，頁 43-63）一文與劉龍心：《學術與制度：學科體制與現代中國史學的建立》（臺北：遠流出版事業股份有限公司，2002 年 2 月）一書。「經學」與現代學科分類的關係，陳以愛的〈《國學季刊發刊宣言》：一份「新國學」的研究綱領〉（載黃清連編：《結網編》，臺北：東大圖書股份有限公司，1998 年 8 月，頁 519-571）論析頗詳。

19　高平叔編：《蔡元培全集》，第 2 卷（北京：中華書局，1984 年 9 月），〈在北京任教育

〔下轉頁 39〕

顧不諳粵語的學生，還特別增設「正音班」，安排賴際熙負責以官話將「史學」與「文學」兩科目的內容重新講授一遍。[20]經、史不分的事實再次從校方的課程安排得到印證。因此，香港大學文學院成立初期提供的「文學」科，實際便是有實無名的「經學」科。中國傳統的「經學」教育遂緣此出人意表地廁身於香港的高等教育。

香港大學文學院的「傳統漢文」課程在一九二三年時因文學院進行課程更革而須略作改動，課程被改稱為「漢文（Chinese）」。原屬文學院首兩年中期課程的「史學」與「文學」科目同時被改稱為「傳統中國歷史（Classical Chinese History）」與「傳統中國文學（Classical Chinese Literature）」，列入首年（First Year）課程；原屬文學院末兩年終期課程的「史學」與「文學」兩科合併講授課程則易名為「傳統中國歷史與文學（Classical Chinese History and Literature）」，列入次年（Second Year）課程。[21]學生於第三年（Third Year）時可選擇有關倫理學（Ethics）的課題撰寫論文一篇；第四年（Fourth Year）時則可選擇有關歷史（History）、政治學（Political Science）、政治經濟學（Political Economy）、哲學（Philosophy）的課題撰寫論文一篇。學生所選題目須於諮詢負責漢文與英文課程的講師後以中、英兩種語文撰寫，並可與考試答卷同時繳交。[22]此等安排無疑將原本四年的教學內容壓縮為兩年，從而使學生接觸「經學」的課時相應減半。「漢文」課程亦從此淪為文學院學生首階段學習的中期課程。這無疑已是香港經學教育

總長與記者談話〉，頁 159。

20　原文為 "Special Classes for Mandarin-speaking Students will be conducted by Mr. Lai His Chi."(*University of Hong Kong Calendar, 1917-18*, p.82)

21　參看 University of Hong Kong: *University of Hong Kong Calendar, 1923* (Hong Kong: Kelly & Walsh Limited, Printers, 1923), pp.126-127.

22　原文為："Facilities are provided in the Third and Fourth Years, under which Chinese students may write an essay in their Third Year on a selected subject in Ethics, and in their Fourth Year on selected subjects in History or Political Science, or political Economy, or Philosophy. The subject of the essay is chosen in consultation with both the Chinese and the English Lecturers concerned. The essay is written in Chinese and English, and may be submitted with the examination scripts in the Degree Examination."(*Ibid.*, p.128)

發展的一大挫折。

　　從一九一六年起，文學院首十屆的畢業生只有八十六人，而修習「傳統漢文」與「漢文」課程者實在不多。[23] 一九二六年時，教育司活雅倫（A. E. Wood）認定文學院「漢文」課程的教學成效長期不彰，緣於課時被校方不斷削減，而箇中根源又跟大學十多年來一直只按授課時數計薪聘任賴際熙與區大典息息相關；他遂下令校方正式聘用兩人為大學的專任教師、不許兩人再兼任其他學校的教席，俾使兩人可以專心致意於文學院的「漢文」教學。但這安排沒有根本而切實地改變「漢文」課程教學課時備受擠壓的事實。[24] 當時自英國東來考察大學教育的威靈頓代表團（Willingdon Delegation）在該團的考察報告申明香港大學的漢文教育除需保留傳統的「經史之學」外，還得賦予此等教育新的現代意義。[25] 賴際熙與區大典鑑於經史科目的課時已被校方剝奪殆盡，而代表團

23　根據香港大學校方公布首十屆文學士（Bachelor of Arts, B.A.）畢業生名單作統計，各屆人數為：一九一六年三人、一九一七年無人、一九一八年一人、一九一九年六人、一九二〇年無人、一九二一年五人、一九二二年十八人、一九二三年十六人、一九二四年十四人、一九二五年二十三人，合共八十六人。相關資料參看 University of Hong Kong: *University of Hong Kong Calendar, 1926* (Hong Kong: The Newspaper Enterprise Ltd., 1926), "List of Graduates", pp.173-174. 校方沒公佈各人修習的科目，故無法確知修習「傳統漢文」課程與「漢文」課程的人數。但根據賴際熙於一九一六年向當時文學院院長軒頓（Professor W. J. Hinton）呈交修讀漢文課程諸學生的「經學」與「史學」考試成績（參看《荔垞文存》，卷 1，〈與軒頓院長書四通〉〔第一通〕，頁 69-71），配合 *University of Hong Kong Calendar, 1926* 的 "List of Graduates" 推算，則一九一六至一九一九年間僅九人成功獲取文學院文學士學位，而修習「傳統漢文」課程者佔四人。

24　王齊樂的《香港中文教育發展史》指出一九二五年時，「教育司庵氏（G. N. Orme）嘗謂：香港大學開辦多年，各科成績卓著，唯有文科中的中文一科，無甚可觀，推其原因，實由於大學當局對中文這一科，不甚注重，只把它做為一種附設的科目之故。因此，他曾經就這問題，和港大中文科的經學講師區大典及史學講師賴際熙磋商，尋求整頓的方法。當時，兩位講師均以每年教授漢文的時間，只得四百餘小時，以這些時間，分配於四班去教授，則每班每年教授的時間無多；其次，又以本港中學的漢文程度過淺，一旦升入大學，便無法銜接。有了這兩個原因，故難求有優良的成績。到了活雅倫（A. E. Wood）任教育司後，為了使大學的漢文程度，獲得整頓，特於一九二六年一月十六日，再度邀請賴、區兩位太史至教育司署，切實商討改革的辦法。結果，決定把大學的漢文講師，改為專任，不得再像從前一樣可以在外面兼任教席，以資專一；其次是增加漢文教授的鐘點；第三是大考時，復以漢文為重，倘若學生的考試成績，英文及格而漢文不及格的，亦不能升級及畢業。」（頁 270）

25　一九二六年英國威靈頓代表團（WIllingdon Delegation）的報告，稱："It was recognized that Chinese classics would of course have to be taught but the idea

〔下轉頁 41〕

的考察報告竟隻字不提；故為挽救形同虛設的「漢文」課程，遂毅然把握此機會，化被動為主動，上書校方，提出改革方案，要求大學設立華文部，在原有「經學」與「史學」的基礎上增設「文詞學」。時任香港大學監督的香港第十七任總督金文泰（Cecil Clementi，1875－1947，1925－1930擔任香港總督）積極支持他們的建議。他希望藉回應香港華人社會重視傳統學問的要求為理由，協助陷於財困的香港大學爭取英國政府退還中國的庚子賠款，以求紓緩省港大罷工形成的中、英兩國緊張關係。[26] 賴際熙與區大典便是乘此時勢，倚仗南洋華僑的四萬元捐款，如願促成香港大學中文學院的成立。[27] 香港的經學教育自是邁向新的里程。

三 · 中文學院時期的經學課程（1927 － 1932）

香港大學中文學院（School of Chinese Studies）在一九二七年時只處於草創時期，原本計時受薪的漢文講師（Lecturer in Chinese）賴

---

was that the efforts of the University should not be confined to the production of old-fashioned Chinese scholars. The intention was that the University should undertake the comparative study of Chinese and western history, philosophy, law and some day perhaps, art. A scheme for the comparative study of Chinese and Roman law was also outlined. It was also considered desirable that a School for teaching the Chinese language should be established. It was hoped that in this way the Faculty of Chinese would do something towards helping modern China in the tackling of the problem of a unified language for the whole of China."(University of Hong Kong, Special Committee Appointed to Advise on the Teaching of Chinese ed.: *Report of the Special Committee Appointed to Advise on the Teaching of Chinese,* Hong Kong: Newspaper Enterprise Ltd., 1932, p.3)

26　有關省港大罷工的始末，參看盧權、褟倩紅撰：《省港大罷工史》，廣東：廣東人民出版社，1997 年 12 月。有關省港大罷工的論析，可參看《香港人之香港史 1841－1945》，頁 121-171。

27　參看李廣健：〈鉅觀與微觀因素對早期香港大學中文教學的影響（1912－1935）〉（載《臺南師院學報》，第 27 期，1994 年，頁 237-258）、程美寶：〈庚子賠款與香港大學的中文教育 —— 二三十年代香港與中英關係的一個側面〉（載《中山大學學報（社會科學版）》，1998 年第 6 期，1998 年 12 月，頁 60-73）、區志堅：〈香港大學中文學院成立背景之研究〉（載《香港中國近代史學報》，第 4 期，2006 年，頁 29-57）三文。

際熙被委任為全職的中國歷史教授（Reader in Chinese History）、並負責相關的行政事務；而區大典則獲委為全職的中國文學教授（Reader in Chinese Literature）。[28] 校方首度頒佈的〈香港大學文科中文課程表〉，英文名稱竟是意指「中文系課程」的 Syllabus for Chinese Department。[29] 其實，此時的「中文學院」根本尚未成形，它在校方的行政體系中既非「學系」（Department）、亦非「學院」（School）。但它提供的課程已開始成為個別學系學生的修習科目。[30] 它提供的「中文（Chinese）」課程主要以文學院時期的「漢文」課程為基礎，保留原有的「經學」與「史學」，而新增「文詞學（Literature）」與「翻譯學（Translation）」。課程的安排為：

1. 經學：第一年講授《大學》、《中庸》、《論語》、《孟子》（以《朱子集注》義理為主，參以古注訂詁），第二年講授《詩經》、《書經》（以《十三經》注疏為主，參以《欽定七經》），第三年講授《儀禮》、《周禮》、《禮記》（以《十三經》注疏為主，參以《欽定七經》及《五禮通考》）

---

28 參看 University of Hong Kong: *University of Hong Kong Calendar, 1927* (Hong Kong: The Newspaper Enterprise Ltd., 1927), p.144. 一九二六年時，賴際熙與區大典仍只是漢文講師（Lecturer in Chinese），相關記載參看 *University of Hong Kong Calendar, 1926*, p.104.

29 參看 *University of Hong Kong Calendar, 1927*, pp.166-170; University of Hong Kong: *University of Hong Kong Calendar, 1928* (Hong Kong: The Newspaper Enterprise Ltd., 1928), pp.172-176; University of Hong Kong: *University of Hong Kong Calendar, 1929* (Hong Kong: The Newspaper Enterprise Ltd., 1929), pp.129-133.

30 根據一九二七年的《香港大學校曆》記載，當時香港大學的文學院只有四個學系。原文為："The Faculty of Arts includes a department of pure arts and science, a department of social science, a department of commerce and a department for the training of teachers. Arrangements has now been made to teach Chinese up to the degree stage as an alternative subject in the Department of Pure Arts and Science. Chinese has also been added as an alternative subject in the third year course of that section of the Teachers' Department which deals with those students who are not being trained specifically as teachers of mathematics and science. The University hope before to be able to create a Faculty of Chinese. The course in all cases one of four years and leads to the degree of Bachelor of Arts."(*University of Hong Kong Calendar, 1927*, p.4) 相同的記載亦見於一九二八年的《香港大學校曆》，參看 *University of Hong Kong Calendar, 1928*, p.4; *University of Hong Kong Calendar, 1929*, p.4; University of Hong Kong: *University of Hong Kong Calendar, 1930* (Hong Kong: The Newspaper Enterprise Ltd., 1930), p.4.

與第四年講授《春秋》、《左氏傳》、《公羊傳》、《穀梁傳》（以《十三經》注疏為主，參以《欽定七經》）。

　　2. 史學：包括「歷代治亂興衰」與「歷代制度沿革」兩部分。

　　　　（1）「歷代治亂興衰」部分：第一年講授《通鑑輯覽》（自三皇起至秦止）、《史記》（自〈五帝本紀〉起至〈秦始皇本紀〉止），第二年講授《資治通鑑》（自西漢起至東晉止）、《漢書》、《後漢書》、《三國志》、《晉書》（擇編講義），第三年講授《資治通鑑》（自南北朝起至五代止）、《通鑑紀事本末》、《南北史》、《隋書》、《唐書》、《五代史》（擇編講義），第四年講授《續資治通鑑》（自宋起至明止）、《宋史》、《遼金元史》、《明史》（擇編講義）。

　　　　（2）「歷代制度沿革」部分：第一年講授唐虞至兩漢疆域考（以《九通》為主，參以二十四史〈表〉、〈志〉，有講義），第二年講授唐虞至隋疆域考、戶口考（以《九通》為主，參以二十四史〈表〉、〈志〉，有講義），第三年講授唐虞至宋疆域考、戶口考、財政考（以《九通》為主，參以二十四史〈表〉、〈志〉，有講義），第四年講授歷代疆域、戶口、財政及其他制度（以《九通》為主，參以二十四史〈表〉、〈志〉，有講義）。

　　3. 文詞學：第一、二年講授歷代名作，第三年講授歷代駢、散文名著，第四年講授歷代詩、文名著。

　　4. 翻譯學：四年皆有授課，旨在溝通中外學說，造就通譯人才。[31]

　　這源自「漢文」課程的「中文」課程除增設「翻譯學」及「文詞學」外，「史學」的授課內容跟學院成立前沒有明顯異樣，只是着意標出兩大貫徹始終的教學重點；而「經學」的講授內容則遠較文學院時期豐富；「文詞學」則採自校方慣用的「文學」（Literature）一名而講授歷代駢、

31　參看 University of Hong Kong: *University of Hong Kong Calendar, 1927*, pp.166-170.

散、詩、文名作。此外，課程還保留存在已久、專為不諳粵語學生而設的官話班（Special Classes for Mandarin-speaking Students），授課內容與功課跟正班相同，仍舊稱為「特設正音班」（Mandarin Class）。課程的設計不單確定了「翻譯學」（Translation）成為日後中文學院學生的必修科目，還為「經學（Classics）」與「文學（Literature）」進行了正名。「經學（Classics）」從此不必托庇於「文學（Literature）」名下冒名求生，而「文詞學」（Literature）亦可以堂堂正正講授真正的「文學（Literature）」。由於中文學院的學生必須修習「翻譯學」（Translation），校方遂增聘賴際熙與區大典的學生、一九一六年畢業於香港大學文學院的首屆文學士林棟（1890－1934）擔任學院的專任翻譯講師（Chinese Translator）。[32]「經學」（Classics）、「史學」（History）、「文詞學」（Literature）與「特設正音班」（Mandarin Class）的講授統統由賴際熙與區大典負責。中文學院的教師自是增至三人。校方為增強學院的設備，還以華僑的捐款添置了約萬元的中文圖書，可惜校方的努力一直未能令修讀中文課程的學生增多。[33]

草創階段的中文課程未能得到學生歡迎的同時，還遭南遊香港的魯迅（周樹人，1881－1936）撰文痛斥；[34] 香港大學校方遂在一九二八年以財困為理由，準備結束剛起步發展的中文學院。幸好總督金文泰居中斡旋，邀得周壽臣（1861－1959）、羅旭龢（Robert Hormus Kotewall，1880－1949）等政商名人捐款二十萬，又得商人鄧志昂（1872－1939）捐款六萬興建教學大樓，「中文學院」（School of Chinese Studies）才得以在立法局答允撥款資助一九二九至一九三一年的營運經費後，於一九二九年一月正式成立。[35]《香港大學

32　參看 University of Hong Kong Calendar, 1928, p.148. 有關林棟的生平，參看李景康（1891－1960）：〈香港大學講師林棟君墓誌銘〉，載氏撰：《李景康先生詩文集》（香港：學海書樓，2003 年），頁 2-4。

33　參看 The University of Hong Kong, 1912-1933: a souvenir, p.25.

34　參看魯迅：〈略談香港〉，載《香港的憂鬱──文人筆下的香港（一九二五──一九四一）》，頁 3-10。

35　參看 The University of Hong Kong, 1912-1933: A Souvenir, pp.25-26.

校曆》（*University of Hong Kong Calendar*）在一九三〇年列有中文學院的教學人員、學習與考試規則、課程等資料。[36] 由於入讀的學生在學四年間不能單憑修讀一九二七年所頒〈香港大學文科中文課程表〉開列諸科目而獲頒大學學位，是以該課程從一九三〇年起已不再接受新入學的學生修讀。[37] 校方為正視聽，復將該課程的英文名稱由原來的 Syllabus for Chinese Department（中文系課程）改為 Syllabus of Chinese courses in the Faculty of Arts（文學院中文課程）；[38] 並決定在一九三二年後取消該課程。[39] 因此，該課程實際只曾供一九二七至一九二九年入讀文學院的三屆學生修讀。[40] 由於校方要求學院必須開設可供學生修讀以獲取大學學位的課程，是以賴際熙在一九二九年便着手重新規劃中文學院的課程。此新課程於一九三〇年起施教，課程的安排為：

1. 經學（Classics）：第一年講授《孝經》、《四書》，第二年講授《詩經》、《書經》，第三年講授《周禮》、《儀禮》、《禮記》，第四年講授《春秋左氏傳》、《穀梁傳》、《公羊傳》。

2. 歷史（History）：第一年講授上古至漢，第二年講授漢至隋，第三年由南北朝起講授，第四年講授宋至明。

3. 哲學（Philosophy）：第一年講授古代哲學至孔孟哲學，第二年講授孔孟哲學至周末及秦諸子，第三年講授荀子、莊子及漢、魏、晉諸

36　參看 *University of Hong Kong Calendar, 1930*, pp.168-174.

37　參看 *The University of Hong Kong, 1912-1933: A Souvenir*, p.26.

38　參看 *University of Hong Kong Calendar, 1930*, "Regulations for the School of Chinese Studies", pp.132-136.

39　參看 *University of Hong Kong Calendar, 1928*, pp.169-176; *University of Hong Kong Calendar, 1929*, pp.126-133; *University of Hong Kong Calendar, 1930*, pp.129-136; University of Hong Kong: *University of Hong Kong Calendar, 1931* (Hong Kong: The Newspaper Enterprise Ltd., 1931), pp.122-130; University of Hong Kong: *University of Hong Kong Calendar, 1932* (Hong Kong: The Newspaper Enterprise Ltd., 1932), pp.122-130.

40　一九二九年入讀文學院的學生應於一九三二年畢業，故該課程於一九三二年後不再開辦。一九三三年的《香港大學校曆》便已不載此課程（參看 University of Hong Kong: *University of Hong Kong Calendar, 1933*, Hong Kong: The Newspaper Enterprise Ltd., 1933, p.128）。

子，第四年講授近代諸子。

4. 文詞學（Literature）：第一年講授古文、選講集部，第二年講授古文、詩、選講集部，第三年講授唐宋詩文集，第四年講授文學史、擇講歷朝詩文集。

5. 翻譯學（Translation）：第一年講授英譯漢、漢譯英，第二年講授英譯漢、漢譯英，第三年講授英譯漢、漢譯英（注重外交文件），第四年講授英譯漢、漢譯英（注重選譯英人詩文集及中國詩、古文辭）。

6. 英文（English）：第一年講授大學入校試英文（Matriculation English），第二年講授文科一年級英文（English in the First Year of Arts Course），第三年講授文科二年級英文（As taught in the Second Year of the Arts Faculty），第四年講授西學，方法是在文科內選習用英語教授的學科一門。凡獲文科第二年英文及格者亦可選習文科三年級英文（Some subject as taught in the Faculty of Arts through the medium of English，which may include English if the student has passed Intermediate Part II in English）。[41]

這大學學位課程除「經學」（Classics）與「史學」（History）的教學內容未有明顯的改變外，「翻譯學」（Translation）與「文詞學」（Literature）的教學內容都較前具體。由於修讀中文學院課程的學生，英文水準普遍都略遜於其他院系的學生，新增的「英文」（English）課程便是為了幫助學生達到一般英語大學畢業生應當具備的英語水平。「哲學」的引進應是此番課程改動最具新意、也最能切合校方將中文教學「現代化」的安排。[42] 但新成立的中文學院始終無法憑藉此課程吸引較多學生入讀。[43] 一九三一年四月，校方設立特別委員會研究大學的中文教育發

---

41 參看 *University of Hong Kong Calendar, 1930*, pp.170-172; *University of Hong Kong Calendar, 1931*, pp.161-165; *University of Hong Kong Calendar, 1932*, pp.161-167.

42 參看 *Report of the Special Committee Appointed to Advise on the Teaching of Chinese*, p. 13.

43 根據校方的報告，中文學院在一九二九年成立時只有學生六人、一九三○與一九三一年入讀的新生分別為三人與六人，而三年間退學者達七人。一九三二年時，在學各級學生

〔下轉頁 47〕

展，並建議終止中文學院的運作，將中文教學發展成為文學院內可令學生獲取文學士學位的一系（Arts Faculty's groups of studies）。[44] 中文學院的誕生本是為了幫助香港大學爭取英國政府退還中國的庚子賠款，以解決大學燃眉的財困。但賴際熙等五、六年來的努力，終在一九三二年被劃上句號。隨着中文學院的結束，賴際熙亦自我終結了任教香港大學二十載的歲月。[45] 中文學院迅即被校方改劃為文學院的一個新學系，而香港的經學教育自是又有一番新的景象。

四・中文系、中國文史學系時期的經學課程
（1933 — 1941）

香港大學文學院於一九三三年進行課程改組，分課程為七系（Seven Groups）。新成立的中文系（Department of Chinese）在林棟領導下，負責文科六系（Group VI）「中文及英文」（Chinese and English）與文科七系（Group VII）「漢學研究」（Chinese Studies）的教學。[46] 文

的總數為十人（參看 *The University of Hong Kong, 1912-1933: a souvenir*, p.26）

44　參看 *The University of Hong Kong, 1912-1933: a souvenir*, p.26.

45　《清代廣東詞林紀要》指賴際熙於一九三五年退休（頁149）。但香港大學出版的 *University of Hong Kong Calendar* 記載一九三二年時中文學院的中國史學教授（Reader in Chinese History）為賴際熙（參看 *University of Hong Kong Calendar, 1932*, pp.66&158），而此職位連同賴際熙的名字自一九三三年始便不再出現（參看 *University of Hong Kong Calendar, 1933*, p.70）。因此，賴際熙應在一九三二年時已自香港大學離任。

46　根據一九三四年《香港大學校曆》的〈前言〉（Introduction），文學院共有五個學系，計為 Department of Pure Arts and Science, Department of Social Science, Department of Commerce, Department of Chinese, Department for the Training of Teachers. Department of Chinese 已取代原先的中文學院（School of Chinese Studies）成為文學院的學系（參看 University of Hong Kong: *University of Hong Kong Calendar, 1934*, Hong Kong: The Newspaper Enterprise Ltd., 1934, p.4）但該校曆介紹課程時則稱為 Department of Chinese Studies（參看 *Ibid.*, p.102）。這種一系兩名、〈前言〉與課程介紹互異的記述，在一九三四年至一九四一年的《香港大學校曆》一直沿用不替（為免累贅，不逐一詳列出處），可見校方在日本侵佔香港前對中文系的英文名稱一直沒有統一的規範。一九三四年時，林棟已是文科六系（Group VI）「中文及英文」（Chinese and English）兩課程的署任顧問（Acting Adviser），可見他

〔下轉頁48〕

科六系（Group VI）「中文及英文」（Chinese and English）的課程安排為：

1. 文詞（Chinese Literature）：第一年講授明清兩代詩文，第二年講授唐宋兩代詩文，第三年講授兩漢詩文，第四年講授中國文學史。學生每年均需定期進行作文練習。

2. 哲學（Chinese Philosophy）：第二年講授《五經》要義、周秦諸子之一。

3. 史學（Chinese History）：第三年講授周末至兩漢。

4. 翻譯（Translation）：學生每年均需修讀。

文科七系（Group VII）「漢學研究」（Chinese Studies）的課程安排為：

1. 哲學（Chinese Philosophy）：第一年講授《四書》大旨，第二年講授《五經》要義、周秦諸子之一，第三年講授周秦諸子通論，第四年講授《宋明儒學案》。

2. 史學（Chinese History）：第一年講授上古至周末，第二年講授周末至兩漢，第三年講授唐宋史，第四年講授明史、清史。

3. 文詞（Chinese Literature）：第一年講授明清兩代詩文，第二年講授唐宋兩代詩文，第三年講授兩漢詩文，第四年講授中國文學史。學生每年均需定期進行作文練習。

4. 翻譯（Translation）：學生每年均需修讀。[47]

其他各系（Groups other than VI&VII）的學生，亦可於每年修讀中文學院提供的文詞（Chinese Literature）與翻譯（Translation）兩科目。[48]

這中文系首頒的課程，除保留「翻譯」（Translation）不變外，主

已成為中文系的領導人（參看 University of Hong Kong Calendar, 1934, p.102）。

47　參看 University of Hong Kong Calendar, 1933, "Appendix", no page number; University of Hong Kong Calendar, 1934, pp.110-113.

48　參看 University of Hong Kong Calendar, 1933, "Appendix", no page number; University of Hong Kong: University of Hong Kong Calendar, 1934, pp.109-110.

要是將「哲學」（Chinese Philosophy）、「史學」（Chinese History）與「文詞」（Chinese Literature）三科的教學內容進一步釐清。「哲學」（Chinese Philosophy）講授《四書》大旨、《五經》要義、周秦諸子與宋明儒學案；「史學」（Chinese History）講授上古至周末、周末至兩漢、唐宋史、明史、清史諸項；而「文詞」（Chinese Literature）則教授明清兩代詩文、唐宋兩代詩文、兩漢文、中國文學史與作文。文學院始設「傳統漢文」（Classical Chinese）課程以來長期講授不輟的經學課程終在中文系成立的首年，因着賴際熙的離任而被繼任者連根拔起。過往《四書》、《五經》逐一講授的日子已一去不返。孔孟思想、《四書》大旨、《五經》要義統統被安排在「哲學」（Chinese Philosophy）科講授。此新訂的課程雖然一直沿用至許地山（1893－1941）履新才再作變更，[49] 可是校方對此新課程實在未感滿意。一九三四年夏天，校方聘請北京大學教授陳受頤（1899－1977）與輔仁大學教授容肇祖（1897－1994）親臨香港考察，為大學的中文教育提供改革方案。[50] 一九三五年一月，胡適到香港接受香港大學頒授的名譽法學博士學位時，對中文系課程的批評與中文教育的期許，進一步促成校方急欲改變當時的中文教育狀況。[51] 校方雖未能成功邀得胡適出掌中文系，卻得到胡適的推薦，於該年七月聘請原燕京大學教授許地山負責領導和策劃學系的課程改革。[52]

49　參看 University of Hong Kong: *University of Hong Kong Calendar, 1934*, pp.110-113；University of Hong Kong: *University of Hong Kong Calendar, 1935* (Hong Kong: The Newspaper Enterprise Ltd., 1935), pp.116-120.

50　陳、容兩教授的改革建議，可參看《華僑日報》1935 年 10 月 16 日的報道。該報道今錄入單周堯主編：《香港大學中文學院歷史圖錄》（香港：香港大學中文學院，2007 年），頁 42。

51　胡適南遊後對香港的種種批評，可參看氏撰：〈南遊雜憶〉，載《香港的憂鬱 —— 文人筆下的香港（一九二五 —— 一九四一）》，頁 55-61；鄭德能：〈胡適之先生南來與香港文學〉，載同上書，頁 69-74。

52　參看盧瑋鑾：〈許地山與香港大學中文系的改革〉，載《香港文學》，第 80 期（1991 年 8 月），頁 61-62；余思牧編：《作家許地山》（香港：利文出版社，2005 年 5 月），頁 218-229。金培懿的〈港大「中國經學」課程之退場 —— 一個東亞視域的考察〉認為許地山獲香港大學任命出掌中文系除得力於胡適的推薦外，還緣於香港大學校內林棟、莫應嵩、陳君葆諸位的幫助與胡適、許地山改革香港大學中文系背後隱而不宣的「日本因素」（載《人文中國學報》，第 23 期，2016 年 12 月，頁 265-301）。

　　許地山於一九三五年八月南來履新後，以中文系原有的課程為參照，新增不少科目，以構建「中國文學」（Chinese Language and Literature）、「中國史」（Chinese History）、「中國哲學」（Chinese Philosophy）與「翻譯」（Translation and Comparison）四位一體的「中國文史學系」（Department of Chinese Studies）新課程。[53] 這新課程各科目被分別列入文學院課程的文科六系（Group VI）、文科七系（Group VII）與文科八系（Group VIII），供學生選讀。文科六系（Group VI）為「中國文學」（Chinese Language and Literature），課程包括：

　　1. 中國文學（Chinese Language and Literature）：第一年講授明清及現代文、中國文典（Chinese Grammar），第二年講授唐宋元文、中國詞曲小說，第三年講授兩漢六朝文、詩賦駢文、中國文學史，第四年講授先秦文、文學批評。學生每年均需定期進行作文練習。

　　2. 中國文字學（Chinese Philology）或中國通史（Chinese History）：學生於第三年修讀。

　　3. 中國哲學概論（Chinese Philosophy）：學生於第四年修讀。

　　4. 翻譯（Translation）：學生每年均需修讀。[54]

　　文科七系（Group VII）為「中國史」（Chinese History），課程包括：

　　1. 中國史（Chinese History）：第一年講授中國通史（General History of China），第二年講授上古史及古物學（Ancient Chinese History and Archaeology），第三年講授中古史（Mediaeval Chinese History），第四年講授中國近代史（Modern Chinese History）、中西交通史（History of Communications between China and the West）、中國宗教史（Religious History of China）、中國社會史

53　參看盧瑋鑾：〈許地山與香港大學中文系的改革〉，頁 62-64。

54　參看 University of Hong Kong: *University of Hong Kong Calendar, 1936-1937* (Hong Kong: The Newspaper Enterprise Ltd., 1936), pp.144-145.

（Social History of China）。學生於第一年至第三年需定期提交論文
（Exercises in Composition）習作。

2. 史乘選讀（Studies of Chinese Historical Writings）：學生於
第一年修讀。

3. 歷史方法（Historical Method）：學生於第三、四年修讀。

4. 中國文化史（Cultural History of China）：學生於第三年修讀。

5. 中國哲學概論（Chinese Philosophy）：學生於第四年修讀。

6. 翻譯（Translation）：學生每年均需修讀。[55]

文科八系（Group VIII）為「中國哲學」（Chinese Philosophy），
課程包括：

1. 中國哲學（Chinese Philosophy）：第一年講授中國哲學概論、
中國哲學（Chinese Philosophy），第二年講授佛學思想史（History
of Buddhist Thought），第三年講授先秦諸子研究（The Early
Masters）、道教思想史（History of Taoism）、中國倫理學（Chinese
Moral Philosophy）。學生於第一年至第三年均需定期提交論文
（Exercises in Composition）習作。

2. 中國哲學論著選擇研究（Readings in Chinese Philosophical
Treatises）：佛藏（Buddhist Canon）、道藏（Taoist Canon）、漢
唐諸家思想（Philosophical Writings from Han to T'ang）、宋明思
想（Philosophical Writings from Sung to Ming）、清及近代思想
（Philosophical Writings from Ching to the Present Day）。學生於
第四年修讀。

3. 中國通史：學生於第一年修讀。

4. 翻譯（Translation）：學生每年均需修讀。[56]

此外，中國文史學系尚有精選自「中國文學」及「翻譯」（Chinese
Language and Literature, and Translation）課程的若干科目供文科

55　參看 *University of Hong Kong Calendar, 1936-1937*, pp.145-146.

56　參看 *University of Hong Kong Calendar, 1936-1937*, pp.146-147.

其他系（Groups other than VI，VII&VIII）學生選修。「中國文學」
課程提供的科目包括：

1. 第一年：
   （1）提供明清及現代文、中國文典、作文供文科一系（Group
   I）「文字與哲學」（Letters and Philosophy）及文科四 C
   系（Group IVc）「綜合學科」（General）學生修讀。
   （2）提供美文、應用文、中國文典、作文供文科三系（Group
   III）「社會科學」（Social Science）及文科五系（Group V）
   「商業訓練」（Commercial Training）學生修讀。

2. 第二年：
   （1）提供唐宋元文、中國詞曲小說、作文供文科一系（Group
   I）「文字與哲學」（Letters and Philosophy）及文科四 C
   系（Group IVc）「綜合學科」（General）學生修讀。
   （2）提供美文、應用文、作文供文科三系（Group III）「社會
   科學」（Social Science）及文科五系（Group V）「商業
   訓練」（Commercial Training）學生修讀。

3. 第三年：
   （1）提供兩漢六朝文、詩賦駢文、中國文學史、作文或中國哲
   學供文科一系（Group I）「文字與哲學」（Letters and
   Philosophy）學生修讀。
   （2）提供兩漢六朝文或先秦文、中國文學史或文學批評、作
   文或中國史供文科四 C 系（Group IVc）「綜合學科」
   （General）學生修讀。

4. 第四年：
   （1）提供先秦文、文學批評或中國哲學供文科一系（Group I）
   「文字與哲學」（Letters and Philosophy）學生修讀。[57]

當時中國文史學系各年級的科目，除「翻譯」課程所有科目都由接

57　參看 *University of Hong Kong Calendar, 1936-1937*, pp.142-144.

替林棟的翻譯助理講師陳君葆（1898－1982）獨力負責講授外，[58]「中
國文學」（Chinese Language and Literature）、「中國史」（Chinese
History）與「中國哲學」（Chinese Philosophy）課程悉數由許
地山與一九三六年三月到任的中國文學講師（Lecturer in Chinese
Literature）馬鑑（1883－1959）負責。三課程開設的科目多達三十五
門，計：

1.「中國文學」（Chinese Language and Literature）：有明清及
現代文、中國文典、作文、唐宋元文、中國詞曲小說、兩漢六朝文、詩
賦駢文、中國文學史、中國文字學、先秦文、文學批評、美文、應用文
十三門。

2.「中國史」（Chinese History）：有中國通史、史乘選讀、上古
史及古物學、中古史、歷史方法、中國文化史、中國近代史、中西交通
史、中國宗教史、中國社會史、歷史方法十一門。

3.「中國哲學」（Chinese Philosophy）：有中國哲學概論、中國哲
學、佛學思想史、先秦諸子研究、道教思想史、中國倫理學、佛藏、道
藏、漢唐諸家思想、宋明思想、清及近代思想十一門。

這全新設計、徹底將傳統經學完全摒諸門外的課程，自一九三六年
起一直被沿用至一九四一年十二月大學因日本軍隊侵佔香港而宣佈停課
的剎那。[59]

58　陳君葆獲香港大學聘用，緣於中文系成立後當時得令的林棟猝遭橫禍，英年早逝。李景
　　康的〈香港大學講師林棟君墓誌銘〉稱：「甲戌（1934）四月二日，西環煤汽局猝爾爆炸，
　　燔及君居，生平積蓄悉燬於火。君負重傷，進政府醫院，即夕溘逝。年四十有五。聞者
　　莫不惜其才而悲其厄也。」（載《李景康先生詩文集》，頁3）

59　參看 University of Hong Kong: *University of Hong Kong Calendar, 1937-1938*
　　(Hong Kong: The Newspaper Enterprise Ltd., 1937), pp.139-144; University of
　　Hong Kong: *University of Hong Kong Calendar, 1940-1941* (Hong Kong: Ye Olde
　　Printerie, Ltd., 1940), pp.78-80; University of Hong Kong: *University of Hong
　　Kong Calendar, 1941*(Hong Kong: The Newspaper Enterprise Ltd., 1941), pp.67-
　　69.

五·結語

香港大學成立首三十年間，經學教育因文學院自一九一三年始設「傳統漢文」（Classical Chinese）課程而得以開展。可惜，賴際熙與區大典苦心經營二十多年的成果，卻因校方進行課程改革而被連根拔起。《四書》、《五經》——甚或只是《四書》大旨、《五經》要義等知識的講授都在大學課程裏消失得無影無蹤。歸根究柢，這實緣於西方學校教育制度與學科分類方法已令經學失卻生存的土壤。香港大學創校時既已被確定以英語作為教學語言，有志入讀者自會重點提升個人的英語水平。中文自始已被學生等閒看待，而以中文（或稱漢文）為研習媒介的經學早已成為學生的陌路人。他們一旦成功入讀大學，在「實用」主導的辦學宗旨引領下，家長、師長當然不會鼓勵他們耗神故紙。他們間或可能對經學萌生絲毫興趣而意圖一窺箇中梗概，可是礙於他們的中文水平的確參差，致每多徒勞而無功。

時代與社會的變遷，實不容許課程設計者抱殘而守缺。從文學院與中文學院時期的賴際熙，再到中文系、中國文史學系時期的林棟與許地山，他們雖或出身翰林、或肄業香港、或遊學海外，都曾對香港大學的經學課程改革用心注意。箇中舉步維艱的經歷已是有目共睹，現將相關的課程變動表列如下：

頒佈時間	頒佈部門	負責者	課程名稱	科目名稱	講授內容
1913 年	文學院	賴際熙	傳統漢文（Classical Chinese）	文學（Literature）	《四書》《五經》
1917 年	文學院	賴際熙	傳統漢文（Classical Chinese）	文學（Literature）	《四書》《春秋三傳》《周禮》《十三經》一種

（續上表）

頒佈時間	頒佈部門	負責者	課程名稱	科目名稱	講授內容
1923 年	文學院	賴際熙	漢文（Chinese）	傳統中國文學（Classical Chinese Literature）	《四書》《春秋三傳》《周禮》
				傳統中國史學與文學（Classical Chinese History and Literature）	《十三經》一種
1927 年	中文學院	賴際熙	中文（Chinese）	經學（Classics）	《大學》《中庸》《論語》《孟子》《詩經》《書經》《儀禮》《周禮》《禮記》《春秋》《左氏傳》《公羊傳》《穀梁傳》
1930 年	中文學院	賴際熙	中文（Chinese Studies）	經學（Classics）	《孝經》《四書》《詩經》《書經》《周禮》《儀禮》《禮記》《春秋左氏傳》《穀梁傳》《公羊傳》
1933 年	中文系	林棟	1. 中文及英文（Chinese and English）2. 漢學研究（Chinese Studies）	哲學（Chinese Philosophy）	《四書》大旨《五經》要義周秦諸子之一周秦諸子通論《宋明儒學案》

（續上表）

頒佈時間	頒佈部門	負責者	課程名稱	科目名稱	講授內容
1936 年	中國文史學系	許地山	中國哲學（Chinese Philosophy）	中國哲學（Chinese Philosophy）	中國哲學概論 中國哲學 佛學思想史 先秦諸子研究 道教思想史 中國倫理學

　　曾留學英、美，途次南洋、印度的許地山，本身具備世界視野已是不爭的事實。他在接掌香港大學中文系領導的位置後，毅然將賴際熙與區大典發展多時的經學完全摒於課程外，究竟是無奈的就範，還是斷臂的壯舉？西漢開始確立，以研究、闡釋儒家經籍，建構社會人生準則、成己成人、內聖外王的經學，在香港落得如此田地，究竟是經學的不濟，還是人心的不古？這全都值得關心香港經學教育者深思。

第三章
陳伯陶的《孝經說》

一 · 導言

　　香港的經學發展，在二十世紀前期因着寓居香港的清遺民相率投身經學著述與經學教育而出現一時盛況。陳伯陶雖非以經學聞名，卻是寓港清遺民群體中地位尊、輩分高、影響力大的一位。他雖非任職於香港大學，卻跟香港大學的人和事關係密切。由於他獨特的背景與經歷，他晚年撰成的力作《孝經說》便極具關注的價值。

二 · 陳伯陶的生平與著述

　　被譽為東莞歷史上唯一一位文探花的陳伯陶，字象華，號子礪，晚年號永熹，又號九龍真逸，廣東東莞縣中堂鎮鳳狮鄉人。他原籍廣東番禺，在清文宗（愛新覺羅·奕詝，1831－1861，1850－1861在位）咸豐五年（1855）出生。曾祖允道、祖夢松、父銘珪（友珊，1824－1881）三代皆為士人。他先後師從梁廷枏（1796－1861）、陳澧（1810－1882）研習經學。他在舉進士後，曾獲授翰林院庶吉士、江西提法使等官，並於光緒二十四年（1898）代表清廷參與將九龍半島北部、新界及離島大片土地租借予英國九十九年的〈拓展香港界址專

條〉簽署儀式。[1] 同是清遺民、辛亥年後寓居香港、不再過問政治的張學華（1863－1951）撰寫的〈江寧提學使陳文良公傳〉稱：

> 公（陳伯陶）少稟庭訓，十歲畢五經。稍長，從陳東塾（陳澧）先生遊，學益進。乙亥（光緒元年，1875）補縣學生，己卯（光緒五年，1879）舉鄉試第一，己丑（光緒十五年，1889）考取內閣中書，充咸安宮教習，館順德李文誠公（李文田，1834－1895）家。壬辰（光緒十八年，1892）成進士，廷試一甲第三人。及第，授翰林院編修。歷充國史館協修、纂修、總纂，編書處纂修，起居注協修，文淵閣校理，武英殿協修、纂修，雲南、貴州、山東鄉試副考官。庚子（光緒二十六年，1900），景廟（清德宗愛新覺羅・載湉，1872－1908，1875－1908 在位）西巡，奔赴行在，請於西安建立陪都，雖未行，世偉其議；旋隨扈回京。乙巳（光緒三十一年，1905）入直南書房，以掩雅稱；退直後，時手一編。纂修國史儒林、文苑傳，博綜條流，考覈精當，繆編修荃孫（1844－1919）極推許之。今史稿告成，兩傳多本於公之手筆也。長沙張文達公（張百熙，1847－1907）議廢科舉，公言學堂龐雜，科舉不宜亟廢，當分科取士以廣登進，文達不能用。丙午（光緒三十二年，1906），學部奏派赴日本考察學務。署江寧提學使，赴任後，崇實學，黜邪說，首以忠義勸導，務端士習。兩署江寧布政使，加二品銜，賞戴花翎。宣統己酉（宣統元年，1909），補授江寧提學使。公先迎養母太夫人在署，至是，送親歸粵。入都陛見，時方屬行憲法，而異黨潛滋，陰謀煽惑。公見時事日非，私憂竊歎，又以母老多病，遂乞終養歸里。
>
> 辛亥（宣統三年，1911），武昌難作。九月，廣州城陷，黨人蜂起，洶洶欲致，公乃走避香港，奉母居紅磡。尋丁母憂，移居九龍城。九龍，古官富場，為宋帝駐蹕地。公登宋王臺賦詩憑弔，感慨欷歔，署所居曰「瓜廬」，坐臥一小樓，湫隘人不能堪。布衣芒屨，日行田野中，村人咸知有「陳探花」。公屏跡隱居，熊希齡（1870－1937）、龍濟光（1868－1925）欲挽之出，皆絕，弗與通；聘修省志，亦不就。著《明遺民錄》以見志，顧於世道人心無日忘也。尤拳拳於故國。……庚午（1930）八月二十日，以病卒於九龍寓邸，春秋七十有六。上（宣

1　參看陳紹南編：《代代相傳——陳伯陶紀念集》（香港：編者自刊，1997 年），頁 51。

統帝）聞悼惜，賜諡文良。[2]

辛亥革命時正值仕途暢順、功名顯赫的陳伯陶便在國變後避居香港，「託
於黃冠，潛心著述，成《孝經說》三卷、《勝朝粵東遺民錄》四卷、《宋
東莞遺民錄》二卷、《明東莞五忠傳》二卷，又輯《袁督師遺稿》三卷、
附《東江考》四卷、《西部考》二卷，又增補陳琴軒《羅浮志》五卷，重
整《東莞縣志》九十八卷，所作詩文有《瓜廬文賸》四卷、《外編》一
卷、《瓜廬詩賸》四卷、《宋臺秋唱》一卷，皆行於世」；[3]而《沙田志》四
卷、《葵誠草》一卷、〈九龍真逸七十述哀詩〉一卷、〈崇和高等小學記〉
一卷、〈老子約〉一卷諸作俱聞於後。[4]由於他「性嗜藏書，明清間野史及
萬歷（曆）後諸家奏議、別集，收藏特多。晚年遺命以所藏書捐（羅浮）
酥醪觀中，故羅浮有道同圖書館之設，即以其書為基本云。」[5]他的眾多
著述，論者嘗指「其中以《勝朝粵東遺民錄》和《東莞縣志》最有價值」；[6]
而「瓜牛結廬，元龍臥樓，箋經教孝」，[7]卻最受諸甲辰（光緒三十年，
1904）科同人稱許。他晚年奮筆成書的唯一經學著述 ——《孝經說》三
卷自是另有不容後人等閒看待的魅力。[8]

2　同上書，張學華：〈江寧提學使陳文良公傳〉，頁 31-33。原文誤「《勝朝粵東遺民錄》」
　　為「《勝朝東粵遺民錄》」，今逕改。

3　同上書，張學華：〈江寧提學使陳文良公傳〉，頁 33。

4　同上書，〈陳伯陶生平〉，頁 11；《清代廣東詞林紀要》，頁 147。

5　《清代廣東詞林紀要》，頁 147。

6　楊寶霖：〈陳伯陶傳〉，載氏撰：《自力齋文史農史論文選集》（廣州：廣東高等教育出版
　　社，1993 年 10 月），頁 190。

7　《代代相傳 —— 陳伯陶紀念集》，桂坫：〈甲辰同人祭文〉，頁 34。

8　有關《孝經説》的研究，目前僅見許振興：〈民國時期香港的經學—陳伯陶的《孝經説》〉
　　（載林慶彰、蔣秋華主編：《變動時代的經學和經學家 —— 民國時期（1912－1949）經
　　學研究》，第 3 冊，臺北：萬卷樓圖書股份有限公司，2014 年 12 月，頁 367-380）與
　　曾漢棠：〈陳伯陶《孝經説》思想三題〉（載《國文天地雜誌》，第 394 期，2018 年 3 月，
　　頁 35-38）兩文。

三・陳伯陶寓居香港的生活

陳伯陶寓居香港二十年間，除一直痛恨「辛亥革軍興，寇攘藉姦宄，人心既瓦解，天命豈顧諟，大盜總師幹，移國不旋踵」[9] 外，便只潛心著述，堅拒任何聘職。他嘗於〈七十述哀一百三十韻〉慨歎：

> 我時竄海濱，困辱在泥滓，急難折弟昆，劬勞摧母氏，纍然喪家狗，欲效自經雉，慟哭旅櫬旁，偷生慙竆呰。[10]

他曾於詩的自注就奉母移居紅磡的始末與日後度日如年的歲月作自我剖白：

> （辛亥九月）張督（張鳴岐，1875－1945）逃後，革軍至，余被困邑城三日，既得間，即奉先慈竄香港之九龍。壬子（1912）四月，仲夔弟以疫卒。先慈吐血復作，癸丑（1913）二月見背。余時欲從殉，念旅櫬未歸，乃止。同年，熊秉三希齡為內閣總理及龍濟光為粵督軍、張鳴岐為粵省長，時並致函電見招，以利祿餌余，余不之答。幽憂無聊，因著書見志。[11]

他雖沒有像同是清遺民的鄭孝胥（1860－1938）般聲稱「民國乃敵國也」，[12] 卻從此長居淪為英國殖民地的香港，托庇於遠離民國政治的外國人勢力。他的抉擇跟當時大批寄身青島、上海等租界的清遺民相若，正是為了表示自己「能拒不承認民國的正統而同時又有置身於民國的法律

9　《陳文良公集》，〈七十述哀一百三十韻〉，頁282。

10　同上書，〈七十述哀一百三十韻〉，頁283。

11　同上書，〈七十述哀一百三十韻〉，頁283-284。

12　中國歷史博物館編，勞祖德整理：《鄭孝胥日記》（北京：中華書局，1993年10月），頁1705。

之外的滿足。」[13] 他除平日「布衣芒屨，日行田野中」，[14] 便都份外着意保留衣飾、髮辮等忠於清室的象徵標誌，更特別積極參加清皇室的奉安、萬壽祝嘏、大婚致賀等政治性儀式。[15] 遜位的宣統帝溥儀在一九二二年大婚時，他不惜以衰弱病軀親赴紫禁城祝賀，並蒙溥儀殷切接待。他在〈七十述哀一百三十韻〉的自注稱：

> 壬戌十月，上大婚，余入京叩賀，報效一萬洋圓。初五日，上召見，賜坐，談一時許。上言近力行節儉，余因誦《老子》三寶，「曰慈、曰儉、曰不為天下先」之說，并敷陳其義，上歎以為格言。既出，命宮監扶下階。上旋賜御容一方及紫禁城騎馬，復令貝勒載濤（1887－1970）、朱少保益藩（1861－1937）傳諭留直內廷。余以老辭歸時，上賜高宗（乾隆帝愛新覺羅・弘曆，1711－1799，1735－1795在位）御用七寶金盒及御書「玉性松心」扁額一方。[16]

這次大婚致賀自是成了他一生的榮耀，而御賜諸物，更成了陳家的傳家至寶。[17] 他在〈七十述哀一百三十韻〉的自注復稱：

> 先是，各公使議覲見，民國外交部援皇室無與外國往來例阻之。余告梁崧生尚書敦彥，謂禮有私覲，此個人交際，不在例內，可傳語各公使，遂群入賀。自遜位後，外人隔絕十二年矣。其後聞民國中人頗有詆余為多事者。[18]

他效忠清室的深情躍然紙上。這難怪他願意斷然拒絕一切公私機構的邀

---

13 周明之撰：《近代中國的文化危機：清遺老的精神世界》（濟南：山東大學出版社，2009年4月），頁58。

14 《代代相傳 —— 陳伯陶紀念集》，張學華：〈江寧提學使陳文良公傳〉，頁32。

15 參看林志宏撰：《民國乃敵國也：政治文化轉型下的清遺民》（臺北：聯經出版事業股份有限公司，2009年3月），頁87-113。

16 《陳文良公集》，〈七十述哀一百三十韻〉，頁285。

17 參看《代代相傳 —— 陳伯陶紀念集》，〈宣統皇溥儀賜照像年十四歲〉，頁42；〈宣統皇賜《玉性松心》橫匾（一九二二）朱汝珍太史書法〉，頁36。

18 《陳文良公集》，〈七十述哀一百三十韻〉，頁285。

聘，亦不涉足任何學校的受薪教學活動。

陳伯陶最初奉母移居紅磡時，已立志仿效管寧避亂不仕的榜樣。他的〈避地香港作〉詩稱：

> 瓜牛盧小傍林扃，海上群山列畫屏。生不逢辰聊避世，死應聞道且窮經。薰香自燒憐龔勝（前 68－11），藜榻將穿慕管寧。惆悵陽阿晞髮處，那堪寥落數晨星。[19]

他的〈紅磡新居成移家感賦〉兩首亦稱：

> 翩然浮海復居夷，避地能安足療饑。莫笑章縫驚越俗，且欣雞犬異秦時。卜鄰我正思羊仲，將母人翻訝介推（介之推，？－前 636）。今夕燈前兒女樂，街頭言語學侏離。[20]
>
> 牽蘿補屋更綢繆，風雨漂搖幸勿憂。人謂校書同馬肆，天教終老得菟裘。掃除一室謀非拙，突兀千間事已休。回首先人盧墓遠，不堪家祀涕長流。[21]

他在母親辭世後遷居九龍城，打算終老此地。他的〈九龍山居作〉兩首稱：

> 蓬蒿三徑少人行，擬託幽居老此生。迷路東西逢子慶，在山南北法高卿。井華近汲龍湫曉，雲絮遙披鶴嶺晴。傍晚鯉魚門外望，滄浪還喜濯塵纓。[22]
>
> 布衣皂帽自徘徊，地比遼東亦痛哉。異物偶通柔佛國（原注：新架坡，古柔佛國土，人多航海往該埠。），遺民猶哭宋皇臺。驚風蓬老根

19　陳伯陶撰：《瓜廬詩賸》（載王偉勇主編：《民國詩集叢刊》，第 1 編第 24 冊，臺中：文听閣圖書有限公司，2009 年 9 月，據 1931 年鉛印本影印），卷下，頁 25 下。

20　同上書，卷下，頁 26 上。

21　同上注。

22　同上書，卷下，頁 28 下。

常轉，浮海桑枯葉已摧。欲學忘機狎鷗鳥，野童溪叟莫相猜。[23]

他日常便多只願跟一眾寓港清遺民交往，而彼此甚或卜宅聚居。他的〈得寓公（張其淦，1859－1946）九月五日滬上漫成，次和潛客（丁仁長）韻，再疊奉寄〉詩兩首之二言：

> 由來至道貴昏昏，銷盡機心且灌園。顧我結廬居北渚，有人卜宅向南村（原注：澹盦〔吳道鎔〕、蛋公〔伍銓萃，1892 進士〕先後居此）。飾巾待老思陳寔，鑿室相從愧邴原（158－208）。他日君來同汐社，詩成應答海潮喧。[24]

這群寓港清遺民有着相若的學術背景，在同鄉情誼與師友、門生等關係牽引下，不期然形成政治態度與價值取向相同、以忠於清室為依歸的社交圈。[25] 他們除彼此互訪、書信問候、詩酒唱酬外，便是組織與參加撫今追昔、緬懷故國的聚會。陳伯陶號召眾遺民在「丙辰（1916）九月十七祀宋趙秋曉先生生日」[26] 於宋王臺寄廬一事最受矚目。與會的蘇澤東記當時盛況，他謂：

> 時赴會者張漢三臬使，陳香輪給諫，伍叔葆太守，賴煥文、區徽五兩太史，金芝軒、盧禮孫二觀察，何玉銘、劉拜彤、張仲豫三孝廉，張魯齋、趙礪吾兩茂才，戴楫臣司馬，趙吉盦中翰等。群賢畢集，晚飲懽甚，為吾邑光，即賦長歌紀事。[27]

他們還不時聯袂參加學海書樓的講學活動。許晉義於一九九一年為《學海書樓主講翰林文鈔》一書撰序介紹擔任書樓講者的一眾清遺民時說：

23　同上書，卷下，頁 28 下-29 上。

24　同上書，卷下，頁 32 下。

25　參看《民國乃敵國也：政治文化轉型下的清遺民》，頁 57-63。

26　《瓜廬詩賸》，卷下，頁 43 上。

27　《宋臺秋唱》，頁 3。

香港學海書樓創立於一九二三年，垂六十八載。其始也，賴公煥文（賴際熙）倡議宏振斯文，保存國粹，聚書講學，兼而有之。辛亥國變，清季翰苑中人，僑居香港者有陳伯陶、區大典、賴際熙、溫肅、區大原、朱汝珍、岑光樾等太史，其文章道德、亮節高風，士林景仰。此七人者，除陳公伯陶為光緒十八年（1892）壬辰科一甲進士外，其餘乃最後兩科光緒廿九年（1903）癸卯及三十年（1904）甲辰翰林，均與賴公稔交，或為同年、或為前後輩，其志趣與賴公相同，因而響應和議，熱心贊助，輪值在書樓講學，風雨無間，循循善導，啟迪後昆，嘉惠士林，有足多矣。[28]

▲　圖一、《香港大學博文雜誌》封面

這群寓港清遺民的交往，有時甚或關涉兩代的情誼；而他們亦喜藉兒女的婚姻結成姻親，從而在政治、社會、甚至經濟上聯成千絲萬縷的關係網。[29]陳伯陶與賴際熙的關係便是箇中一例。

陳伯陶的父親陳銘珪早年受業於梁廷枬，自咸豐壬子（咸豐二年，1852）舉副貢生後便因一直失意仕途而由儒入道，成為全真教龍門派道士，並擔任廣東羅浮山酥醪觀的住持；[30]賴際熙正是他的門下私淑弟子。[31]陳伯陶早年已隨父親讀書酥醪觀，[32]是以跟賴際熙早已建立情誼。陳伯陶的兒子陳良耜迎娶賴際熙女

28　《學海書樓主講翰林文鈔》，許晉義〈序一〉，頁1。

29　參看《近代中國的文化危機：清遺老的精神世界》，頁57-59。

30　有關廣東羅浮山全真教龍門派酥醪觀的史實，參看黎志添撰：《廣東地方道教研究：道觀、道士及科儀》（香港：中文大學出版社，2007年），頁84-92。

31　參看陳銘珪撰：《長春道源流》（臺北：廣文書局有限公司，1989年12月），賴際熙：〈羅浮酥醪洞土陳先生像贊〉，頁1上-1下。

32　《代代相傳——陳伯陶紀念集》，〈陳伯陶生平〉，頁11。

兒賴冬華為妻後，[33] 兩家的關係益形密切。賴際熙參加陳伯陶祀趙秋曉的聚會固然合情合理，而陳伯陶參與賴際熙倡辦的學海書樓講學活動亦是順理成章。因此，陳伯陶雖非任職於香港大學，卻因賴際熙與區大典的關係，時或參加香港大學學生聯誼會、香港大學中文學院、甚或香港大學中文學會的活動。他為香港大學學生聯誼會刊物《香港大學博文雜誌》題署封面（參看圖一）、為香港大學中文學會刊物《香港大學中文輯識》創刊號撰寫〈《周禮》、《孟子》公侯伯子男封地里數考〉與〈跋孟廣宗碑〉兩文都是明證。[34]

四・《孝經說》的完稿與傳世

《孝經說》是陳伯陶晚年花了半年時間傾力完成的一部畢生唯一成書刊行的經學著述。他在書末自述箇中情況，稱：

> 丙寅（1926）十月端憂多暇，始為此篇，至丁卯（1927）三月書成方寫定。李君瑞琴即取付手民。海濱無書，又年老精衰，不及審訂。有道君子，進而教之幸甚。伯陶記。時年七十三。[35]

全書付梓前，曾經「順德岑光樾初校，增城賴際熙覆校」，[36] 才由「五華李炳榮印行」。[37] 儘管如此，這目前傳世的唯一刊行本（參看圖二）除於附錄的〈《孝經說》校誤表〉列明校勘疏略處四十項外，[38] 還特別以〈附記〉

33　參看《代代相傳 —— 陳伯陶紀念集》，〈陳氏族譜（一九九六年編）〉，頁 105。

34　陳伯陶：〈《周禮》、《孟子》公侯伯子男封地里數考〉，載《香港大學中文輯識》，第 1 卷第 1 號（1932 年），頁 1-3，原文不標總頁碼；陳伯陶：〈跋孟廣宗碑〉，載《香港大學中文輯識》，第 1 卷第 1 號（1932 年），頁 1-4，原文不標總頁碼。

35　《孝經說》，卷下，頁 31 下。由於刊行本標明頁碼，本文為方便讀者翻檢，特捨手抄原稿而悉用此刊行本。

36　同上注。

37　同上注。

38　同上書，〈《孝經說》校誤表〉，頁 34 上-34 下。

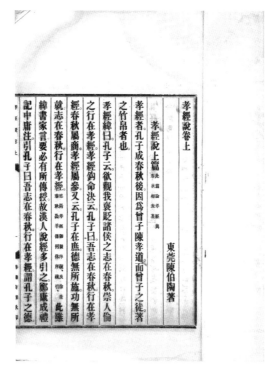

▲　圖二、《孝經説》刊行本

申明：

> 原稿遇敬避字皆缺筆，因排印局無此種字，校不勝校，故不復出，
> 閱者諒諸。[39]

陳伯陶堅持凡遇敬避字皆缺筆，正是為了表達他對清室貫徹始終的忠
誠。此書傳世的手抄原稿（參看圖三）正可作證。

傳世的《孝經説》手抄原稿為一九一六年畢業於香港大學文學院的
首屆文學士李景康藏物。他是賴際熙與區大典任教香港大學的首批學
生。他於一九四八年自述得此手抄稿的經過，稱：

39　同上書，〈《孝經説》校誤表〉，頁34下。

▲ 圖三、《孝經說》手稿本

　　（陳伯陶）凡一書刊竣，必以一部見貽。其獎掖後學之風，殊為可感。所著《孝經說》則經始於丙寅孟冬，脫稿於丁卯暮春，李瑞琴君為之付梓。當時亦以一部見贈。不意老成凋謝，其著述遺稿每多散佚。歲次庚辰（1940），予偶從書販購得是稿，爰從新裝飾，製匣藏之，藉留文獻之徵，亦有感於忘年交誼，若具前緣也。[40]

此原稿抄寫工整，頗便閱讀。李景康辭世後，後人將它與部分藏書、文翰一併捐贈香港中文大學。此稿自是歸香港中文大學圖書館珍藏。

　　《孝經說》一書脫稿後雖已立即刊行問世，然而臺灣學者汪中文於二〇〇三年編著《孝經著述考（一）》時仍聲稱「未見」此書。[41] 這足見此書的流布範圍確實有限。

40　陳伯陶撰：《孝經説》（手抄原稿，1927 年），書首，不標頁碼。

41　汪中文撰：《孝經著述考（一）》（臺北：國立編譯館，2003 年 12 月），頁 393。

五 · 《孝經說》的內容與特色

　　《孝經說》全書三卷，合七萬多字，是陳伯陶晚年的力作。全書以「孝經說」命名，重點正在「說」《孝經》。他從沒有着意於句斟字酌地解釋《孝經》全書，而是採用一卷一篇一主題的探討方式，旁徵博引，援古論今，就《孝經》的內容作適度的闡釋、評議、演繹與歸納。全書採用典籍逾百種，而喜以「蒙謂」、「蒙嘗即是推之」、「蒙竊考之」、「蒙竊思之」、「蒙按」等作申析個人見解的起始語。現將各卷內容重點原文表列：

卷別	主題	重點
上篇	此篇論《孝經》與《春秋》相表裏。[42]	1. 《孝經》者，孔子成《春秋》後，因為曾子陳孝道，而曾子之徒，著之竹帛者也。[43]
		2. 《春秋》為亂賊作，實為魯作。魯之君被弒者四（原注：隱公、子般、閔公、子惡。）、被戕者一（原注：桓公。）、被逐而死於外者一（原注：昭公。）。魯史諱國惡，書「薨」、書「卒」，亂賊之罪不明，故孔子以屬辭比事明之。[44]
		3. 魯之禍由於骨肉者半，由於閨門者亦半。桓之於隱，宣之於惡，兄弟也；慶父之於子般閔公，定之於公衍，兄弟之子也；而皆有君臣之分焉。今乃以謀篡之私，弒者四而廢者一，是皆不能推其父之愛以愛兄君者也。[45]
		4. 蒙嘗謂大孝尊親，莫過於舜。《孝經》不稱舜而稱周公，蓋為魯作也。[46]
		5. 《孝經》雖繼《春秋》而作，亦為魯作也。朱子《孝經刊誤》，疑嚴父配天，非所以為天下之通訓，蓋未審其為魯作。[47]

42　《孝經說》，卷上，頁 1 上。

43　同上注。

44　同上書，卷上，頁 5 下。

45　同上書，卷上，頁 8 下。

46　同上書，卷上，頁 9 上。

47　同上書，卷上，頁 11 下。

（續上表）

卷別	主題	重點
		6. 《孝經》繼《春秋》而作，故特明君臣之義所由起。[48]
		7. 孔子作《孝經》，明君臣之義出於父子，實本周公之法，固與《春秋》相表裏也。後之邪説暴行，無君者因而無父，非聖無法，此所以為大亂之道也夫！[49]
		8. 《孝經》之成，在《春秋》後，其稱述《詩》、《書》，實足為《春秋》相表裏之證。不特此也，《禮記‧孔子閒居》，乃孔子以三王治天下之道告子夏，而引《詩》為證，與《孝經》同。其後曾子之〈大學〉，子思之〈中庸〉，亦遵為之。（原注：《禮記》〈坊記〉、〈表記〉、〈緇衣〉，梁沈約以為子思作，其述孔子語多引《詩》、《書》，與〈中庸〉一例。沈約説，詳中篇。）孟子，私淑孔子者也；荀卿，師法仲尼者也。其所著書，又皆引《詩》、《書》為證，與《孝經》同。即至韓嬰之為《外傳》，劉向之為《説苑》，亦然。觀此，知聖門一脈之流傳，與儒者相沿之法式，其所以異於諸子在此。然則《孝經》每章綴以《詩》、《書》之文，實出於孔子，又奚疑乎！[50]

---

48 同上書，卷上，頁 18 下。

49 同上書，卷上，頁 21 下。

50 同上書，卷上，頁 31 下-32 上。

（續上表）

卷別	主題	重點	
中篇	此篇言曾子學行傳授皆本《孝經》。[51]	1.	春秋二百四十二年中，天子之教令不加於四海，而諸侯以驕溢失守其社稷，卿大夫以怨惡失守其宗廟者，比比皆是。孔子傷之，故繼《春秋》而作《孝經》，觀〈天子〉、〈諸侯〉、〈卿大夫〉三章可見。然既為曾子陳孝道，曾子，庶人也，雖入官則亦士也。故〈開宗明義章〉曰：「身體髮膚，受之父母，不敢毀傷，孝之始也；立身行道，揚名於後世，以顯父母，孝之終也。夫孝始於事親，中於事君，終於立身。」此為曾子言之，亦即〈庶人章〉謹身以養、〈士章〉資父事君之義也。（原注：熙時子《孟子外書‧孝經篇》：「孟子曰：『曾子之孝，士之孝也。故孔子先以事親、事君、立身告之。』」此偽書不足據，然其說《孝經》首章頗當。）曾子一生即守此數語，以之自省其身。[52]
		2.	《孝經》一篇，多論以孝順天下之大道，惟〈紀孝行章〉「居則致其敬，養則致其樂，病則致其憂，喪則致其哀，祭則致其嚴。」述孝之條目。曾子一生言行，即本此五者詳說而實行之。[53]
		3.	《論語》：「子曰：『參乎！吾道一以貫之。』曾子曰：『唯。』子出。門人問曰：『何謂也？』曾子曰：『夫子之道，忠恕而已矣！』」朱子《集注》：「盡己之謂忠，推己之謂恕。」或曰：「中心為忠，如心為恕，於義亦通。」蒙按中心為忠，如心為恕，見《周禮》、《毛詩疏》，此自古訓。中猶充也，充實此心，使無歉，謂之忠。〈曾子大孝〉：「忠者，中此也者。」是也。[54]

51　同上書，卷中，頁 1 上。

52　同上書，卷中，頁 4 下。

53　同上書，卷中，頁 14 下。

54　同上書，卷中，頁 24 上-24 下。

（續上表）

卷別	主題	重點
下篇	此篇論孟子本《孝經》以闢楊、墨[55]	1. 《孟子》七篇中，其言有本於〈大學〉、〈中庸〉者，如云「天下之本在國，國之本在家，家之本在身」；「於所厚者薄，無所不薄也」；「君子之守，脩其身而天下平。」此〈大學〉之義也。「居下位而不獲於上，民不可得而治也。獲於上有道，不信於友，弗獲於上矣。信於友有道，事親弗悅，弗信於友矣。悅親有道，反身不誠，不悅於親矣。誠身有道，不明乎善，不誠其身矣。是故誠者，天之道也；思誠者，人之道也。至誠而不動者，未之有也。不誠，未有能動者也。」此〈中庸〉之義也。合《孝經》言之，孟子之學，出於曾子、子思，益信。[56] 2. 蒙按孟子云：「堯舜之道，孝弟而已矣。」又云：「欲為君盡君道，欲為臣盡臣道，二者皆法堯舜而已矣。」孟子稱堯舜，道人倫，尤重於君父。故〈好辨章〉曰：「世衰道微，邪說暴行有作。臣弒其君者有之，子弒其父者有之。孔子懼，作《春秋》。」又曰：「聖王不作，諸侯放恣，處士橫議。楊朱、墨翟之言盈天下。楊氏為我，是無君也；墨氏兼愛，是無父也。無父無君，是禽獸也。吾為此懼，閑先聖之道，距楊墨，放淫辭。」蓋人倫有五，然知有父子之親，則夫婦自有別，長幼自有序；知有君臣之義，則朋友自有信。堯之教以人倫在此，舜之察於人倫在此，即聖人為人倫之至亦在此。故〈好辨章〉首稱曰：「堯、舜既沒，聖人之道衰。」而結之曰：「能言距楊、墨者，聖人之徒也。」孟子蓋謂聖如堯、舜，不過明君父之大倫，而無父無君，自同於夷狄禽獸；使天下大亂，則亦周公之聖所膺也。然其義實本於孔子所作《春秋》與《孝經》。《孝經》曰：「要君者無上，非聖人者無法，非孝者無親，此大亂之道也。」詳其文，要君者，弒君之漸；非孝者，弒父之漸；而無上無親，即所謂無君無父也。人心不正，亂賊相尋，而其原則由於非堯、舜、周、孔之聖人而無法，此孟子所以謂「楊墨之道不息，孔子之道不著，是邪說誣民、充塞仁義。仁義充塞，則率獸食人，人將相食」歟？[57]

---

55 同上書，卷下，頁1上。

56 同上書，卷下，頁3下-4上。

57 同上書，卷下，頁6上-6下。

（續上表）

卷別	主題	重點
		3. 至孟子時，楊墨之沒已久，其書畢出，而其邪説亦深中於人心，故孟子言「楊朱、墨翟之言盈天下。天下之言，不歸楊，則歸墨」也。孟子之言楊、墨無君無父，蓋實有所見。雖楊、墨書亦言仁義忠孝，要皆詖淫邪遁之辭，奈何以《孝經》之義附會之乎？ [58]
		4. 《孝經》曰：「父子之道，天性也，君臣之義也。」君臣之義，實出父子。墨子既無父，其無君亦勢所必至也。（原注：泰西有無君黨，……，即墨翟……之説也。孟子曰：「生於其心，害於其政；發於其政，害於其事。」此孟、荀所以痛斥之歟？）合前諸説觀之，班固附會《孝經》以論墨家者流，且謂其以孝視天下，其謬誤可知矣。 [59]
		5. 墨子論忠，與《孝經·事君章》所言尚無大悖；楊朱乃謂其不足安君而適以危身，其視君如路人，而必不「進思盡忠」可知矣。此孟子所以斥之為無君也。 [60]
		6. 墨子言兼愛利天下，合於人心，故為天下所翕服。惟其道太觳，反天下之心，天下不堪。楊朱知其反也，故變而為為我之説。然為我，利一己而已，非所以利天下也，故又申之為物我兼利之説。 [61]
		7. 楊朱曰：「萬物所異者生也，所同者死也。生則堯舜，死則腐骨；生則桀紂，死則腐骨。腐骨一矣，孰知其異？且趣當生，奚遑死後？」（原注：見〈楊朱篇〉。）嗚呼！楊朱既不思盡忠矣，而又教為君者究所欲以至於死，孟子謂之無君，不亦宜乎？（原注：泰西有無君黨，又有自由黨。自由者曰：「人人自由，而不侵入他人自由之界。」此即楊朱之説也。然不侵界曷能自由乎？） [62]

　　《孝經説》成書後雖已立即付梓，可是知者着實不多。目前所知，最早將此書列入書目的學者是被時人譽為「藏書家」的陳伯陶同鄉、廣東

58　同上書，卷下，頁 8 下。

59　同上書，卷下，頁 22 下。

60　同上書，卷下，頁 24 上。

61　同上書，卷下，頁 24 上。

62　同上書，卷下，頁 24 上-26 下。

東莞縣望牛墩人倫明（1875－1944）。[63] 他在一九三一年七月至一九四五年七月間參加七十一位學者鼎力撰寫的《續修四庫全書總目提要》時，[64] 便特意將陳伯陶的《孝經說》列入該書的〈經部·孝經類〉，並作詳細的介紹：

《孝經說》三卷（原注：民國十六年〔1927〕香港奇雅鉛印本），陳伯陶撰。伯陶字子礪，廣東東莞人。光緒壬辰進士，以第三人及第。授職編修，外放江寧提學使，署江蘇布政使。以養母告歸不復出。辛亥後，避亂居九龍。伯陶少從陳澧學，告歸後屏絕人事，專心著述。其成是書時年七十三矣。

是書分三篇。首篇論《孝經》與《春秋》相表裏，以為《孝經》者，孔子成《春秋》後，因為曾子陳孝道，而曾子之徒記述之。《孝經·鈎命決》云「孔子曰：『吾志在《春秋》，行在《孝經》』」，而《孟子》言「孔子成《春秋》而亂臣賊子懼」。傳注作〈孝經注疏序〉，謂「修《春秋》以正君臣、父子之法，說《孝經》以明君臣、父子之行」，最得其旨。《春秋》為亂賊作，實為魯作。魯之君被弒者四，被戕者一，被逐而死於外者一，魯史諱國惡，書「薨」書「卒」，亂賊之罪不明，孔子以屬辭比事明之。夫大孝、尊親莫過於舜，而《孝經》不稱舜而稱周公，則為魯作可知。

次篇言曾子學行傳授皆本《孝經》。〈開宗明義章〉曰：「身體髮膚，受之父母，不敢毀傷」；「立身行道，揚名於後世，以顯父母」。曾子一生即守此數語，以之自省其身，且以之教門弟子。《論語》、《孟子》、大小《戴》所記可證也。推之《論語》，夫子言一貫，曾子解之以「忠」、「恕」。忠即一，恕即貫，故曾子之論孝亦以一貫明之，〈本孝〉、〈立孝〉諸篇可證也。推之《大學》一書，為曾子所作。《中庸》雖述自子思，而子思學於曾子，故二書皆本忠恕一貫及《孝經》大義為之。

末篇論《孟子》本《孝經》以闢楊（楊朱）、墨（墨翟，約前468－前376）。按《孟子》外書有說《孝經》一篇，漢儒賈（賈誼，

63　參看楊寶霖：〈藏書家倫明〉，載《自力齋文史農史論文選集》，頁 192-195。倫明生年據此文所考。

64　參看中國科學院圖書館整理：《續修四庫全書總目提要·經部》（北京：中華書局，1993年 7 月），羅琳：〈整理說明〉，頁 1-5。

前 200－前 168）、董（董仲舒）及鄭康成（鄭玄）《禮記坊記注》所引皆外書之文，是孟子之學出於曾子，而又傳《孝經》者也。陳澧《東塾讀書記》言，《孟子》七篇多與《孝經》相發明，按之信然。孟子言楊、墨無父無君，蓋實有所見。雖楊、墨書亦言仁義忠孝，要皆詖淫邪遁之詞。篇末言孟子雖斥楊、墨，世不之信。漢興，《孝經》始出，與《論語》、《孟子》同置博士，而漢之諸帝自孝惠（漢惠帝劉盈，前 212－前 188，前 195－前 188 在位）後，諡皆先孝，蓋明孝治天下之道。光武（漢光武帝劉秀，前 6－57，25－57 在位）中興，令虎賁士皆習《孝經》，而漢制又復使天下誦《孝經》。三代以還，於斯為美。逮至末季，邪說復起，路粹（？－214）奏孔融（153－208）與白衣禰衡（173－198）跌蕩放言，云父之於子，當有何親？論其本意，實為情欲發耳。子之於母，亦復奚為，譬如寄拘瓶中，出則離矣。而向栩則謂遣將於河上，北向讀《孝經》，賊自當消滅，蓋有激之言也。其後曹操（155－220）竟公然下令，求所謂不仁不孝而有治國用兵之術者，遂啟夷狄亂華之禍云云。伯陶蓋見於今日邪說有甚於路粹所云，而學士大夫翼然倡率，又不僅孔、禰一、二人。然則神州陸沉，詎止如典午之禍已耶！其寄慨之意深矣。[65]

倫明雖依據《孝經說》原書三卷的編排，順序闡釋卷上「論《孝經》與《春秋》相表裏」、[66] 卷中「言曾子學行傳授皆本《孝經》」[67] 與卷下「論孟子本《孝經》以闢楊、墨」[68] 的要旨，可是介紹的焦點卻集中於卷下的「闢楊、墨」。這無疑因為陳伯陶嘗就箇中要項作相當詳細的解說：

　　漢興，《孝經》始出。文帝（漢文帝劉恆，前 202－前 157，前 180－前 157 在位）時，復與《論語》、《孟子》同置博士（原注：見《法言》宋咸注）；而漢之諸帝，自孝惠後，諡皆先孝，蓋深明以孝治天下之道。光武中興，投戈講藝，令虎賁士皆習《孝經》（原注：見《唐書‧薛放傳》）；明帝繼之，於是期門、羽林、介冑之士無不通《孝經》者（原

65　同上書，〈經部‧孝經類〉，頁 835-836。

66　《孝經說》，卷上，頁 1 上。

67　同上書，卷中，頁 1 上。

68　同上書，卷下，頁 1 上。

注：見《後漢書‧儒林傳序》）；而漢制又復使天下誦《孝經》（原注：
見〈荀爽傳〉）。三代而還，於斯為美。

逮於末季，邪說復起。《後漢書‧孔融傳》稱路粹枉狀奏融，謂
融「與白衣禰衡跌蕩放言，云『父之於子，當有何親？論其本意，實為
情欲發耳。子之於母，亦復奚為？譬如寄物瓶中，出則離矣』」。粹之
奏，蓋曹操使為之，然必此之邪說，當時甚熾，故歸其獄與融與衡。
〈獨行傳〉稱向栩為侍中，會張角（？－184）作亂，栩謂「遣將於河
上，北向讀《孝經》，賊自當消滅」，亦有激之言。其後操復下令，
謂「吳起（？－前381）貪將，母死不歸。然在魏，秦人不敢東向；在
楚，三晉不敢南謀」，因求所謂「負污辱之名，見笑之行，不仁不孝，
而有治國用兵之術」者（原注：見《三國志‧魏武帝操》注，事在建安
二十二年）。兩漢孝治，因是掃地無遺，遂啟夷狄亂華之禍。

《孝經》言要君無上，非聖無法，非孝無親，此大亂之道。觀魏、
晉、六朝間，篡弒相尋，陸沉莫挽，斯言驗矣。然自唐而後，聖學昌
明，無君無父之說寢熄。不謂歐風東靡，今日復有煽楊、墨之淫辭，拾
路粹之誣語，以欺惑愚眾者。世無孔、孟，孰為懼亂賊、正人也乎？曾
子曰：「其少不諷誦，其壯不論議，其老不教誨，亦可謂無業之人矣。」
（原注：見《大戴禮‧曾子立事》）

蒙不幸，少壯之時，不知諷誦論議，及茲垂老，又以海濱無徒，
末由教誨。今為此說，大類讀《孝經》於河上，亦自笑其迂也。韓文公
（韓愈，768－824）曰：「空言無施，雖切何補？」姑存之以教子孫，
庶少塞曾子之責也乎？[69]

他遂將陳伯陶晚年撰著該書的原委定性為志在「寄慨」。[70]陳伯陶的「寄
慨」情懷，實緣於他一直堅守自己的遺民身份。清朝的終結不單使他成
了清朝的遺民，更成了君主制度的遺民。他遂深信楊朱、墨翟無君、無
父的思想正是促成清帝遜位、君主制度結束的元兇。尊君、尊父思想的
彰揚自是構成全書的一大特色。

陳鐵凡是繼倫明後另一位曾就《孝經說》提出個人見解的學者。他

69　同上書，卷下，頁30上-31下。

70　《續修四庫全書總目提要‧經部》，〈經部‧孝經類〉，頁835-836。

的《孝經學源流》援據《孝經說》原文，論證陳伯陶的論析源出於他的老師陳澧。他指出《孝經說》詳細演繹《東塾讀書記》「《孟子》七篇中，多與《孝經》相發明者」[71] 一說，正是陳伯陶「發明其師之緒論，極為深切」[72] 的證據。《孝經說》的演繹為：

> 《東塾先生讀書記》云：「《孟子》七篇中，多與《孝經》相發明者。」《孝經》曰：「非先王[73]之法服不敢服，非先王之法言不敢道，非先王之德行不敢行。」《孟子》曰：「子服堯之服、誦堯之言、行堯之行。」亦以服、言、行三者並言之。《孝經・天子章》曰「刑於四海」，〈諸侯章〉曰「保其社稷」，〈卿大夫〉章曰「守其宗廟」，〈庶人章〉曰「謹身」。《孟子》曰：「天子不仁，不保四海；諸侯不仁，不保社稷；卿大夫不仁，不保宗廟；士庶人不仁，不保四體。」似亦本《孝經》也。世俗所謂不孝者五，惰其四支，不顧父母之養云云，正與「謹身節用，以養父母」相反，亦可以為《孝經》之反證也。
>
> 蒙按《孝經・士章》曰：「故以孝事君則忠，以敬事長則順。」又〈廣揚名章〉曰：「事親孝，故忠可移於君；事兄悌，故順可移於長。」而《孟子》曰：「入以事其父兄，出以事其長上，可使制梃以撻秦、楚之堅甲利兵矣。」此本《孝經》之義申言之也。
>
> 《孝經・事君章》曰：「進思盡忠，退思補過。」又〈卿大夫章〉曰：「非先王之法言不敢道。」而《孟子》曰：「事君無義，進退無禮，言則非先王之道者，猶沓沓也。」此本《孝經》之義反言之也。
>
> 《孝經・開宗明義章》曰：「先王有至德要道，以順天下。」又〈廣要道章〉曰：「教民親愛，莫善於孝；教民禮順，莫善於悌。」又〈廣至德章〉曰：「君子之教以孝也，非家至而日見之也。教以孝，所以敬天下之為人父者也；教以悌，所以敬天下之為人兄者也。」而《孟子》曰：「道在邇而求諸遠，事在易而求諸難。人人親其親、長其長，而天下平。」此本《孝經》之義約言之也。

71　陳澧撰、楊志剛編校：《東塾讀書記（外一種）》（香港：三聯書店〔香港〕有限公司，1998 年 7 月），頁 5。

72　《孝經學源流》，頁 279。

73　《孝經說》原文誤「先王」為「先生」（卷下，頁 2 上），今據《孝經》原文逕改（參看唐玄宗注、司馬光指解、范祖禹（1041－1098）說、陳伯南（陳濟棠，1890－1954）校刊：《重刊孝經詳解》（香港：陳樹桓刊印，1955 年 11 月），〈卿大夫章第四〉，頁 6。

又〈開宗明義章〉曰：「身體髮膚，受之父母，不敢毀傷，孝之始也。」又曰：「夫孝始於事親。」而《孟子》曰：「事孰為大？事親為大。守孰為大？守身為大。不失其身而能事其親者，吾聞之矣；失其身而能事其親者，吾未之聞也。孰不為事？事親，事之本也。孰不為守？守身，守之本也。」此本《孝經》之義廣言之也。

《孝經·喪親章》曰：「生事愛敬，死事哀慼，生民之本盡矣！死生之義備矣！孝子之事親終矣！」而《孟子》曰：「養生者不足以當大事，惟送死可以當大事。」此本《孝經》之義，注重言之也。

《孝經·聖治章》曰：「人之行莫大於孝，孝莫大於嚴父，嚴父莫大於配天，則周公其人也。」而《孟子》稱舜曰：「孝子之至，莫大乎尊親；尊親之至，莫大乎以天下養。為天子父，尊之至也；以天下養，養之至也。」此本《孝經》之義，各極言之也。

《孝經·孝治章》曰：「治家者不敢失於臣妾，而況於妻子乎？」又古文〈閨門章〉曰：「妻子臣妾，猶百姓徒役也。」而《孟子》曰：「身不行道，不行於妻子；使人不以道，不能行於妻子。」此本《孝經》之義，推本言之也。

觀此諸文，其殆即《孟子》之說《孝經》歟？[74]

陳澧是當時廣東地區聲名卓著、桃李滿門的學者。陳伯陶着意演繹與發明師說，除了可以標示自己對師承的重視外，更能增強全書的說服力與感染力，從而形成全書的一大特色。

《孝經說》一書無疑是陳伯陶晚年傾盡心血完成的力作。他在書中援用的著述計有：

1. 經書與相關著述四十三種：《孝經注疏》、《孝經義疏》、《孝經刊誤》、《孝經問》、《孝經大義序》、《孝經辨疑》、《公羊傳》、《穀梁傳》、《春秋公羊傳注疏》、《穀梁傳集解》、《春秋左氏傳》、《春秋集傳辨疑》、《春秋繁露》、《春秋釋例》、《春秋纂例》、《禮記》、《禮記·中庸注》、《大戴禮記》、《大戴禮記補注》、《論語》、《論語義疏》、《孟子》、《孟子正義》、《孟子注疏》、《孟子四考》、《詩》、《韓詩外傳》、《易》、《九

---

74 《孝經說》，卷下，頁２上-3下。

家易》、《五經正義》、《周禮》、《尚書大傳》、《大學說》、《中庸章句》、
《四書考異》、《四書考》、《爾雅》、《廣雅》、《說文解字》、《說文新坿》、
《釋名》、《字林》、《經典釋文》。

　　2．緯書兩種：《孝經緯》、《孝經鉤命決》。

　　3．史書十七種：《戰國策》、《國語》、《呂氏春秋》、《史記》、《史記索隱》、《漢書》、《後漢書》、《三國志》、《晉書》、《宋書》、《隋書》、《舊唐書》、《唐會要》、《郡齋讀書志》、《通鑑答問》、《宋史》、《繹史》。

　　4．子書二十六種：《墨子》、《墨子間詁》、《莊子》、《莊子釋文》、《白虎通義》、《淮南子》、《列子》、《列子注》、《韓非子》、《荀子》、《孔子家語》、《新語》、《說苑》、《論衡》、《搜神記》、《神仙傳》、《顏氏家訓》、《意林》、《周髀算經》、《素問》、《靈樞》、《兼明書》、《元和姓纂》、《家範》、《困學紀聞》、《玉海》。

　　5．其他十六種：賈誼〈過秦論〉、《張衡集》、《文選》、《文苑英華》、歐陽修〈春秋論〉、《示兒篇》、《朱子語類》、《孟子外書》、《述學》、《經義雜記》、《潛研堂集》、《東塾先生讀書記》、《四庫提要》、《羣經識小》、《輯解》、《文苑英華》。

　　陳伯陶自稱此書是在「海濱無書」[75]的惡劣環境下寫成，而援用的材料竟逾百種。這無疑反映他的個人藏書異常豐富，而個人的學識亦異常淵博。因此，旁徵博引應是陳伯陶為是書塑造的另一特色。

六・結語

　　陳伯陶願意以老病殘軀奮筆編撰《孝經說》一書，「寄慨」的目的實際只是借他人酒杯澆自己的胸中塊壘。《孝經》宣揚的「孝始於事親，中於事君，終於立身」，[76]「故以孝事君則忠，以敬事長則順。忠順不失，以

75　同上書，卷下，頁 31 下。

76　《重刊孝經詳解》，〈開宗明義章第一〉，頁 2。

事其上，然後能保其祿位，而守其祭祀，蓋士之孝也」[77]的思想便是吸引他在「國難家屯，情不能已」，[78]「中興誠渴盼，河清恐難俟，鄉人欲壽我，在我惟祈死」[79]的暮年歲月裏仍傾力「少塞曾子之責」[80]的主要原因。他既是寓港清遺民中輩分與官職較高的一位，又嘗代表清廷參與將九龍半島北部、新界及離島大片土地租借予英國九十九年的〈拓展香港界址專條〉簽署儀式，他不願形役於英國人治下的機構亦是合於情理的抉擇。因此，他藉《孝經說》申明《春秋》大義、痛斥無父無君的思想正好切合一眾清遺民的心聲。這難怪此書深得諸甲辰科同人的推許。同屬寓港清遺民的區大典特意為此書撰寫〈孝經說後序〉，清楚表達了同道者惺惺相惜的肺腑言。該序稱：

> 予夙嗜經學，晚年尤篤好《易經》、《孝經》、《中庸》三書。竊以《易經》者，天道之會歸也；《孝經》者，人道之會歸也；《中庸》者，天人學之會歸也。……前輩陳君子礪，邃經學，性純孝，著《孝經說》上、中、下三篇，開宗明義，揭先聖傳經救世之旨，中序曾子、子思、孟子諸賢之學本先聖，以黜墨氏，而於近代之非孝無親，尤為深惡而痛絕。噫！是何先得我心也！抑以為經學不明，異學斯熾，孟氏言經正則庶民興，斯無邪慝。獨居深念，思以管蠡之見，薈萃《易經》、《孝經》、《中庸》三書，所言天人之故，仁孝之原，少明古聖賢垂教之旨，庶邪說暴行，或少戢其風，前輩其亦將引為同調乎？敬序簡末，以誌仰止。[81]

民國時期香港的經學便是藉着寓港清遺民鍥而不捨的口述筆耕，留下了質、量遠超前代的一眾著述。「此間原不食周薇」[82]、「遺民猶哭宋皇

---

77 同上書，〈士章第五〉，頁8。

78 《陳文良公集》，〈七十述哀一百三十韻〉，頁286。

79 同上注。

80 《孝經說》，卷下，頁31下。

81 《孝經説》，卷下，區大典〈孝經説後序〉，頁32上-33上。

82 《瓜廬詩賸》，卷下，〈得寓公九月五日滬上漫成用和潛客韻二律次原韻奉寄〉，頁32下。

臺」[83] 已是他們諸著述的基本主調。《孝經說》自不能例外。它的成書，無疑已是陳伯陶在經學上另一層次的「經世致用」。

83　同上書，卷下，〈九龍山居作〉，頁 29 上。

第四章
區大典的經學講義

一・導言

香港大學文學院在一九一三年開設的「傳統漢文」（Classical Chinese）課程，啟動了香港大學的經學教育。此後二十多年間，區大典一直是各經學科目的主要講授者。[1]當時修讀經學科目的學生雖然數目寥寥，他長期推動香港經學教育的貢獻卻肯定前無古人。傳世的《香港大學中文學院經學講義》正是他貢獻香港經學教育的最重大成果。

二・區大典的生平與著述

區大典是清末民初香港有數的經學家。他是廣東南海人，字慎輝，號徽五，晚年自號為「遺史」、「遺史氏」。他在光緒二十九年（1903）登癸卯榜進士後，獲授翰林院編修。他於辛亥革命後舉家移居香港，並在一九一三年得老師吳道鎔舉薦，與同年登進士第的同門廣東增城人賴際熙同時受聘於剛成立的香港大學文學院，擔任「傳統漢文」（Classical

---

1　香港大學文學院的「傳統漢文」（Classical Chinese）課程由賴際熙與區大典以粵語講授。校方為照顧不諳粵語的學生，特別增設「正音班」，安排賴際熙以官話將「史學」與「文學」（內容實際為「經學」）兩科目的內容重新講授一遍。賴際熙領導的中文學院一直保留此安排。說詳本書第二章〈香港大學首三十年的經學課程〉。

Chinese）課程的講師。區大典便是藉此因緣際會在香港大學開展他的經學教育事業。

由於香港大學採用英語作主要授課語言，對學生的漢文教育根本毫不重視，是以校方一直只願採用量時計酬的方式聘請賴際熙與區大典。兩人為維持生計，都同時兼任其他學校的漢文教席。自校方於一九二七年決定成立中文學院後，他們才被改為全職聘用。賴際熙獲大學委任為學院的中國史學教授（Reader in Chinese History），而區大典則獲委為學院的中國文學教授（Reader in Chinese Literature）。[2] 此後差不多十年的光景，區大典一心一意在香港大學從事經學教育。一九三七年一月，他自香港大學中文學院正式退休後不久，便在同年七月二十三日（夏曆六月十六日）寅時辭世。[3] 由於他一生處事低調，後世對他的生平知者不多。鄧又同編撰的〈區大典太史事略〉是目前得見最詳盡的相關記載：

> 區太史，南海人，字慎輝，號徽五。一八七七年生，光緒丁酉（光緒二十三年，1897）科舉孝廉，光緒廿九年癸卯科會試，賜進士出身，授翰林院編修。辛亥後移居香港，先後在皇仁書院等官校授中文，其後受聘香港大學中文學院授經史多年，曾任尊經學校校長，致力發揚經學，保存國粹，與增城賴際熙太史同其旨趣。課餘恆研《易》學，私淑漢管寧（158−241）之行誼。著有《易經要義》、《經學講義》等書。常臨學海書樓講經學，弘揚儒學，青年學子獲益良多焉。[4]

他著述等身，除〈易經要義〉、〈周易揲蓍求卦法及經傳所載筮易占驗解

2　參看 University of Hong Kong Calendar, 1927, p.144；《香港中文教育發展史》，頁 270-273。

3　此據區大典家人發佈的訃文，載《香港工商日報》，1937 年 7 月 24 日，第 1 張第 1 版。《陳君葆日記》記載亦同（陳君葆撰、謝榮滾主編：《陳君葆日記》，香港：商務印書館〔香港〕有限公司，1999 年 4 月，頁 296）。此資料承駱為孺先生提供，謹致謝忱。

4　《學海書樓主講翰林文鈔》，頁 33。孫甄陶的《清代廣東詞林紀要》嘗作簡介，稱：「（區大典）南海人，字慎輝，號徽五。本科二甲第廿五名進士，授編修。鼎革後，移居香港。民國十六年（1927），應聘為香港大學中文系專任講師。」（頁 149）

說〉、[5]〈博文雜志前序〉、[6]〈平山先生像贊〉、〈題黃節母秋燈課子圖〉[7]等散篇外，經學著述《易經講義》、《書經講義》、《詩經講義》、《儀禮禮記合編講義》、《周官經講義》、《春秋三傳講義》、《孝經通義》、《大學講義》、《中庸講義》、《論語講義》、《孟子通義》、《論語通義》與子學著述《老子講義》都是他講學多年的成果，後人把它們合稱為《香港大學中文學院經學講義》（或簡稱《經學講義》）。[8]此外，他更曾為香港實業學堂漢文師範科的第一年級學生編寫歷史教科書《史略》一冊。[9]這足見他雖以經學聞名於世，而學問實不囿於經學。

三・區大典的《經學講義》

香港大學圖書館藏有一套二十世紀三十年代初由香港奇雅中西印務

5　〈易經要義〉與〈周易撲著求卦法及經傳所載筮易占驗解說〉兩文原載香港大學中文學會編《香港大學中文輯識》第 1 卷第 1 號（1932 年），原文不標總頁碼。〈易經要義〉共 6 頁，由〈易大象說〉、〈乾大象〉、〈坤大象〉三部分組成，文末有「待續」二字，故應尚有待刊部分未曾面世。〈周易撲著求卦法及經傳所載筮易占驗解說〉共 5 頁。鄧又同輯錄的《學海書樓主講翰林文鈔》將二文分別錄載（〈易經要義〉，頁 35-40；〈周易撲著求卦法及經傳所載筮易占驗解說〉，頁 40-45）。單周堯主編的《香港大學中文學院八十周年紀念學術論文集》列〈周易撲著求卦法及經傳所載筮易占驗解說〉為〈易經要義〉的第四部分，將兩文併合（上海：上海古籍出版社，2009 年 12 月，頁 7-12），誠非作者原意。

6　〈博文雜志前序〉原稱〈香港大學博文雜誌序〉，刊於《香港大學博文雜誌》，第 1 期（1919 年 10 月），頁 1-2。此序是區大典一九一九年六月為香港大學學生聯誼會（The Hong Kong University Union）出版的學會雜誌《香港大學博文雜誌》撰寫的序言。他在一九三〇至一九三一年間擔任香港大學中文學會首任會長時，為香港大學中文學會所編《香港大學中文輯識》創刊號撰寫序言時，特於此〈香港大學博文雜誌序〉末端附上「十載前諸子開博文學社，初編雜誌，余曾為之序。追溯甲子，一星終矣。乃者中文學會繼開，再編雜誌，不忘其朔，特綴茲序簡端。學貴不息，願諸子賡續斯篇，無間也。辛未六月遺史氏志」。易名為〈博文雜志前序〉，並署名「遺史氏」撰（載《香港大學中文輯識》創刊號，第 1 卷第 1 號，1932 年，共 2 頁，原文不標總頁碼）。《學海書樓主講翰林文鈔》載錄此文（頁 45–46）。《香港大學博文雜誌》覆本承駱為霈先生提供，特致謝忱。

7　此一文一詩載於《學海書樓主講翰林文鈔》（頁 46）。

8　遺史輯：《香港大學中文學院經學講義》，香港：奇雅中西印務，1930？年。

9　區大典編：《史略》，香港：香港香遠印務，1921？年。此書覆印本得自蔡崇禧博士，特此致謝。有關《史略》一書，參看本書第六章〈區大典的《史略》〉。

刊行的十三冊本《香港大學中文學院經學講義》。這套講義的流通量極少、流通範圍主要限於修習相關課程的學生，一般人等閒難得一見，是以學界知者不多、識者更是寥寥。但它們正是當時香港經學教育發展的最重要證物。除香港大學圖書館藏有此套講義的唯一全帙外，香港個別大學的圖書館與香港中央圖書館亦分別藏有講義的部分冊本。現將所知表列如下：

藏書地	書　名	代號	編撰者	索書號[10]	備　註
香港大學圖書館	《香港大學中文學院經學講義》	★	區大典	特 020.7 916 v.1－13	《易經講義》、《書經講義》、《詩經講義》、《儀禮禮記合編講義》、《周官經講義》、《春秋三傳講義》、《孝經通義》、《大學講義》、《中庸講義》、《論語講義》、《孟子通義》、《老子講義》與《論語通義》各一冊。
香港大學圖書館	《香港大學經學講義》	▲	遺史〔賴際熙〕輯	HKC 895.109 X62 v.1－5	《書經講義》、《周官經講義》、《儀禮禮記合編講義》與《春秋三傳講義》各一冊原為香港大學中文學會圖書館藏書。《論語通義》一冊原為香港真光中學圖書室藏書，二〇〇三年三月入藏香港大學圖書館。
香港嶺南大學圖書館	《香港大學經學講義》	◆	遺史〔賴際熙〕輯	PL2466 .Q44 1930	只有《詩經講義》一冊。

（續上表）

藏書地	書　名	代號	編撰者	索書號	備　註
香港中文大學圖書館	《香港大學經學講義》	▼	遺史〔賴際熙〕輯	PL2461.Z7 H7 v.1－4	《書經講義》、《儀禮禮記合編講義》、《周官經講義》與《孟子通義》各一冊。《書經講義》、《儀禮禮記合編講義》、《周官經講義》三書的首頁與《孟子通義》卷一的首兩頁均遭缺德者惡意撕毀。各書亦遭撕去數量不一的內頁。《周官經講義》一書蟲蛀尤為嚴重。
香港中文大學圖書館	《香港大學經學講義》	●	遺史〔賴際熙〕輯	PL2461.Z7 H7 v.1 c.2	只有《周官經講義》一冊。館方將此書誤標為四冊本第一冊《書經講義》的覆本。
香港中文大學圖書館	《經學講義》	■	遺史輯	PL2461.Z6 C58 v.1－6	《易經講義》一冊、《大學講義》兩冊、《中庸講義》一冊、《孝經通義》一冊）及《老子講義》一冊，合五種六冊。此藏本物主原為香港大學文學院一九一六年畢業生李景康。
香港中文大學圖書館	《論語通義》	◤	遺史	PL2471 Z6 I2	《論語通義》一冊。
香港中文大學圖書館	《孟子通義》	◢	遺史	PL2474 Z6 I2	《孟子通義》一冊。
香港中央圖書館	《經學講義》	○	遺史輯	121.311 3550	只有《老子講義》一冊，原為學海書樓藏書。
香港中央圖書館	《香港大學經學講義》	◎	遺史輯	802.85 3550	只有《孟子講義》一冊。

（續上表）

藏書地	書　名	代號	編撰者	索書號	備　註
香港中央圖書館	《香港大學經學講義》	◇	遺史氏〔賴際熙〕輯	090.2 2347	《書經講義》、《周官經講義》、《儀禮禮記合編講義》、《春秋三傳講義》、《論語通義》、《詩經講義》各一冊。

今據此已知的香港境內圖書館藏本資料，依上表所列代號整理得下列一覽表：[11]

收藏處／講義名稱	香港各大學圖書館藏本							香港中央圖書館藏本
	香港大學	嶺南大學	香港中文大學圖書館					
《易經講義》	★1				■1			
《書經講義》	★2	▲1	▼1					◇1
《詩經講義》	★3	◆						◇6
《儀禮禮記合編講義》	★4	▲3	▼2					◇3
《周官經講義》	★5	▲2	▼3	●1				◇2
《春秋三傳講義》	★6	▲4						◇4
《孝經通義》	★7				■5			
《大學講義》	★8				■2　■3			
《中庸講義》	★9				■4			
《論語講義》	★10							
《孟子通義》	★11		▼4			◣		◎
《老子講義》	★12				■6		○	
《論語通義》	★13	▲5				◣		◇5

這批講義的每冊封面或各講義的本稱如「書經講義」（參看圖一）、或題「經學講義」與「遺史輯」（參看圖二）；每冊的內頁則或題「香港

▲　圖一、香港大學圖書館藏《香港大學經學講
　　義》封面

▲　圖二、香港中文大學圖書館藏《經
　　學講義》封面

▲　圖三、香港大學圖書館藏《香港大學經學講
　　義》內頁

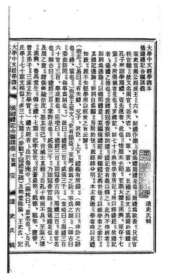

▲　圖四、香港大學圖書館藏《香港大
　　學經學講義》首頁

大學經學講義」與「遺史輯」（參看圖三）；而每冊的首頁或有「大學中文經學課本」與「遺史氏輯」字樣（參看圖四）。各圖書館載錄此等講義的名稱時，除個別用上各講義的本稱如《論語通義》、《孟子通義》外，大多採用《香港大學中文學院經學講義》、《香港大學經學講義》與《經學講義》等總稱；而各講義的編撰者則或標為「區大典」、或記為「遺史」、或稱為「遺史（賴際熙）」等，這遂不免令關心者對誰是此批講義的編撰者心存狐疑。

其實，香港大學圖書館藏《香港大學中文學院經學講義》十三冊的封面均題上「遺史輯」字樣，而各冊版心及首頁首行亦各標示書的編撰者，計為：

講義名稱	版心編撰者名稱	首頁首行編撰者名稱
《易經講義》	遺史輯	遺史氏輯
《書經講義》	遺史氏輯	遺史氏輯
《詩經講義》	遺史氏輯	遺史氏輯
《儀禮禮記合編講義》	遺史氏輯	遺史氏輯
《周官經講義》	遺史氏輯	遺史氏輯
《春秋三傳講義》	遺史氏輯	遺史氏輯
《孝經通義》	遺史輯	遺史輯
《大學講義》	遺史輯	遺史氏輯
《中庸講義》	遺史輯	遺史氏輯
《論語講義》	遺史輯	遺史氏輯
《孟子通義》	遺史輯	遺史氏輯
《老子講義》	遺史輯	遺史輯
《論語通義》	遺史輯	遺史氏輯

「遺史」與「遺史氏」正是講義的編撰者，而兩者實為一人的二稱。由於香港大學圖書館在確定此書的編撰者為「區大典」的同時，又將所藏《香港大學經學講義》的編撰者定為「遺史（賴際熙）輯」。[12] 香港嶺

12　單周堯主編：《香港大學中文學院歷史圖錄》介紹此書的書名頁時，便逕稱為「賴際熙太史《香港大學經學講義》書名頁」（頁 19）。

南大學圖書館、香港中文大學圖書館、香港中央圖書館亦分別將它們的藏本定為「遺史輯」、「遺史（賴際熙）輯」與「遺史氏（賴際熙）輯」。這遂使人懷疑「遺史」究竟應是賴際熙？還是區大典？

香港大學於一九一三年成立文學院時已聘請賴際熙、區大典講授漢文經史。中文學院成立後，區大典一直專掌經學課程的講授。[13] 賴際熙的哲嗣、學海書樓前主席賴恬昌曾指出：

> 我先父是教授史學的，區大典是教授經學的，經史兩個大系，由兩人負責。[14]

根據目前檢得的資料，下述數項都足以證明「遺史」與「遺史氏」便是區大典：

1. 香港大學中文學會於一九三二年出版的《香港大學中文輯識》，〈目錄〉列有〈區大典序〉一目，而該序正是「遺史氏」的〈博文雜誌前

---

13 《華僑日報》於一九三五年十月十四日報道：「港大中文部之目下情形，係由許地山碩士任教授，區太史任經學講師、羅旂棠舉人任歷史講師、崔百越秀才任國文講師、陳君葆任翻譯講師，學生則祇得數人。區、羅、崔、陳各講師將於本學期末滿職，屆時各講師留任與否，將有多少變動。」（載《香港大學中文學院歷史圖錄》，頁 44）當時香港大學聘請南來出任中文學院教授，並負責領導和策劃學院課程改革的原燕京大學教授許地山已於一九三五年八月履新。學院的翻譯講師陳君葆嘗於日記記載他在一九三六年一月十一日「找許先生（許地山）商量定後，一年級增『經學通論』乙門，由區大典先生擔任」（《陳君葆日記》，頁 192），又於同年七月十八日載「增聘徽師（區大典）任國文講師一學期乙事已為許先生草函致副監督」（同上書，頁 237），並在同年九月二十四日記「徽師的鐘點訂好了，但學生卻討厭了經學，只得改請他講授漢魏古詩，這原是過渡辦法。關於區先生的去留問題直覺真點難為情，我已盡我的能事挽留他多擔任一年，往後恐不能另有甚麼方法了。下午我想起了要徽師到中文學院上課去，他年事已老，實有點不方便，因改擬請他就近在平山圖書館設講席」（同上書，頁 249）。這清楚顯示許地山負責推動的學院課程改革本已將經學剔除於課程外，只是嘗受業於區大典的陳君葆對驟然革去老師的職事感到難於啟齒，才致力斡旋，設法以兼任形式留任區大典繼續講授經學。無奈中文學院的學生已對經學興趣索然，區大典遂只得改授漢魏古詩。次年（1937 年）一月，區大典正式自中文學院退休，學院於一月十一日晚在學生會所設歡送茶會（參看同上書，頁 274-275）。

14 亞洲電視新聞部資訊科編著：《解密百年香港》（香港：明報出版社有限公司，2007 年 12 月），頁 112。

序〉。[15] 這可見「遺史氏」便是區大典。

2. 香港大學馮平山圖書館於一九四〇年二月二十二至二十六日舉辦廣東
   文物展覽會時出版的《廣東文物展覽會出品目錄》，內附〈廣東名人
   小史〉，稱：

> 區大典（清），字徽五，晚號遺史。南海人。光緒癸卯翰林，著有
> 《四書講義》、《老子》、《荀子》。[16]

當時距離區大典辭世未足三年，展覽會的執行委員許地山（宣傳組主
任）、陳君葆（保管組主任）、李景康（編目組主任）等跟區大典稔熟的
編纂者自不會容許展覽會的出品目錄將「遺史」稱號張冠李戴。[17]「遺史」
即區大典，早已是當時學界的公論。

3. 同是前清翰林的岑光樾於區大典逝世後親撰〈輓區徽五前輩〉聯
   語，稱：

> 下筆輒千言，遺史每多憂世論；知交齊一慟，尊經誰續等身書。[18]

他將「遺史」一號嵌入聯中，藉與區大典曾任尊經學校校長的「尊經」
相對。「遺史」即區大典，早已無庸置疑。

4. 嚴靈峰（1903－1999）編輯的《無求備齋老子集成續編》收錄嚴氏

---

15 參看《香港大學中文輯識》，第 1 卷第 1 號（1932 年），〈目錄〉，頁 1；遺史氏：〈博
  文雜誌前序〉，不標頁碼。

16 中國文化協進會主辦：《廣東文物展覽會出品目錄》（香港：中國文化協進會，1940 年 2
  月），〈廣東名人小史〉，頁 24。此資料承駱為孺先生提供，不敢掠美，特致謝忱。

17 《廣東文物展覽會出品目錄》的編纂者名單，參看《廣東文物展覽會出品目錄》，頁 8-9。

18 岑光樾撰，岑公焴編：《鶴禪集》（香港：自印本，1904 年），頁 116。此資料小足駱為
  孺先生提供，不敢掠美，亦致謝忱。

所藏、據民國《經學講義》排印本影印的區大典《老子講義》二卷。
書的版式、內容跟香港大學圖書館藏十三冊本《香港大學中文學院經
學講義》與香港中文大學圖書館藏六冊本《經學講義》載錄的《老子
講義》完全相同。三者首頁首行俱列「老子講義」、「遺史輯」等字；
書的版心上端皆列「子書課本」四字；上下魚尾中刊「老子講義卷一」
或「老子講義卷二」，另附頁數；版心下端則標「遺史輯」三字（參
見圖五及圖六）。嚴靈峰在書的封面標此書為「區大典老子講義」（參
見圖七），又在書的內頁列此書為「區大典撰」（參見圖八），足見他
確知「遺史」即區大典。[19]

5. 區大典為一九二四年十月出版的《預科季刊》封面題寫刊名後鈐上
「遺史」刻章又是另一「遺史」即區大典的證據（參見圖九）。[20]

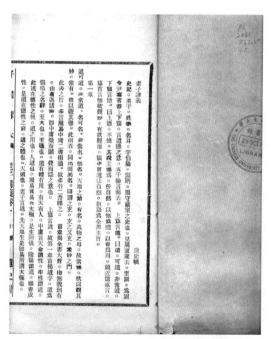

▲　圖五、香港中文大學圖書館藏《經學講義》本《老子講義》版式

19　嚴靈峰編輯：《無求備齋老子集成續編》，臺北：藝文印書館，1970 年，第 98 冊。

20　香港預科書院同學會編：《預科季刊》，第 1 卷第 1 期（1924 年 10 月），封面。

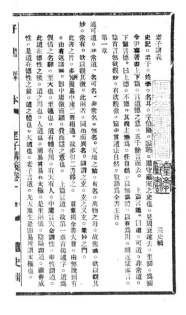

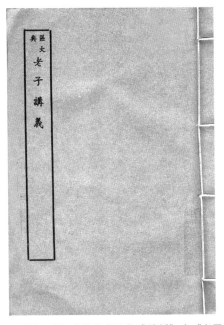

▲ 圖六、《無求備齋老子集成續編》本《老子講義》版式

▲ 圖七、《無求備齋老子集成續編》本《老子講義》封面

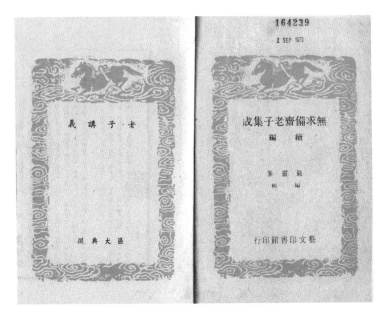

▲ 圖八、《無求備齋老子集成續編》本《老子講義》內頁

▲ 圖九、《預科季刊》第 1 卷第 1 期封面

6. 鄒穎文出版的《李景康先生百壺山館藏故舊書畫函牘》載有〈區大典
   與李景康書〉一封，信箋便印有「述古」與「遺史」二詞（參見圖
   十）。[21]「遺史」根本已成區大典的專用代號。

21　參看鄒穎文編：《李景康先生百壺山館藏故舊書畫函牘》（香港：中文大學出版社，2009
　　年），頁 226。

▲　圖十、《李景康先生百壺山館藏故舊書畫函牘》載〈區大典與李景康書〉

　　區大典一直在香港大學中文學院負責講授經學，是以《香港大學中文學院經學講義》無疑應是他的授課用書。昭昭的事實，早已證明「遺史」、「遺史氏」便是區大典。羅香林或許是最早誤指賴際熙為「遺史」的學者。他的〈故香港大學教授賴煥文先生傳〉便將區大典為《香港大學博文雜誌》撰寫的〈香港大學博文雜誌序〉誤為賴際熙的手筆，他謂：

> 民國十五年（1926），香港大學首為中文論叢曰《博文雜誌》者問世。先生嘗為序曰：「學校雜誌何為而作也？……《詩》言『嚶鳴友聲』，比物此忘也。遺史序。」[22]

22　羅香林：〈故香港大學教授賴煥文先生傳〉，載《星島日報》，1950 年 8 月 17 日，第

〔下轉頁 95〕

個別圖書館的檢索目錄誤稱賴際熙為「遺史」與「遺史氏」，是否緣於羅香林的誤導，固然尚待細考。區大典確為《香港大學中文學院經學講義》的編撰者，則是不爭的事實。

四・《經學講義》的內容與特色

《香港大學中文學院經學講義》十三冊，計有「五經」類講義六種：《易經講義》、《書經講義》、《詩經講義》、《春秋三傳講義》、《儀禮禮記合編講義》與《周官經講義》（《儀禮禮記合編講義》與《周官經講義》兩種又可歸屬為「三禮」類）；「四書」類講義五種：《大學講義》、《中庸講義》、《論語講義》、《論語通義》與《孟子通義》；「孝經」類講義一種：《孝經通義》。其餘一種，便是歸屬「子學」類的《老子講義》。這批講義的編撰，區大典嘗於致書李景康時略作透露：

> 近日銳志編輯之學，思藉綿力以為提倡。擬假學海書樓設一講學會，學科務求其備，功課益求其密。只酌收講義費，亦從至廉，以期普及，且藉費挹注，而所編輯講義，亦可用活版印排印，庶耐久存。此會若成，教學相長，兼可督促自修。計今年兄窮日力為之，已編成講義《大學》、《中庸》全部，《論》、《孟》半部，《老子》半部，《書・禹貢》一冊。循此以往，當有可觀。……但尚有一層，慮及在學海書樓講學，未審於大學專聘有抵觸否，又未知荔垞兄意如何？[23]

鄒穎文判斷這封失繫年月的信箋當寫於一九二八年七月以後，[24]而當時

---

10 版。根據《香港大學博文雜誌》首期封面顯示，該期實刊於一九一九年七月，羅香林誤繫於一九二六年。此文日後被改題為〈故香港大學中文學院院長賴際熙先生傳〉，主要刪去「民國十五年（1926），香港大學首為中文論叢曰《博文雜誌》者問世。先生嘗為序曰：『學校雜誌何為而作也？……《詩》言『嚶鳴友聲』，比物此忘也。遺史序。』」一段，並略作文字增潤後，載入《香港與中西文化之交流》一書（頁245－246）。

23 《李景康先生百壺山館藏故舊書畫函牘》，頁227上。

24 參看同上書，頁227下。

區大典正擔任香港大學中文學院的中國文學教授，專責講授經學。香港大學中文學院成立後曾於一九二七年與一九三〇年相繼提供兩種經學課程。除了《老子講義》與《易經講義》外，這批講義都跟當時香港大學中文學院提供的經學課程相配合：

年級	經學課程（1927 年）	講義名稱	經學課程（1930 年）	講義名稱
第一年	《大學》	《大學講義》	《孝經》	《孝經通義》
	《中庸》	《中庸講義》		
	《論語》	《論語講義》	《四書》	《大學講義》
		《論語通義》		《中庸講義》
				《論語講義》
	《孟子》	《孟子通義》		《論語通義》
				《孟子通義》
第二年	《詩經》	《詩經講義》	《詩經》	《詩經講義》
	《書經》	《書經講義》	《書經》	《書經講義》
第三年	《儀禮》	《儀禮禮記合編講義》	《周禮》	《周官經講義》
	《周禮》	《周官經講義》	《儀禮》	《儀禮禮記合編講義》
	《禮記》	《儀禮禮記合編講義》	《禮記》	
第四年	《春秋》	《春秋三傳講義》	《左氏傳》	《春秋三傳講義》
	《左氏傳》		《公羊傳》	
	《公羊傳》		《穀梁傳》	
	《穀梁傳》			

這可見此批講義主要是區大典為當時學生修習相關經學課程而編寫的教學用書。根據他致李景康的信顯示，溢出學院經學課程範圍的《易經講義》與《老子講義》則極可能是他在學海書樓講學時的講義。各講義的內容簡列如下：

書　名	篇　目	備　註
《易經講義》	〈周易上經〉[25]	1. 全書不分卷、不列篇目。「〈周易上經〉」一目只標於書首。 2. 全書只釋乾、坤、屯、蒙、需、訟、師七卦。 3. 全書以「案」語作闡釋。
《書經講義》	卷一〈虞書〉 卷二〈夏書〉 卷三〈商書〉 卷四〈三頌〉	1. 《書經講義》書首稱：「《書經講義》四卷：卷一〈虞書〉、卷二〈夏書〉、卷三〈商書〉、卷四〈三頌〉。」[26] 2. 所列四卷篇目，只嘗一度標於書首。卷四〈三頌〉一目令人費解，疑為《詩經講義》「卷四〈三頌〉」的誤植。[27] 3. 卷一〈虞書〉包括〈堯典〉、〈舜典〉、〈大禹謨〉、〈皋陶謨〉、〈益稷〉。 4. 卷二〈夏書〉只有〈禹貢〉。 5. 卷三〈商書〉、卷四〈三頌〉皆有目而無文。
《詩經講義》	卷一〈國風〉 卷二〈小雅〉 卷三〈大雅〉 卷四〈三頌〉	1. 《詩經講義》書首稱：「《詩經講義》四卷：卷一〈國風〉、卷二〈小雅〉、卷三〈大雅〉、卷四〈三頌〉。」[28] 2. 所列四卷篇目，只嘗一度標於書首。 3. 卷一〈國風〉包括〈周南〉、〈召南〉、〈邶風〉、〈鄘風〉、〈衛風〉、〈王風〉與〈鄭風〉。 4. 卷二〈小雅〉、卷三〈大雅〉、卷四〈三頌〉皆有目而無文。
《儀禮禮記合編講義》	〈士冠禮第一〉 〈士昏禮第二〉 〈喪服第十一〉[29]	1. 全書不標示分卷、不列篇目。 2. 全書內容實只闡釋〈士冠禮第一〉、〈士昏禮第二〉與〈喪服第十一〉。

25　遺史氏輯：《易經講義》（香港：奇雅中西印務，1930？年），卷1，〈周易上經〉，頁1上。

26　遺史氏輯：《書經講義》（香港：奇雅中西印務，1930？年），卷1，〈虞書〉，頁1上。

27　參看本表「《詩經講義》」的「備註」。

28　遺史氏輯：《詩經講義》（香港：奇雅中西印務，1930？年），卷1，〈國風〉，頁1上。

29　遺史氏輯：《儀禮禮記合編講義》（香港：奇雅中西印務，1930？年）。此篇目據全書實際內容整理列出。

（續上表）

書　名	篇　目	備　註
《周官經講義》	〈天官〉 〈地官〉 〈春官〉 〈夏官〉 〈秋官〉 〈冬官考工記〉	1. 《周官經講義》書首言：「《周官經講義》六卷：〈天官〉、〈地官〉、〈春官〉、〈夏官〉、〈秋官〉、〈冬官考工記〉。」[30] 2. 所列六卷篇目，只嘗一度標於書首。 3. 全書實只得〈天官冢宰第一〉與〈地官司徒第二〉兩卷。
《春秋三傳講義》	卷一〈隱桓莊閔僖〉 卷二〈文宣成襄〉 卷三〈昭定哀〉	1. 《春秋三傳講義》書首言：「《春秋三傳講義》三卷：卷一〈隱桓莊閔僖〉、卷二〈文宣成襄〉、卷三〈昭定哀〉（據《公羊》三世分卷）。」[31] 2. 全書只有「卷一」，始於隱公元年，止於襄王十四年。
《孝經通義》	〈開宗明義章第一〉 〈天子章第二〉 〈諸侯章第三〉 〈卿大夫章第四〉 〈士章第五〉 〈庶人章第六〉 〈三才章第七〉 〈孝治章第八〉 〈聖法章第九〉 〈紀孝行章第十〉 〈五刑章第十一〉 〈廣要道章第十二〉 〈廣至德章第十三〉 〈廣揚名章第十四〉 〈諫諍章第十五〉 〈感應章第十六〉 〈事君章第十七〉 〈喪親章第十八〉[32]	全書不標示分卷、不列篇目，內容包括《孝經》全書。
《大學講義》		全書不分卷，不標篇目。
《中庸講義》		全書不分卷，不標篇目。

30　遺史氏輯：《周官經講義》（香港：奇雅中西印務，1930？年），卷1，〈天官冢宰第一〉，頁1上。

31　遺史氏輯：《春秋三傳講義》（香港：奇雅中西印務，1930？年），卷1，頁1上。

32　此篇目按全書內容逐一檢出。

（續上表）

書　名	篇　目	備　註
《論語講義》	〈上論學而〉 〈上論為政〉 〈上論八佾〉 〈上論里仁〉 〈上論公冶（長）〉[33]	全書不標示分卷、不列篇目，內容只有〈學而〉、〈為政〉、〈八佾〉、〈里仁〉、〈公冶（長）〉。
《孟子通義》	卷一〈性道之要〉 卷二〈義利之辨〉 卷三〈出處之正〉 卷四〈崇王道黜霸功〉 卷五〈崇聖學黜異端〉[34]	《孟子通義》書首「案」語言：「《孟子通義》一書，分為五卷：首曰〈性道之要〉，二曰〈義利之辨〉，三曰〈出處之正〉，四曰〈崇王道黜霸功〉，五曰〈崇聖學黜異端〉。」[35]
《論語通義》	上卷〈性道之要〉 下卷〈政治之綱〉	1. 《論語通義》書首「案」語言：「《論語通義》一書上、下卷，大別之：曰性道之要、曰政治之綱。」[36] 2. 上卷〈性道之要〉包括〈原性〉、〈聖學〉、〈聖教〉、〈聖人之道德與言行威儀〉、〈聖人與諸弟子論學關於道德與言行威儀〉、〈聖人之行藏出處持身接物與其論世知人〉。

　　這批講義除綜論相關經書內容、思想的《論語通義》、《孟子通義》與《孝經通義》外，區大典只嘗於《大學講義》與《中庸講義》就相關經書原文作悉數闡釋。這或許緣於《大學》與《中庸》的篇幅相對短小。其餘各講義雖或於書首簡列全書篇目，然《易經講義》、《書經講義》、《詩經講義》、《春秋三傳講義》、《儀禮禮記合編講義》、《周官經講義》與《論語講義》都只闡釋了各相關經書的部分原文。簡中主因，正緣於它們都是區大典授課的講義，而講義的編撰又直接受制於課時的多寡。香港大學中文學院經學課程的授課時數長期不足，正可於此窺見一斑。

　　這批講義中以「講義」命名者多達十種，而以「通義」命名者亦佔三種。《論語通義》、《孟子通義》與《孝經通義》便是以「通義」命名

33　此篇目按全書內容逐一檢出。

34　此篇目按全書內容逐一檢出。

35　遺史氏輯：《孟子通義》（香港：奇雅中西印務，1930？年），卷1，頁1上。

36　遺史氏輯：《論語通義》（香港：奇雅中西印務，1930？年），卷上，頁1上。

的三種。「講義」與「通義」自是應在形式與內容上各具特色。區大典便嘗就《孝經通義》的命名略作解釋：

> 茲編《孝經》講義，每章之末，特博舉群經以通釋之，故曰「《通義》」。[37]

這結合他解釋自己編撰《論語講義》與《論語通義》兩書的心得，已大抵可令讀者悟得「講義」與「通義」的不同處。他指出：

> 《論語》者，孔子應答弟子、時人及弟子相與言而接聞於夫子之語也。當時弟子各有所記。夫子既卒，門人相與輯而論撰，故謂之「論語」。《論語》一書，聖賢學說之最精粹者也；然弟子紀述聖言，不無先後與詳略，其編次未可執也。予既循章附注，為《論語講義》。然要未會其通，爰仿朱子（朱熹）《孟子要略》之體，又成《論語通義》一書上、下卷，大別之：曰「性道之要」、曰「政治之綱」。其細目分詳卷下。性道以修己，政治以治人。明德新民，大學之道，不外是矣。[38]

由於《論語》是他唯一分別撰有「講義」與「通義」的著述，他對兩者的分工便具有指標性的啟示作用。「講義」的特點是逐一為經書每章作附注，而「通義」的特點則在於匯集諸義、會通眾說，以求薈萃各家精義於一書。因此，「通義」對經書的闡釋便不停留於句剖字釋經書的原文。他在《論語講義》對「子曰：『學而時習之，不亦說乎！』」章的解說為：

> 此章聖人以學之全功示人。首節，學不厭，成己也。次節，教不倦，成物也。末節，不怨不尤，下學上達，知我其天，成德也。（《說文》：學，……）《大學》首言學，《中庸》首言教，與《論語》首言學，三書同旨。《大學》言明明德，《中庸》言率性體道，修道復性；故此「學」字，朱子以人性皆善，學所以明善復初釋之，其旨同也。學不外

37　遺史輯：《孝經通義》（香港：奇雅中西印務，1930？年），頁1下。

38　《論語通義》，卷上，頁1上。

知行，《中庸》言博學、審問、慎思、明辨、篤行是也。博文約禮，即知行也。學不外言行，《中庸》言庸德之行、庸言之謹是也。《易》：「麗澤，兌。君子以朋友講習。」又「習坎」，「君子以常德行，習教事」，如兌澤之灌溉滋潤，如坎水之川流不息，皆習之義也。學於師者，則傳習也。學於友者，則講習也。身中時，孔子十五志學，三十而立，四十不惑，五十知天命，六十耳順，七十從心不踰矩是也。年中時，春秋教禮樂，冬夏教詩書是也。日中時，士朝所受業，晝而講貫，夕而習復，夜而計過無憾，而後即安是也。學有三時，時有二義：一則朱注所謂「時時」，「不息」之義也。《孟子》所謂「勿忘」也。一則《易》所謂「隨時」，當「可」之義也。《孟子》所謂「勿助長」，《學記》所謂「不陵節而施」是也。說從學來，亦從時習生。程子（程頤，1033－1107）所謂「浹洽於中」，即《孟子》所謂深造自得也。居安資深，左右逢原，則自得而說。《孟子》所謂理義說心，猶芻豢悅口也。[39]

他對同章「有朋自遠方來，不亦樂乎！」的解說為：

> 注疏：同門曰朋，同志曰友。朋疏而友親，朋來而友可知。所謂德不孤，必有鄰也。《孟子》言友一鄉之善士，友一國之善士，友天下之善士，推而尚友古，遠莫遠於此矣。同類即同群，《學記》所謂敬業樂群是也。有來而與我為友者，此朋友講習，所以為兌說也。有來而以我為師者，此教育英才，所以為君子之樂也。程子以善及人意，最真切。樂取於人以為善，是與人為善也。君子莫大乎與人為善。[40]

他繼而又對同章「人不知而不慍，不亦君子乎！」作下述解說：

> 含怒說得細，不必徵色發聲。但有不平之意，蘊於心，即慍矣。《易》所謂不見是而无悶是也。此節從務內務外，為己為人處分別出來。不知而慍，是務外為人之見未融，即學之未純也。務外為人，不外名利之見、人欲之私。惟學之純者，無絲毫人欲之私、名利之見。《易》

39　遺史輯：《論語講義》（香港：奇雅中西印務，1930？年），卷上，頁1上-1下。

40　同上書，卷上，頁1下。

所謂純粹精也，故曰君子成德。遯世不見，知而不悔，此依乎《中庸》之君子也。[41]

但他在《論語通義》對「子曰:『學而時習之，不亦說乎！有朋自遠方來，不亦樂乎！人不知而不慍，不亦君子乎！』」全章的解說則只濃縮為:

> 案《論語》開宗明義，聖人首揭為學之全功示人。首節，學不厭，成己也。次節，教不倦，成物也。末節，不怨不尤，下學上達，知我其天，成德也。首節，見篤志好學之功。次節，見與人為善之量。末節，見務內為己之誠。所謂學者，學以體道復性而已。[42]

如果兩書對「子曰:『學而時習之，不亦說乎！有朋自遠方來，不亦樂乎！人不知而不慍，不亦君子乎！』」全章的解說足以反映區大典編撰「講義」與「通義」的不同用意，則「講義」的循章附注與「通義」的會通眾說便不只是「詳」與「略」的分別。區大典每喜於各書的書名、章名、原文、個人新增的相關資料後繫上「案」字，然後或援用前人解說、或批評先儒論點、或直抒個人見解，從而一一表達自己的看法。「案」語便成了他表達個人見解的主要工具。書中使用「案」語的多寡更成了他區別「講義」與「通義」的最重要依據。「講義」着重循章附注，言皆有據，是以鮮用「案」語;「通義」着重會通眾說，成一己言，是以不時「案」語盈篇。這明顯的區別，證諸《論語講義》與《論語通義》兩書，大抵不謬。《易經講義》是唯一不依此慣例，全書都以「案」語作闡釋的「講義」。儘管區大典編撰各「講義」與「通義」時的確存在立例破例的情況，他嘗試為授課講義確立明確體例的用心實已無庸費詞多辯。

41　同上書，卷上，頁 1 下-2 上。

42　《論語通義》，卷上，頁 29 下。

五・結語

　　《香港大學中文學院經學講義》是區大典在香港講授經學逾四分一世紀的成果,也是二十世紀二三十年代香港與香港大學經學教育的珍貴紀錄。它們毫無疑問都是區大典學問與心血的結晶。由於它們本質上只是區大典授課的講義,受着學生程度、課節分佈、課時數目等客觀因素影響,是以不少講義都未能將相關經書全文悉數講授。這當然令識者深感遺憾。講義的形式既多以循章附注為主,教與學雙方都首要關注它們的傳意功能,自然不會期待它們具有劃時代的學術價值。綜觀此十二冊經學講義,區大典已盡量利用「案」語表達一己的見解。因此,這批講義大抵已確立了「講義」與「通義」共存,附注與「案」語並用的特色。

第五章
區大典的《孝經通義》

一 · 導言

　　《孝經》是《十三經》中篇幅最短小的一種。它的今文本不足千八百字，而古文本亦不足千九百字。它的作者與產生年代雖是學者長期爭議未休的話題，它卻在漢代以來一直深受社會各階層的重視。歷代統治者親講、御注《孝經》者大不乏人，而唐玄宗（李隆基，685－762，712－756 在位）的兩度御注影響後世尤為深遠。[1]由於「孝」具有多方向、多層面的演延與移轉功用，是以在家庭（或家族）、社會、政治諸範疇都能產生不容忽視的凝聚力。[2]因辛亥革命而寓居香港的區大典藉講學上庠的機緣編成《孝經通義》一書，援經據典，詳細闡釋《孝經》各章的本義與延伸義。由於是書不見載於任何書目，是以罕為世知。因此，勾勒此書在內容與形式上的特色，藉以凸顯它在《孝經》學史與香港經學史上的地位，無疑饒具意義。

1　有關《孝經》的傳述與研究，可參看陳鐵凡撰：《孝經學源流》（臺北：國立編譯館，1986 年 7 月）一書。

2　參看寧業高等撰．《中國孝文化漫談》（北京：中央民族大學出版社，1995 年 3 月）與蕭群忠撰．《孝與中國文化》（北京：人民出版社，2001 年 7 月）二書。

二‧區大典對《孝經》的重視

　　《孝經通義》全書三萬多字，不分卷，是區大典十二種傳世的經學
著述中篇幅較小的一種，也是他所編撰三種以「通義」命名的經學講義
中篇幅最小的一種。它原只是區大典專為一九三〇年起修讀香港大學
中文學院一年級經學課程的學生編撰的一種授課講義，[3] 卻緣於他異常重
視《孝經》一書而別具價值。他對《孝經》的鍾情，實充分表現於他在
一九二七年為寓居香港的清遺民陳伯陶撰寫的〈孝經說後序〉。該年，
陳伯陶剛撰成晚年的力作《孝經說》。[4] 區大典的〈孝經說後序〉稱：

> 　　予夙嗜經學，晚年尤篤好《易經》、《孝經》、《中庸》三書。竊以
> 《易經》者，天道之會歸也；《孝經》者，人道之會歸也；《中庸》者，
> 天人學之會歸也。……前輩陳君子礪（陳伯陶），邃經學，性純孝，著
> 《孝經說》上、中、下三篇，開宗明義揭先聖傳經救世之旨，中序曾子
> （曾參，約前 505－前 435）、子思（孔伋，前 483－前 402）、孟子諸
> 賢之學本先聖，以黜墨氏（墨翟），而於近代之非孝無親，尤為深惡而
> 痛絕。噫！是何先得我心也！抑以為經學不明，異學斯熾，孟氏言經正
> 則庶民興，斯無邪慝。獨居深念，思以管蠡之見，薈萃《易經》、《孝
> 經》、《中庸》三書所言天人之故、仁孝之原，少明古聖賢垂教之旨，
> 庶邪說暴行或少戢其風。前輩其亦將引為同調乎？敬序簡末，以誌仰
> 止。歲次強圉單閼（丁卯，1927），秋仲，南海區大典序於尊經室。[5]

他稱賞陳伯陶撰成《孝經說》為「先得我心」，[6] 正緣於他跟陳伯陶同樣對
清末以來政治體制與政經格局劇烈改變，帶來中國傳統人倫秩序與價值
實踐徹底顛覆的「非孝無親」現象深惡痛絕。呂妙芬嘗於《孝治天下：〈孝

3　參看本書第四章〈區大典的經學講義〉。

4　有關陳伯陶《孝經説》一書，參看本書第三章〈陳伯陶的《孝經説》〉。

5　陳伯陶撰：《孝經説》（香港：奇雅中西印務，1927 年），卷下，區大典〈孝經説後序〉，
　　頁 32 上-33 上。

6　同上書，卷下，區大典〈孝經説後序〉，頁 33 上。

經〉與近世中國的政治與文化》一書指出：

> 從制度面而言，新政治體制及全球政經格局與秩序的形成，已劇烈改變傳統中國的處境，迫使中國必須改制，以求免於西方政經與武力之侵襲。民族國家（nation state）的國民身份、法律上對家庭人倫關係的新定義、新式教育體制下對個人的啟蒙與西方國際法主導的新世界秩序等，都強烈衝擊着中國傳統人倫秩序與孝治天下的政教觀。[7]

區大典的〈孝經說後序〉正好表達了他對同道者惺惺相惜的肺腑真情；而他對《孝經》的重視，更可自他「獨居深念，思以管蠡之見，薈萃《易經》、《孝經》、《中庸》三書」[8]的剖白窺得一二。

其實，中國人的價值觀自清末以來便受到歐風美雨的猛烈衝擊。科舉制的突然廢除、辛亥革命的竟然成功、皇朝政治的遽然終止、新文化運動的忽然熾盛都令一向主導中國人倫理道德思想的孝道精神遭到史無前例的挑戰。經學地位日趨下降，更令《孝經》的社會影響與學術地位每況愈下。[9]區大典耳聞目睹箇中情況，遂不惜在一片否定孝道與《孝經》的聲浪中藉《孝經通義》褒揚《孝經》弘揚的孝道。

三·《孝經通義》重用「案」語的特色

《孝經通義》以「通義」命名，重在匯集諸義、會通眾說，以求薈萃各家精義於一書；是以全書的內容已不只停留於句剖字釋經書原文的層面。區大典特別重視使用「案」語闡釋個人的觀點。他於書名、章名、《孝經》原文、個人新增的相關資料後，都會繫上「案」語，或援用前人

7　呂妙芬撰：《孝治天下：〈孝經〉與近世中國的政治與文化》（臺北：中央研究院、聯經出版事業有限公司，2011 年 2 月），頁 289-290。

8　《孝經說》，區大典：〈孝經説後序〉，頁 33 上。

9　參看工玉德撰：《孝經與孝文化研究》（武漢：崇文書局，2009 年 11 月），頁 247-257。

解說、或批評先儒論點、或直抒個人見解，從而一一表達自己的識見。他於書的開端便以「案」語為書名《孝經通義》作開章明義的解說，藉以先聲奪人、先行解決不少關係《孝經》一書的關鍵問題。他解決的關鍵問題包括：

1. 《孝經》的撰著者

由於歷代學者對《孝經》一書撰著權誰屬存在頗大的爭議，而論者的意見又可分為孔子自撰、曾子所撰、曾子門人所撰、七十子徒撰、子思撰、齊魯間儒者撰、漢儒撰、孟子門人撰諸說；[10] 區大典遂率先以「案」語表達自己支持《孝經》為孔子撰著的說法：

> 案：《漢書・藝文志》，《孝經》列六藝九種。班（班固，32－92）〈志〉云：「《孝經》者，孔子為曾子陳孝道也。」唐注疏《正義》定為孔子所撰，假曾子之言，為對揚之體；又引《孝經緯鈎命決》云：「孔子曰：『吾志在《春秋》，行在《孝經》。』」又曰：「《春秋》屬商，《孝經》屬參。」此班〈志〉所謂為曾子陳孝道也。鄭玄（原避清諱，作「鄭元」，今逕改。127－200）〈六藝論〉曰：「孔子以六藝指意殊別，恐道離散，後世莫知根源，故作《孝經》以總會之。」洵得其旨矣。[11]

如此的安排無疑有助讀者——特別是學生盡早知道他的立場，方便他以此為基礎闡釋《孝經》一書的深意。

2. 《孝經》的版本

傳世的《孝經》既有今文、古文二本，而兩者孰優孰劣，論者難免

10　參看黃卓越、桑思奮、楚莊主編：《中國大書典》（北京：中國書店，1994 年 2 月），頁 41-42；臧知非撰：《人倫本原——〈孝經〉與中國文化》（開封：河南大學出版社，2005 年 4 月），頁 2-11。

11　《孝經通義》，頁 1 上。

各有取捨。區大典繼續利用闡釋《孝經通義》的「案」語闡釋自己對兩版本的看法，並說明自己偏重今文的原因：

> 案：《四庫提要》，《孝經》有今文、古文二本，今文稱鄭玄注，古文稱孔安國注。今文《孝經》十八章。古文《孝經》多〈閨門〉一章，又〈庶人章〉分為二，〈曾子敢問章〉分為三，凡二十二章。惟鄭、孔注，後儒或疑其偽。唐玄宗（原避清諱，作「唐元宗」，今逕改）博采眾說，為《孝經》注，復定十八章，從今文也。今所通行者是矣。[12]

他在確定是書以今文本《孝經》的唐玄宗注、邢昺（932–1010）疏《孝經正義》為依據後，[13] 講義的編排與解說便得以順理成章地一面倒援用今文本。他在書中重點批評《古文孝經》將今文本〈聖法章第九〉一分為三的處理方法，正是此種取態的明確表示。他說：

> 又案：古文《孝經》，此章分為三，皆有「子曰」二字以別之。然細味經文，語氣實銜接一片，終乃引《詩》證之，似以今文合為一章較當。[14]

如此的論述正好凸顯出此講義編排上前後呼應的特色。

　　區大典除以「案」語闡釋「《孝經通義》」的書名外，又按今文本《孝經》的編排將全書分為十八章，並在各章的章名下以「案」語闡釋它們的要旨。這無疑有助讀者了解全書的內容。現將他闡釋章名的「案」語表列如下：

12　同上注。

13　有關唐玄宗注、邢昺疏《孝經注疏》的研究，可參看陳一風撰：《孝經注疏研究》，成都：四川大學出版社，2007 年 6 月。

14　《孝經通義》，頁 18 下。另參看同上書，頁 20 上。

章　名	「案」　語
開宗明義章 第一	案：《正義》云：「開張一經之宗本，顯明五孝之義理，故曰『開宗明義章』。」 又案：漢劉向校經籍，定《孝經》十八章而不列名。鄭《注》始見章名，唐玄宗命儒官重訂之，遂定今本十八章之名。[15]
天子章第二	案：《正義》曰此下至〈庶人〉，凡五章，謂五孝。天子至尊，故標居其首。《白虎通義》：「王者，父天母地，故曰天子。殷周以來，始有此名。」[16]
諸侯章第三	案：《正義》曰：「次天子之貴者，諸侯也。」《釋詁》云：「公、侯，君也。」不曰諸公者，嫌涉天子三公也。言諸侯以統伯子男也。[17]
卿大夫章第四	案：《正義》曰次諸侯之貴者，卿大夫也。〈王制〉，上大夫，卿。《周禮》，王之卿六命，大夫四命。今連言者，以其行同也。又天子諸侯，皆有卿大夫。此章云「言行滿天下」，又云「事一人」，則天子之卿大夫也，而諸侯之卿大夫可推矣。[18]
士章第五	案：《正義》曰：「次卿大夫者，士也。」《白虎通義》：「士者，事也，任事之稱也。」即《孟子》所言上士、中士、下士。是也，天子稱元士。此統言士，則兼諸侯之士言也。[19]
庶人章第六[20]	案：《正義》曰：「庶者，眾也。」「士有員位，人無限極，故士以下皆為庶人。」古者責士不責民，故禮不下庶人；然孝本天性，則一也。[21]
三才章第七	案：《易繫辭》：「天道、地道、人道，曰三才。」此章以天經、地經、民行，明孝道之大，故以「三才」名章。朱子又以前六章為經，以下為傳。此章言孝行之大，本之天經地義，即釋首章「至德要道」之旨，「順天下」、「民和睦」二語，正回應首章，則朱子之說，亦自有見。[22]
孝治章第八	案：此章詳言孝治天下，以總結上文（原作「上支」，今逕改）。上言先王因天地，順人情，以為教，皆孝治天下之事，故此章總結之。[23]

15　《孝經通義》，頁 1 下。

16　同上書，頁 4 下。

17　同上書，頁 6 下。

18　同上書，頁 7 下。

19　同上書，頁 9 上。

20　原文誤標為「庶人章第七」（同上書，頁 10 上），今逕改。

21　同上書，頁 10 上。

22　同上書，頁 13 上。

23　同上書，頁 16 上。

一
經學、教育與香港大學——二十世紀的足跡

（續上表）

章　名	「案」語
聖法章第九	案：此章承上孝治，而歸本聖德，復由聖德聖治，而極言孝治也。首言孝之量，以義敬而極；次推孝之本，以仁愛而深；終反覆申明仁愛義敬之旨。義措諸事，敬衷諸禮，而威儀乃為定命之符，化民之則。此孝治本於聖德，至大無以復加也。 又案：《古文孝經》此章分為三，皆有「子曰」二字以別之。然細味經文，語氣實銜接一片，終乃引《詩》證之，似以《今文》合為一章較當。[24]
紀孝行章第十	案：《正義》曰：「此章紀錄孝子事親之行」，「故以名章」。 又案：以上皆統論孝道綱領，書此章獨細，論孝行條目，其言親切有味，學者所當深思也。[25]
五刑章第十一	案：以上詳言教孝之治，此章推言不孝之刑。刑所以弼教也。五刑始見〈虞書〉，舜命臯陶明九刑是也。五刑之目，見於〈呂刑〉，墨、劓、荆、宮、大辟是也。《禮·服問》云，喪多而服五，罪多而刑五，以服有親疏，罪有輕重也。故以名章。[26]
廣要道章第十二	案：首章揭至德要道，而未詳其義；此章及下章乃廣言之。首章以治本言，故首舉至德，而後推及要道。此二章，以治效言，故首言要道，而後歸本至德，謂以要道施化。化行而德彰，亦以明道德相成，故互為先後也。[27]
廣至德章第十三	案：義見上章。[28]
廣揚名章第十四	案：首章言揚名顯親，為孝之終。此章更廣言之，故以名章。《古文孝經》移〈感應章第十六〉在此章之前，附〈廣至德、要道章〉之下，以明至德要道之極至，義各有當也。[29]
諫諍章第十五	案：事親處常，諫親處變，合常變以論孝道，故附〈諫諍章〉於〈廣揚名章〉後。所謂孝子揚父之美，不揚父之惡也。[30]
感應章十六	案：全經首假曾子問以明孝之始終，次假曾子問以明孝天地之經，復次假曾子問以明孝本天地之性。此章乃終明天、地、人感應之理，以總結全經之旨。[31]

24　同上書，頁 18 下。

25　同上書，頁 23 下。

26　同上書，頁 27 上。

27　同上書，頁 28 上。

28　同上書，頁 29 下。

29　同上書，頁 30 下。

30　同上書，頁 31 下。

31　同上書，頁 33 上。

（續上表）

章　名	「案」　語
事君章第十七	案：此章廣中於事君之義，以結上；亦即〈士章〉資父事君，與〈廣揚名章〉事親孝、忠可移君之義。蓋君、親同尊，臣、子同敬，其義一也。言事君不外愛敬，即以明事親一本愛敬也。[32]
喪親章第十八	案：此章言孝子喪祭之禮，以申結〈紀孝行章〉致哀致嚴之旨，此事親之終也。《禮・祭統》言親歿則喪，喪畢則祭，故統以〈喪親〉名章。[33]

　　他於首六章的「案」語均開章明義標明取材自《孝經注疏》，並於〈天子章第二〉明確表達個人對「《正義》曰此下至〈庶人〉，凡五章，謂五孝。天子至尊，故標居其首」[34] 的贊同。他除清楚表明自己偏重《孝經注疏》外，又援用朱子「以上六章合為一節。細味經文，辭旨連環，義本一貫，分章分節，無關體要也」[35] 的見解，認為「上六章言孝道已盡，語氣已結」。[36] 這都是他善用「案」語凸顯個人見解的鮮明事例。他採用「案」語的場合不只限於闡釋書名、章名與《孝經》原文，還用於闡釋個人新增的相關資料。由於他在每章原文後添附的資料數目甚夥，「案」語的作用便更能得到彰顯。

四・《孝經通義》務在「博舉」的特色

　　《孝經通義》既以「通義」為名，匯集諸義、會通眾說，以求薈萃各家精義於一書自成區大典的首要目標。前列闡釋章名的「案」語表固已反映他博舉群書眾說的會通能力，然而會通的基礎實建基於資料的搜

32　同上書，頁 34 下。

33　同上書，頁 36 下。

34　同上書，頁 4 下。

35　同上書，頁 12 上。

36　同上書，頁 13 上。

羅。他在「每章之末，特博舉群經以通釋之」，[37] 正好成了他彰顯個人「博舉」能力的表演場。現將他在各章末端增添的相關資料來源與數目表列：

章　名	增添資料來源與數目
開宗明義章第一	《論語》、《詩》、《大戴禮·曾子本孝篇》、〈曲禮〉（案：《禮記·曲禮》）各一則與《禮記·哀公問》、《大戴禮·曾子大孝篇》各兩則，合共八則。[38]
天子章第二	《書》、《禮記·內則》、《禮記·哀公問》、〈夏書〉（案：《尚書·夏書》）、《論語》、《孟子》、〈商書〉（案：《尚書·商書》）各一則與《禮記·祭義》兩則，合共九則。[39]
諸侯章第三	〈周書〉（案：《尚書·周書》）、《易·乾·三爻》、《易·節彖傳》、《大戴禮·曾子立事篇》各一則，合共四則。[40]
卿大夫章第四	《孟子》、《禮·表記》、《禮·緇衣》、《禮·中庸》、《大戴禮·曾子立事篇》、《禮·內則》、《荀子·大畧篇》各一則，合共七則。[41]
士章第五	《禮記·喪服四制》、《大戴禮·曾子立孝篇》各一則，合共兩則。[42]
庶人章第六	《禮·月令》、《周禮·大司徒》、〈職方氏〉（案：《周禮·職方氏》）、《大戴禮·曾子本孝篇》、《呂氏春秋·孝行寬》各一則，〈周書〉（案：《尚書·周書》）兩則與《大戴禮·曾子大孝篇》、《大戴禮·曾子立事篇》與《孟子》各三則，合共十六則。[43]
三才章第七	《春秋左傳》、《禮·樂記》、《易·繫傳》、《中庸》、董子《春秋繁露》、《周禮》各一則與〈禮運〉（案：《禮記·禮運》）、《論語》、《大學》各兩則，合共十二則。[44]
孝治章第八	《禮·聘義》、《禮·大傳》、〈周書〉、〈曲禮〉、《論語》、《易·遯·三爻》、《禮·哀公問》、《禮·祭義》、〈祭統〉、《大戴禮·曾子大孝篇》各一則，《孟子》兩則與《中庸》三則，合共十五則。[45]

37　同上書，頁 1 下。

38　同上書，頁 3 上-4 下。

39　同上書，頁 5 下-6 上。

40　同上書，頁 7 上。

41　同上書，頁 8 上-9 上。

42　同上書，頁 9 下-10 上。

43　同上書，頁 10 下-13 上。

44　同上書，頁 14 上-15 下。

45　同上書，頁 17 上-18 下。

（續上表）

章　名	增添資料來源與數目
聖法章第九	〈禮運〉、《禮・祭法》、《春秋公羊傳》、《禮・祭禮》、《易》、《論語》、《易・序卦》、〈家人卦〉（案：《易・家人卦》）、《中庸》、《禮・文王世子》、《禮・祭義》、《大戴禮・曾子立孝篇》、《禮・內則》、《大戴禮・曾子制言篇》各一則，〈周書〉、《大學》各兩則，《孟子》、《詩》各三則與《春秋左傳》四則，合共二十八則。[46]
紀孝行章第十	〈虞書〉（案：《尚書・虞書》）、《淮南子・齊俗訓》、《大戴禮・曾子立孝篇》、《大戴禮・曾子事父母篇》、《禮・文王世子》、陸賈《新語・慎微篇》、《大戴禮・曾子疾病篇》、〈曲禮〉、《大戴禮・衛將軍文子篇》、《中庸》、《禮・祭義》、《韓詩外傳》、《大戴禮・曾子立事篇》、《易・初爻小象》、《易・乾三爻文言》各一則，《孟子》、《禮・檀弓》、《禮・雜記》、《禮・祭統》各兩則，《禮・內則》三則與《論語》六則，合共三十二則。[47]
五刑章第十一	《禮・檀弓》、《周禮・大司徒》各一則，《論語》兩則與《孟子》三則，合共七則。[48]
廣要道章第十二	《禮・祭禮》、《禮・樂記》、《禮・經解》、〈曲禮〉、《論語》、《中庸》各一則與《孟子》兩則，合共八則。[49]
廣至德章第十三	《禮・鄉飲酒義》、《大戴禮・曾子立孝篇》、《禮・表記》各一則，合共三則。[50]
廣揚名章第十四	《大戴禮・曾子立孝篇》、〈曾子立事篇〉、《易・象傳・家人》（案：原作「《易・家人・象傳》」）各一則，合共三則。[51]
諫諍章第十五	《春秋左傳》、《禮・檀弓》、〈曲禮〉、《大戴禮・曾子本孝篇》、〈立孝篇〉、〈大孝篇〉、〈事父母篇〉各一則與《論語》兩則，合共九則。[52]
感應章十六	《易・乾卦》、《白虎通義》、《禮・郊特牲》、《禮・祭義》、《禮・文王世子》各一則與《中庸》兩則，合共七則。[53]

46　同上書，頁 21 上-23 上。

47　同上書，頁 24 上-26 下。

48　同上書，頁 27 下-28 上。

49　同上書，頁 28 下-29 上。

50　同上書，頁 30 上。

51　同上書，頁 31 上。

52　同上書，頁 32 上-32 下。

53　同上書，頁 33 下-34 下。

經學、教育與香港大學 —— 二十世紀的足跡

（續上表）

章　名	增添資料來源與數目
事君章第十七	《大學》、〈祭義〉、〈祭統〉、《易·繫傳》、《禮·坊記》、〈周書〉、〈商書〉、《春秋穀梁傳》、《大戴禮·衛將軍文子篇》、《孟子》各一則與《禮·表記》、《春秋左傳》各兩則，合共十四則。[54]
喪親章第十八	《禮·問喪》、《禮·喪服四制》、《禮》、《禮·問喪》、〈祭義〉、《禮·內則》各一則，《禮·間傳》、《禮·雜記》、《禮·檀弓》、《儀禮·士喪禮》各兩則，《大戴禮·曾子大孝篇》三則與《論語》四則，合共二十一則。[55]

　　區大典為不足二千字的《孝經》原文補充了二百零五則相關資料，數量不可謂不多。這些資料的分佈為：

章名／書名	開宗明義章第一	天子章第二	諸侯章第三	卿大夫章第四	士章第五	庶人章第六	三才章第七	孝治章第八	聖治章第九	紀孝行章第十	五刑章第十一	廣要道章第十二	廣至德章第十三	廣揚名章第十四	諫諍章第十五	感應章第十六	事君章第十七	喪親章第十八	合計（則）
大學							2		2								1		5
中庸				1			1	3	1	1			1			2			10
論語	1	1					2	1	1	6	2	1				2		4	21
孟子		1		1		3	2	3	2	3	2						1		18
詩經	1								3										4
書經		3	1			2		1	2	1							2		12
易經			2				1	3	2				1		1	1	1		12
禮記	3	4		3	1	1	3	6	6	12	1	4	2		2	3	5	12	68
大戴禮記	3		1	1	1	7		1	2	5			1	2	4		1	3	32
周禮						2		1			1								4
儀禮																		2	2
春秋左傳							1		4							1	2		8

54　同上書，頁 35 下-36 上。

55　同上書，頁 37 上-39 下。

（續上表）

章名／書名	開宗明義章第一	天子章第二	諸侯章第三	卿大夫章第四	士章第五	庶人章第六	三才章第七	孝治章第八	聖法章第九	紀孝行章第十	五刑章第十一	廣要道章第十二	廣至德章第十三	廣揚名章第十四	諫諍章第十五	感應章十六	事君章第十七	喪親章第十八	合計（則）
春秋公羊傳									1										1
春秋穀梁傳																	1		1
荀子			1																1
呂氏春秋						1													1
淮南子										1									1
陸賈新語										1									1
春秋繁露							1												1
韓詩外傳										1									1
白虎通義																	1		1
合計（則）	8	9	4	7	2	16	12	15	28	32	7	8	3	3	9	7	14	21	205

　　他援用的典籍多達二十一種，而特別重視《禮記》、《大戴禮記》、《論語》諸書。他對諸經典的嫻熟根本已達信手拈來、共冶一爐的程度，而通列眾說以示博識的「博舉」能力更是水銀瀉地。

五・《孝經通義》申明的「孝」義

　　區大典在書首申明《孝經》撰著權誰屬與今、古文版本的取捨後便已急不及待利用闡釋「《孝經通義》」的「案」語申析個人對「孝」的理解，他說：

案:《孝經》大義,本諸道德,施諸政教,其旨不外仁、愛、義、敬,其效極之孝治天下;體則至約,用則至博。其書實與《中庸》相表裏。《中庸》首揭天命之性,率性之道,即《孝經》所謂「至德要道」與「父子之道,天性也」;中博舉舜之大孝、周之世孝、武周之達孝以明道,極之盡倫盡制,治國示掌,即《孝經》所謂「孝治天下」,與光神明,通四海也;終言聖人之道,在三百三千之禮,即《孝經》臚陳天子、諸侯、卿大夫、士、庶人之孝,皆禮也。大、小《戴記禮》言孝者十之六七。《大戴記》更博采曾子之言孝,《小戴記》且集《中庸》為禮書。善乎後儒黃道周(1585-1646)為《孝經集傳》,其言曰:「語孝必本敬,本敬則禮從此起。乃輯大、小《戴禮》為《孝經大傳》。」蓋禮者,義之實也。主乎義敬,本乎仁愛,生事以禮,死葬以禮,祭以禮,則《孝經》全書之旨也。曾子《孝經》傳諸孔子,即傳《中庸》於子思,其淵源固有自也。[56]

由於他一直「思以管蠡之見,薈萃《易經》、《孝經》、《中庸》三書所言天人之故、仁孝之原,少明古聖賢垂教之旨,庶邪說暴行或少戢其風」[57],是以特意將《孝經》與《中庸》相提並論,處處本《中庸》以釋《孝經》諸要旨。他還兼顧《禮》的要義,對孝、敬、仁、禮數者的關係尤為着意。這融會《孝經》、《中庸》與《禮》的思想,更在會通眾說的前提下,成為貫徹全書的重心。

《孝經》的要義,論者每聚焦於「以孝勸忠」與「移孝作忠」的政治功用,[58] 區大典自不能免俗。書的開首〈開宗明義章第一〉甫將原文列出:

　　仲尼居,曾子侍。子曰:「先王有至德要道,以順天下,民用和睦,上下無怨,女知之乎?」曾子曰[59]:「參不敏,何足以知之!」子曰:「夫

56　同上書,頁1上-1下。

57　《孝經說》,卷下,區大典:〈孝經說後序〉,頁33上。

58　參看徐傳武、宋一明:〈《孝經》概說〉,載鄭傑文、傅永軍主編:《經學十二講》(北京:中華書局,2007年10月),頁259-265。

59　據《孝經注疏》原文,「曾子曰」應作「曾子避席曰」(李隆基注、邢昺疏、鄧洪波整理、錢遜審定:《孝經注疏》,北京:北京大學出版社,2000年12月,頁3)。

孝，德之本也，教之所由生也。復坐，吾語女。」[60]

他便已急不及待利用「案」語申明自己的主張，認為：

此節揭全書之旨，至德要道，即孝也；順天下而民和睦，即孝治
天下也。原諸道德，徵之政教，首揭大旨，不明言孝道，所以發曾子之
問也。德者，體也；道者，用也。本諸身心為德，措諸事業為道。以德
性言，則仁為孝本；以德行言，則孝為仁本。夫孝，德之本也，此其至
矣。親親以道民愛，老老以道民敬。夫孝，教所由生也，此其要矣。造
極曰至，守約曰要。德言至，道言要，互文也。不曰治天下、平天下，
而曰順天下。孝為至性至情，天下之所順，故親親長長而天下平。先王
孝治天下，順之而已。《易》所謂「順性命之理」，《禮》所謂「順人情
之大寶」也。順則和而不戾，和則睦而不爭，睦則相親無相怨。仁以洽
萬民之情，禮以定上下之分。興仁興讓，孝治所由大同也。至德者，孝
之體；要道者，孝之用。順天下者，孝之功；和睦無怨者，孝之效。統
言以發曾子之問，然後明詔以孝。德之本，教所生，即申言上「至德要
道」意，有子所謂「本立道生」是也。[61]

他隨即又以「案」語闡釋〈開宗明義章第一〉的原文「夫孝，始於事親，
中於事君，終於立身」，[62] 指出：

「始於事親」，即上守身事親，為孝始也。「終於立身」，即上立身
顯親，為孝終也。又必兼言「中於事君」，其義乃備。蓋為曾子言孝。
蓋士之孝也，即下之士章，資父事君之義。《大學》言明德新民，為修
己治人之學，故曰「孝者所以事君」，即下〈廣揚名章〉事親孝，忠可
移君之義。[63]

60　《孝經通義》，頁 1 下。
61　同上書，頁 1 下-2 上。
62　同上書，頁 2 下。
63　同上書，頁 2 下-3 上。

他的清遺民身份本應對「士」的「移孝親以忠君」別具一番懷抱，可是他在〈士章第五〉列出原文：

> 資於事父以事母，而愛同；資於事父以事君，而敬同。故母取其愛，而君取其敬，兼之者父也。故以孝事君則忠，以敬事長則順。忠順不失，以事其上，然後能保其祿位，而守其祭祀，蓋士之孝也。[64]

他繼而作出的闡釋竟是：

> 此章陳士之孝也。愛敬之義，自〈天子章〉發之，諸侯以下至士，則以敬為主。諸侯，君道也；故敬身、敬親以敬民，與天子同。卿大夫士，臣道也；故卿大夫敬身、敬親以敬君。士敬身、敬親以敬君，兼敬長。士次於卿大夫，以卿大夫為長也。敬君、敬長，皆資敬於親。然敬本於愛，故又推原敬親之本於愛親。母親而不尊，父則尊、親兼之。父母同親，故資父之愛以愛母；君父同尊，故資父之敬以敬君。此以明敬君、敬長之必資於敬親，而敬親實本於愛親也。與〈天子章〉言愛親、敬親同旨，故曰愛、敬通上下，言之既明，敬本於愛，愛、敬同原。以下又專以主敬言也。敬親即孝親，以孝事君，以敬事長，不過互文。資孝親、敬親，以推之敬君則忠，推之敬長則順。上即兼君、長言，忠君順長，則事上之道不失，而祿位可保，祭祀可守。斯榮親不至辱親，而士之孝在是矣。自天子以下至士，皆言愛、敬其親，即愛、敬其身，推而愛、敬民人，愛、敬君長，因以保天下國家，然後愛、敬其親之心乃克盡。蓋以孝治天下國家，亦即以治天下國家為孝，義本一貫也。[65]

他在闡釋〈廣揚名章第十四〉原文「子曰：『君子之事親孝，故忠可移於君；事兄弟，故順可移於長；居家理，故治可移於官。是以行成於內，而名立於後世矣。』」[66] 時，將此見解作進一步的延伸：

64　同上書，頁9上。

65　同上書，頁9上-9下。

66　同上書，頁30下。

此章申言士孝，以廣揚名、顯親為孝終之義。曾子，士也。故孔子於士孝三致意焉。移孝親以忠君，即士之以孝事君，則忠也；移弟兄以順長，即士之以敬事長，則順也；移治家以治官，即士之忠順不失以事上也。內之孝行既成，外之孝名不朽。名揚而親顯，此士孝之通義也，所以勖曾子者至矣。[67]

他的見解，相比於他曾自許為「先得我心」[68]，在《孝經說》「上、中、下三篇，開宗明義揭先聖傳經救世之旨，中序曾子、子思、孟子諸賢之學本先聖，以黜墨氏，而於近代之非孝無親，尤為深惡而痛絕」[69]的陳伯陶，處事氣魄與論說深度相去何止萬里。

六·結語

自民國成立以來，「清季翰苑中人、寓港者無慮十餘輩，或以文鳴，或以學顯」。[70] 區大典便是「以學顯」、特別是「以經學顯」的一位。他雖因緣際會供職於英國人管治下的文教機構，卻對清室一直念念不忘。他曾以清遺民的身份參與陳伯陶等於一九一六年（丙辰）秋在九龍城宋王臺祭祀宋末宗室趙秋曉（1245－1294）的活動。[71] 他更在民國建立、清帝遜位二十年後仍在《孝經通義》一書中力避清諱，將「鄭玄」改為「鄭元」、「唐玄宗」改為「唐元宗」。[72] 他在書中對「移孝忠君」的闡說缺乏激情澎湃的引申無疑令人深感失望，可是他過度內斂的表現卻正好從另一層面展示他盡忠不在多言的特點。[73] 他的《孝經通義》雖或受制於

67　同上注。

68　《孝經說》，卷下，區大典：〈孝經說後序〉，頁33上。

69　同上書，卷下，區大典：〈孝經說後序〉，頁32上-33上。

70　《荔垞文存》，羅香林：〈故香港大學中文學院院長賴煥文先生傳〉，頁165。

71　有關活動，參看參看蘇澤東（1858－1927）編：《宋臺秋唱》（廣東：粵東編譯公司刊本，1917年）一書。區大典不善詠事，只參加祭祀而未有唱和。

72　參看《孝經通義》，頁1上。

73　吳天放的《芸窗筆記》載：「已故區大典教授，在香港大學講授經學。余曾聆教誨。區

〔下轉頁120〕

授課講義的形式與英國殖民地大學的授課環境，甚或緣於個人木訥與缺乏創意的性格，[74] 致無法如他推重的陳伯陶在《孝經說》般暢所欲言；他仍能在不易突破前人成說的局限下，利用相對豐富的學問，[75] 着意於遍舉群經以充實《孝經》的內容，俾求達成「博舉」、「通義」的成書宗旨。因此，《孝經通義》雖是一部不見經傳的《孝經》教材，它卻是民國時期香港一地《孝經》傳述狀況與經學發展的見證者。

教授上課，不挾書卷，而篇章朱注，皆能口誦如流。嘗講至『父母愛子之心，無所不至』章，乃慷慨而言曰：『嗚呼，此乃皇帝之所以勝於總統也。夫皇帝為民父母，父母愛子之心，無所不至。然則總統為何物，不過民之公僕耳。僕人只知服務，焉有愛民之心。能盡責者鮮矣。多見其塞責而已矣。』言畢，欷歔者再。」（香港：上海印書館，1969年2月，頁24下。）

74 　區大典於一九三五年三月十三日在香港大學的大學禮堂主講「經學大要」後，他的學生、已受聘擔任中文學院講師的陳君葆便嘗指出他「講經還不要緊，一涉到現代的問題便無往而不見其千瘡百孔，而且許多也是極淺薄之見」（《陳君葆日記》，頁133）。當時仍在學的學生施爾更「以為『區老師』講來講去總不外那一套話，好像是唸熟來的」（同上注）。

75 　陳君葆在一九三七年七月二十三日下午得知他的老師區大典已在當天早晨辭世後，曾感慨「徽帥（區大典）一生事業雖不若荔老（賴際熙），然學問著述則較豐富，惜其鬱鬱以終，可悲也」（《陳君葆日記》，頁296）。這大抵可視為區大典經學成就的定調。

第六章
區大典的《史略》

一・導言

　　區大典是清末以來香港有數的經學家。他除撰有十二種經學著述與一種子學著述傳世外，尚曾刊行一冊罕被論者提及的歷史教科書——《史略》。這足見他雖以經學聞名於世，而學問實不囿於經學。後世憑藉此冊小書，無疑已可窺察他寓居香港期間的史學視野。

二・區大典的《史略》

　　《史略》一書世罕流傳，今所得見的版本未見標示刊印年月。由於書的封面除以大字題上書名「史略」二字外，尚以較小字體題上「香港實業學堂漢文師範科」、「第一年級講義——戰國至漢」與「區大典太史編」三項（參看圖一），故可知書的編者為區大典，而書的性質為香港實業學堂漢文師範科第一年級的講義，而講義涵蓋的範圍自戰國迄漢。書的封面內頁左上角有「民國十年」、「區大典太史編」與「敬之誌」三行題字（參看圖二），所以得知此書在一九二一年時已被應用，而書的使用者為「敬之」。此書一冊兩卷，線裝印刷，每半頁十四行，每行三十二字，句讀或括號各佔半字位。每頁版心分三項：版心上端標「史略」二字，上

下魚尾中列卷數、該卷簡目與該卷頁數，卷一的版心下端標「香港香遠印務承刊」（參看圖三）而卷二則標「香港荷理活道香遠印」（參看圖四）。

▲　圖一、《史略》一書封面　　　　　　　▲　圖二、《史略》內頁題字

《史略》一書書首有區大典執筆，題為「遺史氏輯」的〈讀史述略凡例〉，主要交代全書的體例與編排用心。書分兩卷，卷一為〈戰國至秦史略〉，而卷二則為〈秦至楚漢史略〉。全書敘事始於三家分晉，而止於楚敗漢勝。根據區大典〈讀史述略凡例〉的介紹，每卷均由政治、掌故與兵事輿地三部分組成。他的解說為：

> 昔馬端臨（1254－1323）有言，春秋以後，惟司馬遷（前145－前86？）號稱良史，作為〈紀〉、〈傳〉以述理亂興衰，〈書〉、〈表〉以述典章經制，後之執筆操簡牘者，卒不易其體，史學備矣。茲之述略：首編〈政治〉，次編〈掌故〉，以備史體；終之以〈兵事輿地〉，以著歷代武功。蓋文事武備，勿庸偏廢也。[1]

1　《史略》，〈讀史述略凡例〉，頁1上。

戰國至秦史略

因編述之便。以秦爲經以六國爲緯。遺史氏

周威烈王二十三年。初命晉大夫魏斯趙籍韓虔爲諸侯。（通鑑託始。上距春秋獲麟。哀公十四年。敬王三十九年。又距左傳趙襄子恤智伯事。哀公二十七年。定王元年。中間七十餘年。通鑑紀事。正與國語載韓趙魏三家相接。）

謹案此爲晉弱秦強。秦興周亡之兆。溫公託始之徵意也。

安王十一年。齊田和遷康公海上。簒齊。十三年。求爲諸侯。魏文侯爲請於王。王許之。十六年。初命齊大夫田和爲諸侯。二十六年。魏韓趙共廢晉靖公。分其地。

謹案此爲春秋世卿專政之結果。齊簒晉分。諸侯積弱。均勢既破。秦乃崛興。漸恣蠶幷。而春秋終。戰國始矣。

安王十七年秦庶長（秦制爵二十級第十左庶長十一右庶長）改。逆獻公於河西。（自華州北至同州並魏河西之地）立之。殺出子。先是秦當厲躁簡公出子之不寧。國家內憂。未遑外事。時魏文侯（卽魏斯）始大於三晉。師卜子夏。田

香港香遠印務承刊

▲ 圖三、書版心下端標「香港香遠印務承刊」

秦至楚漢史略

蔣皇帝
陳諡法
以水德王

秦之先。帝顓頊之苗裔。數傳至伯益。佐禹平水土。賜姓嬴。其後有蜚廉者。當

殷世事紂。為武王所誅。蜚廉子曰季勝。曰惡來革。季勝傳五世。至造父。以善

御事周繆王。封趙城。為趙氏。趙衰其後也。惡來革亦傳五世。至非子。以造父

之寵。蒙趙城姓趙氏。非子居犬邱。（秦名廢邱今西安興平）為周孝王王馬汧

渭間。馬蕃息。遂分土為附庸。邑之秦。便續嬴氏祀。號秦嬴。曾孫秦仲。為周

大夫。為犬戎所殺。其孫襄公。會西戎犬戎與申侯伐周。殺幽王酈山下。襄公

勤王。逐戎。以兵送平王東徙雒邑。平王以岐西地封襄公為諸侯。始與諸侯

通。其子文公卜居汧渭間。即營邑焉。伐戎。敗之。收周餘民。地至岐。傳至德

公。初居雍城（今鳳翔府）至繆公。始霸。（事見春秋）至獻公。徙都櫟陽。至孝

公。始變法致富強。東雄三晉。至始皇。而并六國。統一天下。（事見前編）

秦王初并天下。自以為德兼三皇。功過五帝。乃更號曰皇帝。命為制。令為詔

自稱曰朕。追尊莊襄王為太上皇。除周諡法。自為始皇帝。後世以計數。二世

三世至於無窮。椎五德終始之運。以周得火德。秦滅周。從所不勝。定為水德。

中略　秦楚漢　香港荷理活道香遠印

▲ 圖四、卷二標有「香港荷理活道香遠印」一句

　　根據此前設的安排，全書兩卷的內容各可被分為三部分：

1.　卷一〈戰國至秦史略〉

　　此卷開章明義在標題下標出「因編述之便，以秦為經，以六國為緯」。[2]全卷以「周威烈王（姬午，前 425－前 402 在位）二十三年（前 403），初，命晉大夫魏斯（魏文侯，？－前 396）、趙藉、韓虔為諸侯」[3]開始，而止於秦王政（秦始皇嬴政，前 259－前 210，前 246－前 210 在位）「二十六年（前 221），王賁自燕南攻齊，齊王建降。由是六國盡入於秦，混一區宇，而古制盡變矣。」[4]此自是區大典所定的「政治」部分。

　　緊接着的是〈附錄六國相攻事〉交代六國中魏、齊與燕、齊相攻伐的史事，[5]而〈附錄六國秦燕趙禦戎事〉則揭示秦滅義渠、燕破東胡與趙敗匈奴諸史事。[6]此自是區大典所定的「掌故」部分。

　　最後是〈七國地理圖說〉，分別就秦、韓、魏、趙、燕、齊、楚的疆域與軍事地理作頗詳細的介紹。[7]卷末另附有「遺史氏訂，門人侯或華繪」的〈戰國兵事地理圖〉（參看圖五）。[8]此自是區大典所定的「兵事輿地」部分。

2　同上書，卷 1，〈戰國至秦史略〉，頁 1 上。

3　同上注。

4　同上書，卷 1，〈戰國至秦史略〉，頁 10 下。

5　同上書，卷 1，〈附錄六國相攻事〉，頁 10 下-12 下。

6　同上書，卷 1，〈附錄六國秦燕趙禦戎事〉，頁 12 下-13 下。

7　同上書，卷 1，〈七國地理圖説〉，頁 14 上-17 下。

8　同上書，卷 1，〈七國地理圖説〉，頁 17 下後，不標頁碼。

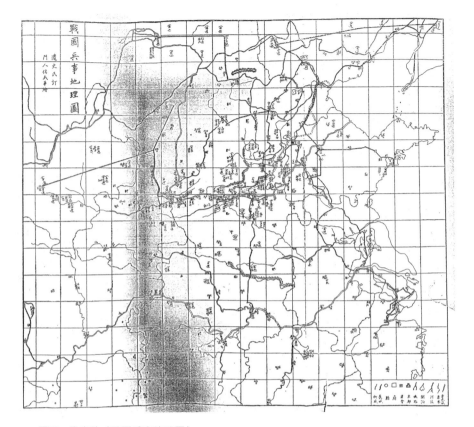

▲　圖五、卷末的〈戰國兵事地理圖〉

2. 卷二〈秦至楚漢史略〉

此卷述秦的先世、秦始皇的舉措、秦二世（胡亥，前230－前207）的無道、陳涉（陳勝，？－前208）等的反秦、楚漢的興起、趙高（？－前207）的專寵、楚漢的分道伐秦，而以漢高祖（劉邦，前256－前195，前202－前195在位）於霸上受子嬰（？－前206）降，秦亡作結。文中尚列有〈二世無道〉、〈豪傑亡秦〉、〈楚漢之興〉、〈趙高專寵〉、〈楚漢分道伐秦〉諸小目以便閱讀。[9] 此自是區大典所定的「政治」部分。

緊接着的〈楚漢戰爭〉述劉邦入咸陽、與民約法三章，而項羽（項

9　同上書，卷2，〈秦至楚漢史略〉，頁1上-11下。

籍，前232－前202）則破關入秦、屠咸陽、弒義帝、違背「先入關者王之」的協議、立劉邦為漢王、分王諸將。這激起了劉邦與項羽的正面對抗。雙方經連番激戰，鬥智鬥力，爾虞我詐，而以項羽自刎烏江作結。[10] 此自是區大典所定的「掌故」部分。

最後是〈秦地理圖說〉，逐一介紹秦併六國後所設三十六郡與平百越後所增置四郡的轄境範圍。[11] 卷末另附有相關地圖（參看圖六）。[12] 此自是區大典所定的「兵事輿地」部分。

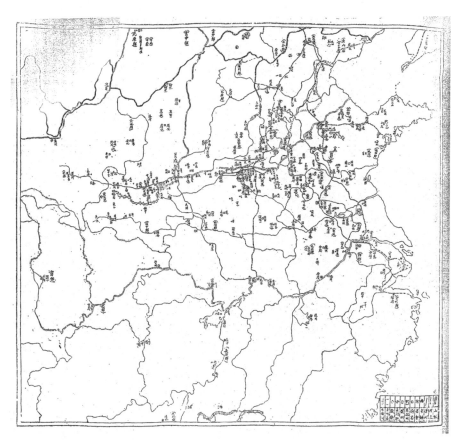

▲　圖六、秦併六國後所設三十六郡與平百越後所增置四郡的轄境範圍

10　同上書，卷2，〈楚漢戰爭〉，頁11下-20下。

11　同上書，卷2，〈秦地理圖説〉，頁21上-25上。

12　同上書，卷2，〈秦地理圖説〉，頁25下後，不標頁碼。

區大典的〈讀史述略凡例〉解釋他確立此體例的原因：

> 政治得失，《尚書》、《春秋》備矣。歷史紀傳，記事記言，實兼二書之旨。然斷代為史，無以觀其會通。宋司馬溫公（司馬光，1019－1086），萃千餘年治迹，編為《通鑑》，垂後王法戒之資，洵乎其為資治也。袁氏樞（袁樞，1131－1205），更即其書分類編纂，成《紀事本末》一書，然後學者乃能推治亂之本原，以究其所終極，誠史學之梯航矣。茲編政治史，以紀事本末為經，歷史紀傳為緯，參伍錯綜，以明條貫。其託始戰國，蓋上承《春秋》，亦猶溫公《通鑑》旨也。
>
> 仲尼傳《易》，曰觀其會通以行其典禮。與子張言，則曰殷因夏禮，周因殷禮，所損益可知。與顏淵論為邦，則言損益四代禮樂。然則會通古今，損益禮制，掌故學其要矣。《史記》八書，言制度之祖；歷史表志，胥沿體例。杜《典》、馬《考》、鄭《志》，薈萃成書，然後歷代典章，燦然大備，後之言掌故者莫越焉。茲編掌故史，取材書志以揭其要，參考文獻以會其通。一代之經制，附於一代之史，此歷代史例也。制度必考古證今，以明因革損益，亦《史》、《漢》書志之體也。
>
> 自三代下文武既判，而《六韜》、《三略》，儒者罕言，職方無官，而九州山川，圖志久缺。要塞之疏防，武備之廢弛，斯為中國積弱之原，非細故也。《班史》始志地理，歷代史因之，國朝李申耆乃有《地理韻編》之作。沿革之圖，獨惜兵事無考。胡文忠（胡林翼，1812－1861）著《讀史兵略》，通諸地理。明季顧祖禹（1631－1692／1624－1680）著《讀史方輿紀要》，通諸兵事。二公皆有輿圖之輯，惟胡圖與《兵略》別行，於原著靡所附麗；顧圖附《紀要》之末，而論者或又病其疏。矧今茲海道大通，事變孔亟；鐵道之軌如織，航海之術日精，兵事、輿地之講求，更不容以須史緩。茲就所編歷代史略，分附以輿圖。凡古今之地名，與夫九州之要害，行軍之軌轍，皆以說詳之，殆古人左圖右史之意。儻亦今日考古者所有事歟！[13]

這體例的確立固然有理有據，而政治、掌故與兵事輿地三部分相結合的安排，亦跟清末以來歷史科課程的發展要求相吻合。光緒二十九年

13　同上書，〈讀史述略凡例〉，頁1上-1下。

（1904）清廷頒佈《奏定中學堂章程》，章程的〈學科程度章第二〉載：

> 凡教歷史者，注意在發明實事之關係，辨文化之由來，使得省悟強
> 弱興亡之故，以振發國民之志氣。[14]

中華民國在一九一二年十二月公佈的《小學校教則及課程表》則要求：

> 教授本國歷史，宜用圖畫、標本、地圖等物，使兒童想見當時之實
> 況，尤宜與修身所授事項聯絡。[15]

同時頒佈的《中學校令施行規則》亦要求：

> 歷史要旨在使知歷史上重要事蹟，明於民族之進化、社會之變遷、
> 邦國之盛衰，尤宜注意於政體之沿革，與民國建立之本。[16]

這清楚顯示歷史科的課程要求已跟傳統「經史之學」中着重秉筆直書、
褒貶分明、經世致用、宣揚大一統、愛國憂民與文史並重的「史學」大
相逕庭。[17] 發明史事的關係，辨析文化的由來，鑒知民族進化、社會變
遷、邦國盛衰、政體沿革的因由，藉以振發國民的志氣，省悟政權強弱
興亡的道理全都成了時代的新需求。區大典雖是一輩視民國為敵國的清
遺民，[18] 卻不得不因應時勢與課程的需要、編寫適合自己講學用的歷史教
科書。

14　《20世紀中國中小學課程標準・教學大綱匯編：課程（教學）計劃卷》，頁42。

15　同上書，頁64。

16　同上書，頁69。

17　參看張海鵬：〈中國傳統史學的特點〉，載《安徽師大學報（哲社版）》，第24卷第4
　　期（1996年12月），頁359-366；張克蘭、王曉清：〈中國傳統史學三論〉，載《史學
　　理論研究》，1997年第1期（1997年3月），頁24-31。

18　參看林志宏撰：《民國乃敵國也：清遺民與近代中國政治文化的轉變》（臺北：聯經出版
　　事業股份有限公司，2009年3月）一書。

三・區大典《史略》的特色

　　區大典編寫《史略》一書，全是時勢使然。因為英國於一八四二年八月二十九日藉《南京條約》在清廷手上取得香港後，[19] 雖無明確的教育政策，卻一直堅持以西方的學校制度為本，着意推行英語精英教育。[20] 但隨着清末民初大批南來人口的湧入，適合小學程度學生入讀的私辦漢文學校驟然激增。根據香港教育司署（Department of Education）的記錄，私辦漢文小學的數目短短一年間自一九一〇年的一百九十六所增至一九一一年的二百四十三所。英國派駐香港的總督急忙於一九一一年九月成立半官方（semi-official）形式的「漢文小學教育委員會」（Board of Chinese Vernacular Primary Education），專責處理漢文小學教育的相關事宜。[21] 一九一三年八月，香港政府頒佈香港歷史上第一項教育條例──《一九一三年教育條例》（Education Ordinance, 1913），並解散「漢文小學教育委員會」。條例規定所有學生數目達十人的學校均須向香港政府註冊，違者可罰款五百元；而教育司則有權拒絕或取消任何學校的註冊。[22] 這條例直接影響不少私立漢文小學的命運。由於註冊學校必須聘用已受訓練的教師，故官立的香港實業專科學院（即香港實業學堂，Technical Institute）自一九一四年起開辦在職男子漢文師範班（Vernacular Teachers' Classes）與在職女子漢文師範班（Vernacular Teachers' Classes for Women），專責培訓漢文小學的男、女教師。

19　《南京條約》訂明清廷割讓香港的條文為：「因大英商船遠路涉洋，往往有損壞修補者，自應給予沿海一處，以便修船及存守所用物料。今大皇帝准將香港一島給予大英國君主暨嗣後世襲主位者常遠據守主掌，任便立法治理。」（《中外約章匯要：1689－1949》，頁70）

20　有關港英政府在香港推行英語精英教育的概況，可參看吳倫霓霞：〈教育的回顧（上篇）〉，載《香港史新編》，頁431-444。此外，Carl T. Smith（施其樂，1918－2008）的 "English-educated Chinese elites in Nineteenth-century Hong Kong"(in *Hong Kong: The Interaction of Traditions and Life in the Towns*, pp.65-96) 亦有相關的論述。

21　參看 *Education in Hong Kong Pre-1841 to 1941: Fact and Opinion - Materials for a History of Education in Hong Kong*, p.220.

22　參看 *Ibid*, pp.220-221 & 283-288.

入讀的學生均須修業三年，晚間上課。[23] 一九一九年「五四」運動發生後，主管漢文師範班的漢文視學官針對國內日趨激烈的反孔（Anti-Confucian）言行，特意宣佈加強漢文師範班學生的經史課程。他們禮聘區大典擔任在職男子漢文師範班的經史教師，[24] 而《史略》一書正是區大典在此情勢下為該批漢文師範班學生編寫的教材。

　　《史略》一書既是特定環境下的產物，它始於三家分晉的安排固然可以託詞借鑒《通鑑》。[25] 但事實卻是區大典為配合漢文視學官特有的要求，刻意編寫跟民國政府公布的小學歷史課程不盡相同的教學內容。一九一二年十二月民國政府頒佈的《小學校教則及課程表》列明：

> 本國歷史要旨，在使兒童知國體之大要，兼養成國民之志操。
> 本國歷史宜略授黃帝開國之功績，歷代偉人之言行，亞東文化之淵源，民國之建設，與近百年來中外之關係。[26]

由於不必受制於任何課程規限，區大典便得以利用此難得的時機盡量展示個人的才識。儘管《史略》一書目前只保留了在職男子漢文師範班第一年級「戰國至漢」的一冊，書的內容與結構明確顯示了區大典確曾為此書花費不少心思。全書兩卷，各可分為四部分，計：

23　參看《香港中文教育發展史》，頁 288；《香港舊事見聞錄》，頁 200-202。

24　參看《香港舊事見聞錄》，頁 202。

25　參看《史略》，卷 1，〈戰國至秦史略〉，頁 1 上。

26　《20 世紀中國中小學課程標準·教學大綱匯編：課程（教學）計劃卷》，頁 64。一九一六年一月頒佈的《高等小學校令施行細則》亦有相類的申明，稱：「本國歷史要旨，在使兒童知國體之大要，兼養成國民之志操。本國歷史宜略授黃帝開國之功績，歷代偉人之言行，亞東文化治體之淵源與近百年來中外之關係。」（同上書，頁 97）

卷次	政治史	掌故史	兵事輿地史	地圖
卷一	〈戰國至秦史略〉	〈附錄六國相攻事〉、〈附錄六國秦燕趙禦戎事〉	〈七國地理圖説〉	〈戰國兵事地理圖〉
卷二	〈秦至楚漢史略〉	〈楚漢戰爭〉	〈秦地理圖説〉	〈秦地理圖〉（原圖缺標題，今據內容自擬）

　　書的內容刻意凸顯兵事與地理的關係，而地圖的配備尤具特色。清末民初一窩蜂成書的中國通史，包括柳詒徵（1880－1956）於一九〇二年出版的《歷代史略》、陳慶年於一九〇四年出版的《中國歷史》、夏曾佑（1865－1924）於一九〇四年至一九〇六年出版的《最新中學中國歷史教科書》、劉師培（1884－1920）於一九〇五年至一九〇六年出版的《中國歷史教科書》等，均未着意於史地的關係與地圖的運用。[27] 趙玉森在一九二二年出版獲大學院審定、供中等學校使用的《新著本國史》時，便已在書首的〈新著本國史例言〉特別強調「研究歷史，不可沒有地圖，這書附入的歷代簡明輿圖很多」，[28] 以廣招徠。這可見時代的轉變，已令地圖成為當時歷史教科書的必備成分。較《新著本國史》早一年成書的《史略》雖以線裝形式出版，區大典卻能在每卷末頁附上洋紙印刷的地圖一幅。他更為書中俯拾即是的眾多地名隨見隨注，在首見時以括號方式註明民初的地名與簡略位置，如「鄭（今華陰縣）」、[29]「黔中（今貴州以東至湖南常德府）」。[30] 此外，他更以括號方式解釋學生或許不易明白的字詞，如「開阡陌（南北阡、東西陌）」[31] 等，這反映他不僅重視「左圖右史」相配合的教學功效，更能緊貼當時的教育發展趨勢，關注學生學

27　有關清末民初以來中國通史的編纂梗概，可參看趙梅春撰：《二十世紀中國通史編纂研究》（北京：中國社會科學出版社，2007 年 3 月）一書。書的附表〈20 世紀中國通史著作一覽表〉（頁 315-325）對各種通史的出版年分臚列頗詳，甚便參考。

28　趙玉森編：《新著本國史》（上海：商務印書館，1922 年 5 月），上冊，〈新著本國史例言〉，頁 1。

29　《史略》，卷 1，〈戰國至秦史略〉，頁 2 下。

30　同上注。

31　同上書，卷 1，〈戰國至秦史略〉，頁 3 上。

習的效益。

　　《史略》一書除因重視兵事與地理的關係，刻意配備地圖而別具特色外，論者尤應重視全書以「謹案」、「案」或「按」的形式貫徹始終、以史帶論、先述後議，交代重要史事的發展與區大典個人見解的表述方式。全書共有「案語」三十則，卷一佔二十一則、卷二佔九則。

　　《史略》全書三十則「案語」中，二十則用於論析秦國與秦朝的史事。當中卷一佔十八則、卷二佔兩則。區大典先在卷一〈戰國至秦史略〉部分指出周威烈王於在位的第二十三年命晉大夫魏斯、趙藉、韓虔為諸侯[32]是「晉弱秦強，秦興周亡之兆」；[33]齊大夫田和於周安王（姬驕，前401－前376在位）十一年（前391）遷齊康公於海上後公然篡齊，周安王於在位的第十六年（前386）命田和為諸侯，魏、韓、趙三諸侯於周安王二十六年（前376）廢晉靖公後瓜分晉國數事[34]都是「春秋世卿專政之結果」；[35]而「齊篡晉分，諸侯積弱，均勢既破，秦乃崛興，漸恣兼并，而春秋終，戰國始矣」。[36]他繼而認定秦孝公（嬴渠梁，前381－前338，前361－前338在位）於周顯王（姬扁，前368－前321在位）七年任公孫鞅（商鞅，前390？－前338）變法後，[37]因「商君新法，整齊嚴肅」，[38]令「秦以暴興」。[39]但他亦批評秦日後的促亡實因商君諸政傷恩薄厚，是以「鞅固興秦功首，亦亡秦罪魁也」。[40]此後，他隨即以九則「案語」逐一分析秦自商鞅變法至成功一統天下的每一關鍵點：

32　參看同上書，卷1，〈戰國至秦史略〉，頁2上。
33　同上書，卷1，〈戰國至秦史略〉，頁2上，「謹案」。
34　參看同上書，卷1，〈戰國至秦史略〉，頁2上。
35　同上書，卷1，〈戰國至秦史略〉，頁2上，「謹案」。
36　同上注。
37　參看同上書，卷1，〈戰國至秦史略〉，頁2下-3上。
38　同上書，卷1，〈戰國至秦史略〉，頁3上，「謹案」。
39　同上注。
40　同上注。

1. 秦孝公任商鞅變法後，商鞅破魏，逼魏因獻河西地而東徙[41]是秦兼并天下的「第一要策。」[42] 自是「河西既克，函谷既開，東制諸侯，建瓴成勢，秦之帝業基此矣。」[43] 秦惠文王（嬴駟，前354－前311，前337－前311在位）雖然於周顯王三十一年（前338）被立後迅即將商鞅處以車裂極刑，[44] 可是「鞅雖被誅，功要不沒也。」[45]

2. 周顯王三十六年（前333）至周慎靚王（姬定，前320－前315在位）四年（前317）間，蘇秦（？－前284）以合從聯結東方六國制秦，而張儀（？－前310）則以連衡助秦破六國。[46] 毫無疑問，「秦兼吞之術，以商鞅偪魏東徙為第一級，張儀連衡破合從為第二級。」[47]

3. 周赧王（姬延，前287－前256在位）二年（前313），秦令司馬錯攻取巴蜀；使張儀詐楚，促使楚絕齊交後，再揮軍破楚，取楚漢中郡。韓、魏兩國更乘楚攻秦失利，南襲楚。[48] 由是，「秦取巴蜀、漢中以制楚，此為兼并第三級。」[49]

4. 周赧王四年（前311），秦使張儀以連衡說楚、韓、齊、趙、燕諸國。但新得位的秦武王（嬴蕩，前329－前307，前311－前307在位）不喜張儀，張儀因而去秦，六國遂背連衡而復合從。[50] 其實，「張儀連衡，為秦并六國根本之策。其後范雎（？－255）之遠交近

41　參看同上書，卷1，〈戰國至秦史略〉，頁3上-3下。

42　同上書，卷1，〈戰國至秦史略〉，頁3下，「謹案」。

43　同上注。

44　參看同上書，卷1，〈戰國至秦史略〉，頁3上-3下。

45　同上書，卷1，〈戰國至秦史略〉，頁3下，「謹案」。

46　參看同上書，卷1，〈戰國至秦史略〉，頁3下-4下。

47　同上書，卷1，〈戰國至秦史略〉，頁4下，「案」。

48　參看同上書，卷1，〈戰國至秦史略〉，頁5上-5下。

49　同卜書，卷1，〈戰國至秦史略〉，頁5下，「謹案」。

50　參看同上書，卷1，〈戰國至秦史略〉，頁5下-6上。

攻，李斯（？－前208）之離間六國君臣，亦用是策也。」[51]

5. 周赧王六年（前311）至四十五年（前270）間，秦昭王（嬴稷，前
   325－前251，前306－前251在位）任秦宣太后（羋八子，秦惠文
   王妃，？－前265）異父弟魏冉為相，薦白起（？－前257）為將，
   大破韓、魏、趙、楚諸國。[52] 當時「魏冉相秦，雖無他奇策，然薦白
   起為將，南取鄢郢，東屬地於齊，秦益強大，冉之功也。偪楚東徙，
   此亦為秦兼并之第四級。」[53]

6. 秦昭王乘時採用范睢遠交近攻的策略，相繼攻伐魏、趙，而諸將中以
   白起的功勞最大。[54] 此「范睢遠交近攻之策，實即連衡策而善用之。
   遠交燕、齊、楚，近攻三晉，此為秦兼并之第五級。」[55]

7. 秦莊襄王（嬴子楚，前281－前247，前249－前247在位）元年
   （前249），秦滅二周。此「二周」實即周顯王二年（前367）韓、
   趙兩國將周天子轄土一分為二的西周三邑與東周四邑。[56] 秦國此舉，
   全因「二周當函谷之衝，梗秦東出之道，秦欲逞志中原，必先并二
   周，地勢然也。」[57]

8. 秦莊襄王以呂不韋（？－前235）為相國，用兵三晉。秦王政繼立，
   破楚、趙、魏、韓、衛諸國的合從，攻伐楚、魏兩國。當時，李斯因

51　同上書，卷1，〈戰國至秦史略〉，頁6上，「案」。
52　參看同上書，卷1，〈戰國至秦史略〉，頁6上-7上。
53　同上書，卷1，〈戰國至秦史略〉，頁7上，「案」。
54　參看同上書，卷1，〈戰國至秦史略〉，頁7上-8下。
55　同上書，卷1，〈戰國至秦史略〉，頁8下-9上，「謹案」。
56　參看同上書，卷1，〈戰國至秦史略〉，頁9上。
57　同上書，卷1，〈戰國至秦史略〉，頁9下，「案」。

諫逐客而獲召用，隨即陰遣辯士游說各諸侯。[58] 因此，「李斯離間六國君臣，此為秦兼并之第六級。」[59] 但離間諸策，「計彌巧，策彌卑矣。挾智任術，雖得天下，不能一朝居，所以二世亡也。」[60]

9. 秦王政二十六年（前 221），六國盡入於秦，天下歸於一。[61] 回顧歷史，「秦并六國，始則偪魏、楚東徙，而東出無阻，南顧無憂；繼則連橫破從，遠交近攻，而六國次第就滅矣。六國之亡，始則輕秦，內鬨自弱，而秦得坐承其弊；繼則畏秦，近者割地乞和，遠者固圍觀望。三晉與楚，日受秦毒，賂秦求安；燕、齊僻處東北，坐視不救，迨晉、楚滅而燕、齊亦亡矣。此得失之鑒也。」[62]

他除了在卷一〈戰國至秦史略〉部分利用「案語」分析秦得以成功兼并六國的種種原因外，又在卷一〈附錄六國相攻事〉部分援用周顯王十五年（前 354）魏、齊兩國相攻致秦得以破魏而逼魏東徙與周報王元年（前 314）齊、燕兩國相攻致齊國田單破燕兩事，[63] 以「案語」點明「魏、齊與燕、齊大戰爭，皆於秦與六國之興亡有密切之關係。」[64] 這種從正、反兩面舉證立論的方式，令學生清楚掌握秦與六國在促成秦併天下一事上扮演的角色與肩負的責任。由於他堅信「地利」是秦得以成功兼併六國的要素，故在卷一〈七國地理圖說〉部分詳細介紹秦、韓、魏、趙、燕、齊、楚七國疆域與軍事地理形勢後，[65] 以全部七則「案語」分析秦國的軍事地理形勢，探討六國未能盡用本國地理優勢而終為秦國消滅

58　參看同上書，卷 1，〈戰國至秦史略〉，頁 9 下-10 上。

59　同上書，卷 1，〈戰國至秦史略〉，頁 10 上，「按」。

60　同上書，卷 1，〈戰國至秦史略〉，頁 10 上，「按」。

61　參看同上書，卷 1，〈戰國至秦史略〉，頁 10 上-10 下。

62　同上書，卷 1，〈戰國至秦史略〉，頁 10 下，「按」。

63　參看同上書，卷 1，〈附錄六國相攻事〉，頁 10 下-12 下。

64　同上書，卷 1，〈附錄六國相攻事〉，頁 12 下，「案」。

65　參看同上書，卷 1，〈七國地理圖說〉，頁 14 上-17 上。

的種種原委。該七則「案語」為：

1. 「秦獻、孝之初，河西屬魏。蘇秦言秦東有關（潼關）、河（黃河），
   則魏獻河西之後，秦地東已至河。范睢言秦左關（函關）、坂（崤
   坂），則在取焦曲沃之後，秦地已包二周；又言北有代（代州）、馬
   （馬邑），代馬屬趙，蓋侈言之。」[66]

2. 「韓邊界在宜陽，有伊闕山險（原注：伊闕山在洛陽西南二十里，在
   宜陽東北數十里），要害在上黨（原注：今潞安府），有太行山險。
   秦攻韓，必分兩路：一道河南，一道河北。」[67]

3. 「魏以長城扼西河，為秦心腹病。自魏獻河東（原注：安邑）、河西
   （原注：上郡）地於秦，東徙大梁，而秦患移於韓、趙，又魏地濱黃
   河，故秦欲決諸口灌之，卒以引河灌大梁，滅魏。」[68]

4. 「趙都邯鄲（原注：今縣），韓之上黨蔽之；南邊鄴（原注：彰德），
   魏之河內蔽之；西邊晉陽（原注：太原），魏之河東、韓之平陽蔽之。
   韓、魏破，而趙始被秦兵。又趙北邊代，秦道九原、雲中，入雁門，
   險遠難繼，句注之道，非行軍所宜也。」[69]

5. 「燕之南境有趙，又南境有韓、魏，故燕被秦兵，後於三晉。又秦道
   九原、雲中，趨上谷、漁陽，並塞北出，踰數千里，越趙而攻燕，此
   危道也。」[70]

66　同上書，卷1，〈七國地理圖説〉，頁14下，「案」。
67　同上書，卷1，〈七國地理圖説〉，頁15上，「案」。
68　同上書，卷1，〈七國地理圖説〉，頁15下，「案」。
69　同上書，卷1，〈七國地理圖説〉，頁15下-16上，「案」。
70　同上書，卷1，〈七國地理圖説〉，頁16上，「案」。

6.「齊南界楚，西界三晉，與秦東西相望，故齊最後亡。然日視三晉與楚交被秦兵，不顧唇齒之勢，坐以待滅，齊之失計也。」[71]

7.「楚雄南服，北扼黽阨之塞（原注：信陽州東南九十里即信陽三關），齊、晉皆無如楚何。能制楚者惟秦，陸出武關，下穰宛（原注：鄧州南陽）；水浮江漢，趨荊、襄；皆居楚上游，制楚死命。楚一再東徙以避秦，地勢使然也。」[72]

此外，他對秦併六國與秦朝興亡的注意，還見於他在卷二〈秦至楚漢史略〉的首兩則「案語」。他先行交代秦先世，再述秦始皇併六國、稱皇帝、除諡法、以水德王、色尚黑、以十月為歲首、廢封建、設郡縣、車同軌、書同文諸事，[73] 然後以「案語」闡明：

> 封建制，諸侯分治其國，公卿大夫各有采邑。地小世業，易於措施。畫井分田，授受不紊。郡縣疏闊，守令紛更，易滋奸詐。又周末兼并，貧富不均，地益難治。故封建廢而井田不可復行，其勢然也。封建、井田既廢，而古制一切盡變矣。[74]

這正是從制度興廢的層面點出秦國混一六合緣於封建制與井田制的徹底破壞。他繼而臚列秦始皇銷天下兵，焚書阬儒，使長子扶蘇監蒙恬軍於上郡諸事，[75] 然後利用第二則「案語」力斥秦始皇的無道，稱：

> 始皇無道，莫有如焚書阬儒之甚者也。長子扶蘇，以諫阬儒，被逐在外。少子胡亥，親愛居內，乃得乘幾，陰謀奪適，寖以亡秦，殆阬儒

71　同上書，卷1，〈七國地理圖說〉，頁16下，「案」。

72　同上書，卷1，〈七國地理圖說〉，頁17上，「案」。

73　參看同上書，卷2，〈秦至楚漢史略〉，頁1上-1下。

74　同上書，卷2，〈秦至楚漢史略〉，頁1下，「案」。

75　參看同上書，卷2，〈秦至楚漢史略〉，頁1下-2上。

之報也。[76]

秦朝促亡實緣於陳涉、吳廣（？－前208）起兵於蘄，一呼百應。他以卷二〈秦至楚漢史略〉的第三、四則「案語」先論陳涉稱王後，即分兵擊秦，命吳叔西擊滎陽、陳人武臣（？－前208）北徇趙、鄧宗徇九江郡、周市北徇魏[77]的安排為「陳涉行軍方略也。徇九江為後路防軍，徇趙魏為略地偏師，皆奇兵也。擊滎陽為牽制之師，擊秦為入穴之師，皆正兵也」。[78]然後，他更明確指出日後陳涉諸將戰死滎陽，陳涉亡[79]的主因正是「陳涉遣武臣、周市略地，既已分離，而遣吳叔、周文去秦，又復蹉跌，故一敗塗地」。[80]

區大典復在書的卷二〈楚漢戰爭〉部分列出五則「案語」，第一則與第五則論析楚漢相爭劉邦用兵致勝的原因，而尤着意於地理與人謀的因素。他強調韓信（？－前196）擊魏王豹後旋即北舉燕、趙，東擊齊，南絕楚糧道，一舉而破代，[81]全因「漢以取道成皋、滎陽以距楚，為正兵；以取道河東、河北以破魏、趙、燕、齊，襲楚後，為奇兵。正兵憑險，主守；奇兵擊虛，主戰。楚王第有自將正兵，而無游擊奇兵，所以敗也」。[82]他還分析日後項羽垓下戰敗、烏江自刎；漢王馳至定陶，奪韓信軍而更立韓信為楚王、彭越為梁王；諸侯及將相共尊漢王為皇帝諸事；[83]認為「楚、漢成敗，地利、人謀為之也。漢據天下上游，滎城以西，四面阻塞，滎城以東，四達無險，此地利關係也。南服九江，北定河朔。漢軍梗其前，彭越擾其後。漢與眾兵強，楚備多力分，此人謀關係也。若夫漢兵所至禁虜掠，楚兵所過悉殘破，此仁暴之分，尤成敗之

76 同上書，卷2，〈秦至楚漢史略〉，頁2上，「案」。

77 參看同上書，卷2，〈秦至楚漢史略〉，頁4下-5上。

78 同上書，卷2，〈秦至楚漢史略〉，頁5上，「案」。

79 參看同上書，卷2，〈秦至楚漢史略〉，頁6下-7上。

80 同上書，卷2，〈秦至楚漢史略〉，頁7上，「案」。

81 參看同上書，卷2，〈楚漢戰爭〉，頁15下。

82 同上書，卷2，〈楚漢戰爭〉，頁15下，「按」。

83 參看同上書，卷2，〈楚漢戰爭〉，頁20上-20下。

本也」。[84] 這結合他評論秦朝促亡緣於無道的觀點，無疑已凸顯了他對「仁政」的渴求。

卷二〈楚漢戰爭〉部分尚有兩則「案語」分析楚、漢相爭期間韓信不願背漢的種種。區大典指出項羽使武涉游說韓信背漢、信不從；蒯徹以相人術說韓信背漢，力稱勇略震主者身危，亦被拒。[85] 這過程中「蒯徹之言，深明天下大勢。信此時猶不忍背漢，知後此言信反者誣也」。[86] 楚、漢戰爭結束前，楚、漢議和，割鴻溝（滎陽東南）而中分天下。張良（？－前189）、陳平（？－前178）說劉邦合韓信、彭越（？－前196）軍追擊項羽，韓、彭不與，至漢王分地王二人，二人以兵會時，[87] 正是「信、越所以見忌於高帝也。菹醢之禍兆此矣」。[88] 此外，卷二〈楚漢戰爭〉部分另一則「案語」則就漢初立算賦，令民年十五以上至五十六出賦錢，人百二十為一算，以治庫兵車馬一事 [89] 提出己見，認為「此口賦也。鄭康成（鄭玄）注《周禮》，所謂口率出泉是也」。[90] 平情而論，所言已無甚足觀。

整體而言，《史略》全書的「案語」偏重析秦、着意軍事、究心地理，而致力於闡釋興亡、成敗的要道。卷一〈附錄秦燕趙禦戎事〉的唯一一則「案語」：

> 北狄自三代至今日（原注：今為內外蒙古）皆為中國患，亦歷史一大關係，故附錄之。[91]

輕描淡寫，看似漫不經心而實在別具深意，相信與民國初年的政局發展

84　同上書，卷2，〈楚漢戰爭〉，頁20下。

85　參看同上書，卷2，〈楚漢戰爭〉，頁19上。

86　同上書，卷2，〈楚漢戰爭〉，頁19上，「案」。

87　參看同上書，卷2，〈楚漢戰爭〉，頁19下。

88　同上書，卷2，〈楚漢戰爭〉，頁20上，「案」。

89　參看同上書，卷2，〈楚漢戰爭〉，頁19下。

90　同上書，卷2，〈楚漢戰爭〉，頁19下，「案」。

91　同上書，卷1，〈附錄秦燕趙禦戎事〉，頁13下。

不無關係。可惜礙於全書僅存此冊，今已無法細加印證。但他在語句中隱隱流露的感慨，卻絕不容忽視。

四・結語

區大典是民國時寓居香港諸清遺民中「以經學顯」的一位。他雖因緣際會供職於英國人管治下的文教機構，卻對清室一直念念不忘。他的經學解說，論者或以為缺乏創意與時代意識。[92] 但他的《史略》雖只是一冊供在職男子漢文師範班學生使用的歷史教科書，卻處處在短短的篇幅中流露出他的豐富學問與過人識見。[93] 由於「歷史教科書是學校中歷史教學最重要的媒介」，[94] 而歷史教學又是歷史教育的重要表現方式，論者嘗以為：

> 歷史教育可使人類了解過去，認識現狀，預見未來，幫助人們認識和改造客觀世界；歷史教育可促進科學文化事業的發展；歷史教育還可塑造合乎社會需要的人才，因而歷史教育受到所有社會、民族和國家的重視。[95]

肩負歷史教學重責的教科書便是協助學生產生社會認同的重要媒介，是以「教科書必須把集體記憶的力量帶進過去的陳述中，配上活生生的傳統、希望；並表現出過去是當下生活中的要素」。[96] 這便使歷史教科書編

92　參看《陳君葆日記》，頁 133。

93　陳君葆在一九三七年七月二十三日下午得知他的老師區大典已在當天早晨辭世後，曾感慨「徽師（區大典）一生事業雖不若荔老（賴際熙），然學問著述則較豐富，惜其鬱鬱以終，可悲也」（《陳君葆日記》，頁 296）。

94　Joern Ruesen 撰，陳中芷譯：〈歷史意識作為歷史教科書研究之事項〉，載張元、周樑楷主編：《方法論：歷史意識與歷史教科書的分析編寫國際學術研討會論文集》（新竹：國立清華大學歷史研究所，1998 年 6 月），頁 19。

95　何瑞春：〈歷史教育論〉，載姬秉新主編：《歷史教育學概論》（北京：教育科學出版社，1997 年 8 月），頁 41。

96　Joern Ruesen 撰，陳中芷譯：〈歷史意識作為歷史教科書研究之事項〉，頁 21。

撰者的歷史意識成了關係歷史教育成效的重要因素。論者嘗指出：

> 　　歷史意識是記憶的表現和顯示。其特徵表現在：過去作為過去的
> 存在的這個事實，也就是說，過去的質與現在不同，同時，又與現在相
> 關。歷史意識是記憶的精心傑作（elaboration of memory），又超過
> 了人類經驗的限制，並超越人自身短暫而有限的生命限度。它強調質的
> 時間差異，同時，透過講述一個沿着時間之流航行的故事來連接這些差
> 異；這時間之流結合過去、現在和未來，成為一個包含延續和變遷、差
> 異和同一、斷裂和持續及他性（otherness）和自性（selfhood）之廣
> 泛的共同體。從過去到現在（包含對未來的觀點）的這種關係的原則，
> 是當代變遷（temporal change）之意義和重要性之準則。歷史意識是
> 由當代變遷的經驗所構成的，刺激現實生活中所預設的定位，並挑戰新
> 的定位。所以，它的功能非常實際：對人類的活動（activity）及受苦
> 於（suffering）當代變遷，提供意義及重要性的模型。[97]

區大典在別具時代意義的環境下，被委任為香港實業學堂男子漢文師範
班的歷史科教師。他獲得當時的漢文視學官首肯，享有自由擬定講授內
容的特權。《史略》一書自是他用心擘畫的講課心得。他在時限的選取、
課題的構思、「案語」的確定等方面都顯出心思。他事事從地理與軍事的
視角出發，暢論興衰、成敗的要道，而尤着意於用兵的成效。箇中自不
無針對當前世局的應用價值。他鄭重提出「要塞之疏防，武備之廢弛，
斯為中國積弱之原」[98] 的見解，無疑已將過往「古為今用」的史學思想推
進為應世實用的歷史思維。他自稱對政治、掌故的重視，可溯源於《尚
書》、《春秋》與《易》，[99] 更充分顯示了史學與經學的密切關係。因此，
這本小書難道不可以視為經學家 —— 特別是遺民經學家意圖經世致用的
一例嗎？

97　同上文，頁 23-24。

98　《史略》,〈讀史述略凡例〉, 頁 1 下。

99　參看同上書,〈讀史述略凡例〉, 頁 1 上-1 下。

第七章
《香港大學博文雜誌》的經學考卷與習作

一・導言

　　區大典從事經學教育數十年，除為後世留下十二種教學用的經學著述外，他在經學教育上的努力一直罕有論者注意。這固然跟他任教香港大學四分一世紀期間，修讀經學科目的學生數目確實不多有關。因為香港大學自籌備創辦始，已被定型為實用主導的英語大學，經學科目——甚或文學院的科目都難以成為學生的心儀選擇。但他與賴際熙致力弘揚經史學問的用心未曾絲毫鬆懈。他們努力不懈藉組織學生創辦學會刊物，以求為有志推動經學教育的學者與樂意接受經學教育的學生提供交流、切磋與學習的機會。[1]一九一九年十月面世的《香港大學博文雜誌》（*The Hong Kong University Chinese Magazine*）刊登的相關篇章便為後世留下珍貴的記錄。

二・《香港大學博文雜誌》的問世

　　《香港大學博文雜誌》是香港大學學生聯誼會（The Hong Kong

1　參看李廣健：〈鉅觀與微觀因素對早期香港大學中文教學的影響（1912－1935）〉、程美寶：〈庚子賠款與香港大學的中文教育 —— 二三十年代香港與中英關係的一個側面〉、區志堅：〈香港大學中文學院成立背景之研究〉諸文。

University Union）出版的學會刊物。創刊號封面由陳伯陶題署（參看圖一），於一九一九年十月面世，售價大洋四角（參看圖二）。[2] 當時擔任文學院漢文講師（Lecturer in Chinese）的區大典，[3] 特意於一九一九年六月撰寫的〈香港大學博文雜誌序〉交代了此刊物面世的背景，[4] 他說：

> 學校雜誌何為而志也？蓋將本學思之功，進而收問辨之益也。昔孔子與諸弟子問答而有《孝經》、《論語》，孟子與諸弟子辨難而成《孟子》七篇。此其權輿矣。子思子之言學也，曰：學問思辨。學與思，專力於己者也。問與辨，博取於人者也。博，然後能致廣大；專，然後能盡精微。博且專，學者之能事盡矣。夫道之在天地，無垠也；學之在古今，至賾也。《易大傳》曰：「天下同歸而殊途，一致而百慮。」非博則無由約，非約則無由專。蓋一本散為萬殊，多識乃能一貫也。
>
> 曩者余讀《班志》（《漢書·藝文志》），藝文統之以六藝，列之為七略。其諸子百家類，自志其問答辨難之辭，成一家之言，以信今而傳後，抑何博也？以《班志》所述，古今學說之昌，未有盛於東周列國者矣；而鄒魯大儒乃應時而起，百川奔騰而赴渤海，眾峯攢聚而成泰山。群言淆亂，折衷者聖。博學無所成名，茲其所以大也。乃者，五洲大通，海內一大列國也；而哲學與物理、格致諸科學乃昌熾於泰西，以與吾國數千年學派相競。歐美巨儒，方好學深思，各本心得，彙志簡編，問辨紛羅，灌輸學識，而學校之志群興。龍虎風雲，氣求聲應，一時如《東方雜誌》、《歐美留學雜誌》，嗣續於申江，傳播於嶺海。
>
> 吾黨博文學社適成，雜誌亦並時而出。思潮之洶湧，學海之翻騰，殆將合東西洋而溝通之，以與東周列國學說之昌後先比烈，抑更盛焉。取多則用宏，博大則專精。群集大成，蔚為絕學，將必有折衷之聖出乎其間，則中西學雜誌殆亦渤（案：原作「勃」）海、泰山之一助乎！《易》

---

2 根據《香港大學博文雜誌》的封面，創刊號第一期於「民國八年七月出版」，即一九一九年七月，故英文作 "July, 1919"（參看圖一）；而《香港大學博文雜誌》的版權頁則作「一九一九年十月出版」（參看圖二）。今從版權頁。

3 參看 University of Hong Kong: *University of Hong Kong Calendar, 1920-21* (Hong Kong: Noronha & Co., 1920), p.137.

4 區大典於〈香港大學博文雜誌序〉末自稱「己未歲，初夏，遺史氏序於香港大學之博文學社」（載《香港大學博文雜誌》，第 1 期〔1919 年 10 月〕，頁 2）。

言鶴鳴、子和，《詩》言嚶鳴、友聲。比物，此志也。[5]

▲　圖一、《香港大學博文雜誌》封面　　　　　　▲　圖二、《香港大學博文雜誌》版權頁

　　《香港大學博文雜誌》正是香港大學學生聯誼會屬下「博文學社」的學會刊物，創辦的目的實為了取法西方的學校雜誌，讓學生發表有關東西方學問的文章，以期推動彼此的學、問、思、辨。區大典願意為此刊物供序，足見他是箇中的重要推動者。

　　其實區大典雖任教於西方學校教育體制下的殖民地大學多年，卻一直念念不忘令他廁身官場與上庠的經學教育。他與志同道合的賴際熙在此創刊號發表的〈國文大學宣言書〉正是心跡與理想的表達：

　　　　昔子輿氏（孟子）有言：天下之生，一治一亂。治術之亂，亂在國家；學術之亂，亂及天下。顧治術之不良，肉食者尸之；學術之不正，則士夫之責也。嘗覽歷代鼎革之初，干戈興，學校廢，邪說昌，正學晦。其時在野諸君子，群愀然懷人心風俗之憂，獨毅然有守先待後之

5　同上文，頁 1-2。

志，相與昌明正學，延一線之道統，存幾希之人心。剝復否泰，消息甚
微；治亂之幾，豈曰小補。

僕幼學孔學，壯遊京都，復汎濫於泰西法政大學三年，參伍錯綜，
乃深悉學術、治術之原固不在彼而在此。國變後漫遊香島，謬主大學講
席有年，日以經史與諸生相砥礪。比年考校，所得樸學士，其卓卓者
（如〔案：原文缺名字〕），類能恪守先儒（案：原作「儒先」，疑誤）
之說，旁參西學之長，益以信學術、治術之原，洵在此，不在彼。

第港學中西並習，畸輕畸重，立格既嚴，造才轉隘。乃思廣其途以
育士，寬其格以儲材。特開一國文大學專科，欲舉吾國聰穎子弟而造就
之；復闢一博學學會，使學成之士得進而與吾粵先達，暨海內耆宿，上
下而討論之；附設一大學豫科，為初學遞升之階。校內課程，以經史學
為經，以政治學為緯，博文約禮，黐於一貫。循途以赴，蔚為通材。治
亂循環，庶幾有豸。

僕不敏，敢詡先知覺後之責，彌塈鶴鳴、子和之思。《詩》云：風
雨如晦，雞鳴不已。有志向學者，盍興起乎！ [6]

他們的目標是創辦一所以經史學為經、政治學為緯的「國文大學」，學生
主要來自同時附設的「國文大學豫科」。學有所成的畢業生便加入擬設的
「博學學會」以貢獻社會。因此，創辦此學會刊物的「博文學社」或許便
是他們籌謀闢設「博學學會」的試金石。《香港大學博文雜誌》自是成了
此試金石的馬前卒。

三・《香港大學博文雜誌》的內容

《香港大學博文雜誌》創刊號是目前唯一得見的博文學社刊物，共刊
登文章二十八篇，包括經濟、歷史、教育、工業、自然科學、經學、文
學等論著及舊體詩詞、讀書劄記諸項：

---

6   區大典、賴際熙：〈國文大學宣言書〉，載《香港大學博文雜誌》，第 1 期（1919 年 10
     月），頁 1-2。原文不標總頁碼。

類　別	篇　名
「序」一篇	區大典〈香港大學博文雜誌序〉
「論衡」三篇	陳君葆〈今後之世界經濟問題〉
	黃永梁〈中國國民學校教育淺説〉
	馮仲輔〈我國工業頹廢原因概論〉
「科學」六篇	余瑞潮〈無線電報之大要（凡三章）〉
	潘晦根〈大冶鐵山鐵鑛及漢冶萍公司開採之過去與將來〉
	李海東〈楮幣銀幣金幣比較論〉
	曾鏡涵〈國際法史略〉
	文樹聲〈泰西尺度考〉
	黃益初（哲裴）〈催眠術之原理〉
「經史文」三篇	陳濬謙〈及晉處父盟義〉
	陳濬謙〈聖人以人道治天下説〉
	陳君葆〈光武自徇燕趙論〉
「經史劄記」六篇	李海東〈讀《春秋》三傳劄記八首〉
	李景康〈讀史劄記〉
	李景康〈讀史輿地兵事劄記〉
	朱維翰〈讀韓子一〉
	朱維翰〈讀韓子二〉
	朱維翰〈讀封禪書〉
「詩詞」五篇	李景康〈舊夢樓詩話〉
	李景康〈雲影樓詩草〉
	羅守一〈詩〉
	陳君葆〈詩〉
	陳君葆〈詞〉
「雜記」兩篇	墨奴〈月夜探梅記〉
	陸萬鍾〈高嶢謁楊升庵先生祠堂記〉
「説部」一篇	潘晦根〈冶邑奇冤記〉
「附錄」一篇	區大典、賴際熙〈國文大學宣言書〉

　　作者除漢文講師區大典獨撰「序」一篇、並與另一位漢文講師賴際熙合撰「附錄」一篇外；曾跟從他們修習經、史學問的文學院一九一六年畢業生李景康，[7]亦撰有「經史劄記」兩篇與「詩詞」兩篇；餘下的

二十二篇，都出自當時在學學生的手筆，[8] 計為：

姓　名	肄業學院	畢業年分	發表文章類別及篇數
陳君葆	文學院	1921	「論衡」一篇
			「經史文」一篇
			「詩詞」兩篇
陳濬謙	文學院	1921	「經史文」兩篇
馮仲輔	工程學院	1921	「論衡」一篇
余瑞潮	工程學院	1921	「科學」一篇
文樹聲	工程學院	1921	「科學」一篇
潘晦根	工程學院	1922	「科學」一篇
			「説部」一篇
曾鏡涵	文學院	1922	「科學」一篇
朱維翰	文學院	1923	「經史劄記」三篇
黃永梁			「論衡」一篇
李海東			「科學」一篇
			「經史劄記」一篇
黃益初（哲裴）			「科學」一篇
羅守一			「詩詞」一篇
陸萬鍾			「雜記」一篇
墨奴			「雜記」一篇

除採用筆名的「墨奴」無法確知真實姓名，黃永梁、李海東、黃

Hong Kong Calendar, 1917-18, "List of Graduates", p.93）。李鴻烈撰寫的〈重印李景康先生詩文集序〉誤以為他在一九一七年畢業於香港大學（載李景康撰：《李景康先生詩文集》，香港：學海書樓，2003 年，書首，不標頁碼）。李景康修習經、史學問的表現，賴際熙的〈與軒頓院長（香港大學文學院院長）書四通〉嘗錄有林棟（1890－1934）、李景康、梁乃晉、李作聯、曹善芬、楊巽行、羅顯勝六位首屆文學院文學士修習「經學」與「史學」的考試績分。李景康的績分僅次於第一名的林棟（參看《荔垞文存》，卷 1，頁 70-71）。由於賴際熙的〈與軒頓院長書四通〉俱沒有註明發函日期，今據第一通書函提及的學生名字考索，林棟（Lam Tung, B.A. 1916）、李景康（Li King Hong, B.A. 1916）、李作聯（Li Tsok Lun, B.A. 1916）畢業於一九一六年，而羅顯勝（Lo Hin Shing, B.A. 1919）則畢業於一九一九年，他們同時在學，則此第一通書函當修於一九一六年。當時正是軒頓首度擔任文學院院長的最後一年。軒頓曾三度出任文學院院長，任期為一九一四年至一九一六年、一九二〇年至一九二一年、一九二二年至一九二三年。相關記載，參看 *University of Hong Kong: The First 50 Years, 1911-1961*, p.134.

8 各學生的肄業學院與畢業年分，參看 *University of Hong Kong Calendar, 1926*, "List of Graduates", pp. 170-174.

益初（哲裴）、羅守一、陸萬鍾或緣於未有卒業而難以根查肄業學院與畢業年份外，各有四位文學院與工程學院的學生提筆撰文。文學院學生有一九二一年畢業的陳君葆、陳濟謙，一九二二年畢業的曾鏡涵與一九二三年畢業的朱維翰；工程學院則有一九二一年畢業的馮仲輔、余瑞潮、文樹聲與一九二二年畢業的潘晦根。他們在此刊物出版時大多是二年級的學生；當時黃益初擔任該學生聯誼會秘書，陳君葆與曾鏡涵同為聯誼會幹事。[9] 香港大學三大學院中，只有醫學院學生未為此刊物撰文。各人提供的文稿，潘晦根有「科學」一篇與「說部」一篇，李海東亦「科學」一篇與「經史劄記」一篇；都證明他們具有兼治文、理學科的能力，這多少印證區大典希冀年青學子藉博文以博學的理想絕非遙不可及。

四・《香港大學博文雜誌》的經學考題答卷

《香港大學博文雜誌》創刊號的二十八篇文章，只有陳濟謙的〈及晉處父盟義〉與〈聖人以人道治天下說〉、李海東的〈讀《春秋》三傳劄記八首〉三篇內容關涉經學。陳濟謙兩文被歸為「經史文」三篇的第一、二篇，而李海東的一篇則列為「經史劄記」六篇的第一篇。

陳濟謙的兩篇「經史文」究竟有何特色？區大典在〈聖人以人道治天下說〉的文末自誌稱：

> 以上兩藝為本校期考之作，寸晷中文不加點，固自可貴。[10]

9　參看〈大學學生聯誼會歡送校長查斯伊理雅男爵往任英國駐日大使之攝影〉，載《香港大學博文雜誌》，第 1 期，缺頁碼，原圖不標總頁碼。查斯伊理雅男爵實為一九一二至一九一八年間擔任香港大學首任校長（Vice-Chancellor）的儀禮爵士（Sir Charles Norton Edgecumbe Eliot, 1862-1931）。

10　陳濟謙：〈聖人以人道治天下說〉，載《香港大學博文雜誌》，第 1 期，頁 3。原文不標總頁碼。

原來這兩篇短小精悍的經學文章，都是陳濬謙就「及晉處父盟義」與「聖人以人道治天下說」兩考題的答卷。〈及晉處父盟義〉為：

> 及者何？公及也。晉處父者何？晉陽處父也。公及而不書公者何？為公諱也。晉陽處父而書處父何？貶晉也。晉為霸主，自當以德綏諸侯而以禮親之。魯君棄其舊怨，如晉以求和。為晉公者躬與之盟，禮也，亦即所以德綏諸侯也。舍禮而不由，懷諸侯而不以德，蔑朝聘會盟之典，其罪固當貶；失修好睦鄰之道，其愚尤不可及矣。夫《春秋》，魯史也。《春秋》大義，為尊者諱，為親者諱，為賢者諱。魯君，尊也；晉陽處父，卑也。魯君既降尊以與卑者盟矣，故不書公及，所以為尊者諱也。陽處父，晉大夫也。以臣與君盟，亢尊矣。亢尊，故去其爵以示貶，去其氏以示貶。然則所貶者，陽處父耳。曷云乎貶晉，貶晉君之不躬與魯公盟也。晉使處父盟公辱魯，自以為得志於魯，豈知直失盟主之道，破禮制之防哉！《春秋》之書及晉處父盟，諱內貶外，大義謹嚴矣！[11]

全文三百四十字，重在諱魯公的降尊與貶晉公的失禮，區大典的評語為：

> 熟讀《春秋三傳》義例，可與說經。斷制之謹嚴，尤與《公》、《穀》為近。[12]

〈聖人以人道治天下說〉的篇幅稍長：

> 古聖人治天下，雖經緯萬端，不外歸本乎仁！仁者，天道也，即人道也。曷言乎人道即天道？人得天地陰陽之氣以成形，即得陰陽健順之理以成性，故當體天之心以為心，本天之德以為德。天道好生，人道博愛。好生之謂德，博愛之謂仁，是則天道、人道，實一而二，二而一也。然而仁不能離義，義所以濟仁，故所謂人道者，又當合仁與義言之，方能全其仁以治天下。不然者，仁主親親，過於親則無等；無

11　陳濬謙：〈及晉處父盟義〉，載《香港大學博文雜誌》，第 1 期，頁 1-2。原文不標總頁碼。
12　同上注。

等則如孟子所謂，愛其兄之子若愛其鄰之赤子，視至親如路人，率天下而二本，天下又安能治哉！且仁主博愛，充其愛則無別。害民者不誅，干紀者不罰，是求治而反亂也。故四凶既竄，而虞廷多治；聞人伏誅，而魯國以安。於以見聖人之治天下也，必本仁人之心，而濟之以義矣。《易大傳》所謂立天之道曰陰與陽，立人之道曰仁與義，斯之謂矣。然則聖人之所以能以人道治天下者，能親其所當親，愛其所當愛。其道在乎！親其親，長其長，幼其幼，為天下則，以身立教，使天下之人咸能親親、長長、幼幼，則天下自無一物不得其所，一夫不被其澤。大同之治，其在斯乎！故孟子曰「人人親其親、長其長，而天下平。」曾子曰「上老老而民興孝，上長長而民興弟，上恤孤而民不倍。」[13]

全文四百八十多字，一再申述聖人以天道、人道、仁道治天下的重要，強調親親、長長、幼幼、天下不能無等諸說，因而備受區大典的稱賞：

> 《禮大傳》言上治尊尊，下治親親，人道竭矣。又言人道，親親。親親者仁，尊尊者義。仁而推行以義，義而根本於仁，斯作探仁義之精蘊，理窟雪亮，經術淵深，洵不負題。[14]

後世憑藉此刊物竟意外得見當時香港大學文學院「傳統漢文（Classical Chinese）」課程「文學（Literature）」科目的考試題目、答卷與評卷者評語，並進一步引證校方對「文學（Literature）」科目的教學內容只是採用模糊處理的包容手法，讓「經學」權充「文學」。由於兩文的撰者陳濬謙執筆時只是文學院在學的二年級學生，按當時大學的規定，他該是修習供第一、二年級選讀的「傳統漢文（Classical Chinese）」中期課程（Intermediate Course）。該中期課程在一九一七年起已明確列出區大典講授的經書為《四書》、《春秋三傳》與《周禮》三種。[15] 陳濬

---

13 陳濬謙：〈聖人以人道治天下說〉，載《香港大學博文雜誌》，第 1 期，頁 2-3。原文不標總頁碼。

14 同上注。

15 參看 *University of Hong Kong Calendar, 1917-18*, p.76. 有關當時港大文學院「傳統漢文（Classical Chinese）」課程的演變，可參閱本書第二章〈香港大學首三十年的

〔下轉頁 152〕

謙在兩文援引《春秋》、《易大傳》、孟子、曾子、仁、義、大同等，都已證明他在應考時確實盡力學以致用。本此類推，此刊物「經史文」若全是考題答卷，則文學院二年級學生陳君葆的〈光武自徇燕趙論〉被列為「經史文」三篇的第三篇，便極可能是他應考「傳統漢文（Classical Chinese）」中期課程（Intermediate Course）「史學（History）」科目的考試答卷。該科目在一九一七年起列明講授三代至東晉的歷史，[16] 正好跟陳君葆一文的內容吻合。唯一可惜處，是任教「史學（History）」的賴際熙未有提供相關評語。

五 ·《香港大學博文雜誌》的經學研習記錄

　　《香港大學博文雜誌》創刊號刊登的「經史劄記」六篇，李景康〈讀史劄記〉、〈讀史輿地兵事劄記〉兩文與朱維翰〈讀韓子一〉、〈讀韓子二〉與〈讀封禪書〉三文都屬史學、子學的範疇，只有李海東的〈讀《春秋三傳》劄記八首〉一文關涉經學。區大典在各篇前自誌稱：

> 諸生講肄之暇，輒以經史劄記相質證。隨筆批畣，惜學殖荒落，不足以博其旨趣。日久裒然成帙，次第編錄，聊志日知月無忘之功，以與諸生相勗，非敢問世也。[17]

這「經史劄記」六篇原來都是學生研習經史的心得。區大典不單把它們彙集成篇，還將自己隨閱隨批的重點評析附錄。李海東的〈讀《春秋三傳》劄記八首〉正是他們師生的經學教習記錄。

　　李海東的〈讀《春秋三傳》劄記八首〉一文由〈泓之戰〉、〈晉文返

經學課程〉。

16　同上注。

17　李海東：〈經史劄記：讀《春秋三傳》劄記八首〉，載《香港大學博文雜誌》，第 1 期，頁 1。原文不標總頁碼。

國〉、〈晉楚爭霸〉、〈晉城濮之戰〉、〈晉文之霸〉、〈秦晉圍鄭〉、〈殽之戰〉與〈楚成圖霸〉八部分組成。〈泓之戰〉分析《公羊》論宋襄公泓之戰的失當：

> 宋襄（宋襄公子茲甫，？－前 637）敗於泓，《公羊》大之。吾以為《公羊》之說非也。《公羊》大其不鼓不成列，以為庶幾文王（周文王姬昌，前 1152－前 1056）之仁。夫宋襄非仁人也。觀其伐齊喪，執滕子，圍曹，用鄫子於睢社，可概見也。不仁如此，豈不忍鼓不成列者乎！特邀虛譽而已。以國命之重，而博假仁之名，豈非誤國之甚！不量德力，而與楚爭霸。不忍薄敵於險，而忍戕民之命，愚其可及哉！ [18]

區大典除認同他的批評外，還進一步闡釋《公羊》解說失當的地方：

> 《公羊》以泓之戰比文王伐崇之師，而儗不於倫，且謂有君無臣，論亦顛倒。宋有公子目夷，豈曰無臣。圍曹則諫，用鄫子則諫。君失國則為君守國，君返國則復國乎？君，古稱社稷臣，目夷夫豈多讓，故謂之有臣無君，尚為近之。竊以為《公羊》之說未當也。[19]

他修正《公羊》以當時宋國「有君無臣」的說法，而提出「有臣無君」的見解。李海東在〈晉文返國〉主要論析晉文公流亡十九年後得以返國創霸的緣由：

> 重耳（晉文公，前 671／前 697－前 628），豁達大度，得君人之體，賢臣輔之，卒復晉國而霸諸侯。其出亡也，環遊宇內，歷觀列國政治盛衰與其君臣上下之志趣，即為他日外交之向背從違，如曹、如衛、如鄭。凡不禮於重耳者，皆其屬楚而輕晉者也。重耳歸晉，首伐曹、伐衛、伐鄭，雖曰修不禮之怨，亦晉楚爭霸，不能不先削楚屬國以弱楚也。夫惠（晉惠公姬夷吾，？－前 637）、懷（晉懷公姬圉，前 655？－

18　同上文，頁 1。原文不標總頁碼。

19　同上文，頁 1-2。原文不標總頁碼。

前 637）無親，國人棄之，獻（晉獻公姬佹諸，？－前 651）子九人，重耳尚在。在外十九年，飽更憂患，操心危慮，患深動忍，增益則智勇深沉。返國創霸，有由然矣。[20]

區大典則從晉國的地理形勢補充晉文公稱霸的歷史意義，認為：

> 晉居中國西北，上游表裏，山河形勢最勝。倚太行，杜孟津，以臨中原。楚不敢北，則列侯，受其賜。并虞、虢，拓桃林，以封函谷，秦不敢東，則東周得所依。重耳強晉，襄（晉襄公姬驩，？－前 621）、悼（晉悼公姬周，前 586－前 558）嗣興，篤生霸才，以維春秋之局，不遽入於戰國，此其中有天意焉。[21]

儘管他以晉文公稱霸歸結於「天意」絕難令人完全信服，他重視經、史結合，注意地理、人謀與政治興衰的關係，都是別具慧眼的識見。他對〈晉城濮之戰〉的論析又是另一明證。李海東在〈晉城濮之戰〉固已從當時的政治與地理形勢，配合雙方主帥的特點，分析晉勝齊敗的要項，他說：

> 齊桓（齊桓公姜小白，？－前 643，前 685－前 643 在位）召陵之役，不能大得志於楚。楚氛日熾，勢遂不可復制。漢東弱小諸國，首已服楚。楚北門已啟，乃北出服鄭以偪晉，東出臨宋以威齊魯。桓卒齊亂，孝公不善體齊桓懷魯之意，屢以兵威壓魯，魯不堪其虐，乞援於楚。楚得魯為東主，乃伐齊圍宋。當是時，陳、楚、許、鄭，次第屬楚。中原樞紐歸楚掌握，復挾魯力以偪宋、齊。宋、齊服而東，諸侯亦將歸楚。且北撫曹、衛，大河以北駸駸乎入楚勢力範圍。唇亡齒寒，秦、晉實危，故晉不能不與秦并力以擊楚，為齊、宋計，亦自為計也。惟晉欲挫楚鋒，其勢不易。形格勢禁，既不能越宋、魯以救齊，即欲援宋，而宋之西南鄰已盡附楚；且晉欲救宋，必假道曹、衛，楚與諸國扼

20　同上文，頁 2。原文不標總頁碼。

21　同上注。

於前，曹、衛復邀其後，其勢甚危；或又欲南擊鄭、許，脅蔡偪楚，牽楚回救，以解宋、齊之圍，未始非出奇制勝之策。惟河以南皆楚屬，懸軍深入，陷楚重圍，恐又蹈召陵覆轍，抑更甚焉。晉君臣慮之深，謀之審，乃不救齊、宋，而直攻曹、衛，以致楚師。楚子心知其然，敕子玉撤宋、齊圍，欲退師以誘晉。惟子玉不忍小忿，激於意氣，遂墮先軫之謀，銳進以從晉師。晉更退軍三舍，誘其深入，遂一擊而大敗之。固晉臣之多謀，亦子玉剛而無禮之有以自取其敗也。[22]

區大典進一步自《穀梁》評齊桓公召陵盟楚事為「得志為僅」出發，申析召陵無功，而城濮克捷的原委：

召陵盟楚，《穀梁》謂齊桓之得志為僅，蓋無如楚之方城漢水，何也？考周末諸侯形勢，惟秦能制楚，出武關則楚之北地絕，出扞關則楚之郢都危。若齊與晉之伐楚，必道大隧、直轅、冥阨諸險。信陽三關實為之梗，洵無，如楚何？地勢然也。齊桓不審地勢，懸軍深入，楚扼險以老其師，故次陘、次召陵，始終未出許、蔡國門。阻險不能進，乃不得不假包茅、責貢為轉圜之計。蓋地勢有所不利也。晉深鑒於此，乃不與楚競以南，而與楚戰於北，致楚師於城濮（原注：今濮州南七十里）。城濮，衛地，遠楚而近晉。晉背太行，臨大河，挾負嵎之勢。楚去國遠鬪，實犯兵忌，故召陵之師無功，而城濮之戰克捷，則地勢與兵謀皆獲勝算也。[23]

地勢與兵謀在戰場決勝上的關鍵作用，已無待多言。這結合〈泓之戰〉與〈晉文返國〉的評語，便足證天、地、人都是區大典援經論史的立論基礎。由於《春秋三傳》是一九一七年起「傳統漢文（Classical Chinese）」中期課程（Intermediate Course）列明區大典必會講授的經書，[24] 本此推測，〈讀《春秋三傳》劄記八首〉的執筆者李海東雖未在香港大學卒業，卻極可能是陳君葆與陳濬謙的同班同學、同時受業

22　同上文，頁 3-4。原文不標總頁碼。

23　同上文，頁 4-5。原文不標總頁碼。

24　參看 *University of Hong Kong Calendar, 1917-18*, p.76.

於區大典。

六・結語

　　《香港大學博文雜誌》創刊號刊出的二十八篇文章，連同兩篇考試答卷計算，實際只有三篇文章關涉經學，數量着實不多。箇中原因不外修習學生不多、校方重視不足等。儘管如此，在以實用為主導的這所英語大學，能由香港大學學生聯誼會屬下的「博文學社」以漢文出版學會刊物，並刊出逾十分一數目的經學篇章，已極難能可貴。區大典在推動刊物出版與經學教育方面不遺餘力，自是有目共睹。

第八章
《香港大學中文輯識》的經學篇章

一‧導言

　　區大典自一九一三年入職香港大學文學院擔任漢文講師始,至一九三二年賴際熙離任香港大學文學院中國歷史教授(Reader in Chinese History)止,兩人一直合作無間,盡力將香港的經學教育推向空前的高峰。

　　草創於一九二七年的香港大學中文學院(School of Chinese Studies)本是校方為解決大學燃眉財困、假借推廣中國文化的名義,謀取英國政府退還予中國的部分庚子賠款的技倆。[1]大學當局既無法、亦無意扭轉學生入學選科的「務實」趨向,是以入讀中文學院的學生數目一直寥寥可數。[2]儘管如此,賴際熙與區大典在第十七任總督兼香港大學監督金文泰的積極支持下,仍能為有志推動經學教育的學者與樂意接受經學教育的學生提供聚首交流、切磋、學習與出版的機會。中文學會刊物《香港大學中文輯識》便是見證。

1　參看李廣健〈鉅觀與微觀因素對早期香港大學中文教學的影響(1912–1935)〉、程美寶〈庚子賠款與香港大學的中文教育 —— 二三十年代香港與中英關係的一個側面〉、區志堅〈香港大學中文學院成立背景之研究〉諸文。

2　參看本書第二章〈香港大學首三十年的經學課程〉。

二·《香港大學中文輯識》的問世

　　《香港大學中文輯識》是香港大學中文學會於一九三二年出版的學會雜誌。學會由就讀中文學院的學生李棪（1910－1996）、馮秉芬（1911－2002）、黃蔭鈞、宋蘅芝、蘇曾懿、馮秉華（1911－1981）、李幼成、馮時熙、馮燊林、賴高年、施泉、駱兆良與講師林棟一同發起組織，並於一九三〇年二月二十八日成立。[3] 他們除推舉馮秉芬擔任學會主席外，還邀得區大典擔任會長，賴際熙、溫肅、林棟擔任副會長。[4]學會成立的宗旨在「溝通中西學說，別其異同，辨其得失」。[5] 一眾成員本此宗旨，確定「每年編刊中文雜誌一次，由學生方面擔任編輯」。[6] 然「第以成立伊始，集稿為難」[7]，學會雖得前清翰林李文田（1834－1895）裔孫李棪欣然答應負責編務，[8] 創刊號仍無法如期於一九三一年面世。[9] 現在得見的雜誌創刊號，藏於香港大學圖書館，[10] 封面由前清遺老羅振玉（1866－1940）署「中文學會輯識」六字（參看圖一），而目錄則標為「香港大學中文輯識第一卷第一號目錄」（參看圖二），內文凡雙頁的頁邊皆標「香港大學中文輯識」（參看圖三及圖四），故知此雜誌名稱當為《香港大學中文輯識》。此創刊號未列明出版年月，今只據所載「前任香港總督香港大學監督金文泰爵士」於一九三二年一月二十三日發出的賀函（參看圖五），確定它當刊於一九三二年。這足見此刊從醞釀至面世，歷時兩載。儘管此創刊號自標為「第一卷第一號」，藉以預示將有「第一卷第二號」、甚或「第二卷第一號」，實際上它的出版卻是空前絕後。

3　宋蘅芝：〈香港大學中文學會紀事〉，載《香港大學中文輯識》，第 1 卷第 1 號（1932年），頁 1（全文共 4 頁，原文不標頁數及總頁碼，此頁數據排列先後自擬）。

4　同上文，頁 1-2。

5　同上文，頁 2。

6　同上文，頁 3。

7　同上文，頁 3。

8　參看同上文，頁 4。

9　參看同上文，頁 4。

10　索書號為「HKC 895.1 H77 Z7」。

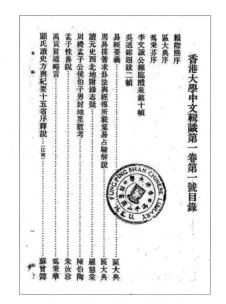

▲ 圖一、《香港大學中文輯識》封面

圖二、《香港大學中文輯識》目錄

▲ 圖三、《香港大學中文輯識》內頁一

▲ 圖四、《香港大學中文輯識》內頁二

當時負責香港大學中文學院行政事務的中國歷史教授（Reader in Chinese History）賴際熙為《香港大學中文輯識》撰寫〈序言〉，稱：

> 學問之事，首在集思廣益，古今一也。故在昔（疑當作「昔在」）書院課文，必選佳作編輯成集，以資攻錯。今之學堂則各有歲刊，或稱雜誌，咸事纂錄。惟書院之文集專輯－院之傑構，斷限甚嚴；學堂之雜誌兼采時彥之高文，範圍漸廣。埏埴既闢，風會日新，事業增進，月異而歲不同；而文章著作亦愈恢而愈廣，自非墨守一師之說足以肆應此迭

更之世局。文集、雜誌，範圍寬、嚴、廣、狹，即隨此世局為遷移，所以為集思廣益之宗旨則一也。

　　中文學院成立已三閱寒暑矣。今春雜誌初刻始成，謹為芻言以綴其末。夫行文之要道，非徒炫其詞華，將以發揮其道藝也。編文之本旨，亦非徒采其詞華，將以討論其道藝也。綜古今之聖賢，合遠邇之俊彥，欲傳其道藝，非藉文無以為發明。承學之士，欲考其道藝，亦非文無以為依據。況今日當學之事日煩，則考文之途益廣。此志著錄，匪擷其華，務崇其實。所謂博古通今，明體達用之詣，願與作者、閱者共循斯軌也。[11]

他在標榜集思廣益的前提下，大力肯定學堂雜誌兼采時彥高文，博古通今，明體達用，以傳道藝為要，而非徒炫詞華的崇實編輯方針。學會主席馮秉芬撰寫的〈序言〉同樣申明雜誌大畜、多識的宗旨，他說：

　　《易》「大畜之象」，曰「天在山中，大畜，君子以多識前言往行，以畜其德。」蓋德者，得也。君子將欲恢宏其德，使剛健篤實，輝光日新，必自多識前言往行。始識大識小雖不同，多識則多得也。然於天在山中之象，究未能澈其蘊。

　　吾香港大學，位眾山上。秉芬讀書山中，時而雲日晴麗，時而風雨瀟晦，且讀且觀，恍若山中別有天焉，以為天在山中之象在是矣。繼而思之，天者，積氣耳，豈真有形哉！彼若雲者、若日者、若風者、若雨者，皆降之自天，而山能畜之，以成其高。君子法之，以成其學。斯所謂大畜也！

　　於是，山中同學有中文學會之設。開會日，會長區徽五（區大典）先生演說《大易》「同人之象」，反覆於類族、辨物、審異、考同之旨。秉芬曰：「有是哉！吾同學既取法同人以立學會，胡不更取法大畜以編學會雜識乎？」眾曰：「善！」推李棪主其事，成之非一手，采之非一途，要以宗旨崇正為歸，此同人類族、辨物之旨也。先之經史，以正其趨；終之藝林，以博其趣，要以有裨學術為主，此大畜多識前言往行之旨也。

11　賴際熙：〈序言〉，載《香港大學中文輯識》，第 1 卷第 1 號，原文不標頁數及總頁碼，全文只 1 頁。

本此二旨以從事編輯，越半載，始獲刊行。緣校課卒卒，少暇，亦以成之。易則傳之不遠，故去取尤兢兢。雖然，豈敢謂鏊然有當於人心哉！毋廢於半途，毋渝厥初志，由多識以求剛健篤實，使斯篇發揚，輝光日新，此則秉芬不敢不勉者也。[12]

這跟會長區大典強調學校雜誌的編輯在「本學思之功，進而收問辨之益」[13]的目的相互呼應，從而成就了此一以中文學院師生合力推動、中文學會成員負責編刊的創刊號。

前香任港港香督總督監學大港香督監泰文金督監學文泰爵士

King's House,
Kuala Lumpur.
23rd January, 1932.

I have learned, with great pleasure, that the School of Chinese Studies, in the University of Hong Kong, is making good progress, and that, as a result, a Chinese Society has been formed in the University, which, in order to get into better contact with the public and to further the investigation of Chinese Studies, proposes to publish a Chinese Journal. I am convinced that the School of Chinese Studies is of the greatest importance, not only to the University, but also to the Colony of Hong Kong, and I wish the School, the Society and its Journal all possible success.

▲ 圖五、前香港總督香港大學監督金文泰爵士賀函

12 馮秉芬：〈序言〉，載《香港大學中文輯識》，第 1 卷第 1 號，原文不標頁數及總頁碼，全文只 1 頁。

13 遺史氏（區大典）：〈博文雜誌前序〉，載《香港大學中文輯識》，第 1 卷第 1 號，頁 1（原文共 2 頁，不標頁數及總頁碼）。此序原稱〈香港大學博文雜誌序〉（載《香港大學博文雜誌》，第 1 期，頁 1-2），區大典特將全文迻錄，作為《香港大學中文輯識》的序言，而於文末附誌：「十載前，諸子開博文學社，初編雜誌，余曾為之序，追溯甲子，一星終矣。乃者，中文學會繼開，再編雜誌，不忘其朔，特綴玆序簡端。學貴不息，願諸子賡續斯篇，無間也。辛未六月，遺史氏志。」（頁 2，原文共 2 頁，不標頁數及總頁碼）

三·《香港大學中文輯識》的內容

　　《香港大學中文輯識》創刊號內容豐富，刊出各式文章前，先依序列印廣告三種、〈香港大學中文輯識第一卷第一號目錄〉兩頁、廣告一種、前任香港總督香港大學監督金文泰賀函一封及照片一幀、馮平山（1860－1931）遺照一幀、中文學會四位名譽副會長照片各一幀、中文學會兩位會長照片各一幀、中文學會四位副會長照片各一幀、中文學會主席照片一幀、中文學會團體照一幀、馮平山圖書館外貌照一幀、廣告三種、賴際熙〈序言〉一篇、區大典〈博文雜誌前序〉一篇與馮秉芬〈序言〉一篇。[14]〈香港大學中文輯識第一卷第一號目錄〉兩頁列出的篇目，惟〈李文誠公縮臨醴泉銘十幀〉蹤跡杳然。[15]

　　由於創刊號主編支持賴際熙兼採時彥高文的編輯方針，是以全期刊登的各類文體豐富，作者既有時彥、亦有學生：

作者	篇名	時彥	學生
區大典	〈易經要義〉（〈易大象説〉）	✓	
區大典	〈周易揲蓍求卦法及經傳所載筮易占驗解説〉[16]	✓	
羅憩棠	〈讀元史西北地附錄志疑〉	✓	
陳伯陶	〈周禮孟子公侯伯子男封地里數考〉	✓	
朱汝珍	〈孟子性善説〉	✓	
馮秉華	〈禹貢九州貢道淺釋〉[17]		✓
蘇曾懿	〈顧氏讀史方輿紀要十五省序釋説（江南）〉		✓
馮秉芬	〈集錄曾文正修學方法〉		✓
李幼成	〈唐律淺説〉		✓
李幼成等	〈讀經劄記〉[18]		

14　此等廣告、照片與序文俱不標頁數及總頁碼。

15　參看〈香港大學中文輯識第一卷第一號目錄〉，載《香港大學中文輯識》，第 1 卷第 1 號，頁 1（原文共 2 頁，不標頁數及總頁碼）。

16　〈香港大學中文輯識第一卷第一號目錄〉作「〈周易揲蓍求卦法與經傳所載筮易占驗解説〉」（頁 1），此據原文標題。

17　〈香港大學中文輯識第一卷第一號目錄〉作「〈禹貢貢道略言〉」（頁 1），此據原文標題。

18　〈香港大學中文輯識第一卷第一號目錄〉只標「〈讀經劄記〉」（頁 2）而不分列六篇劄記

（續上表）

作者	篇名	時彥	學生
李幼成	〈讀《書》箚記〉[19]		✓
李幼成	〈讀《詩》箚記〉[20]		✓
熊耀雙	〈讀《孝經》箚記〉[21]		✓
馮秉華	〈讀《四書》箚記〉[22]		✓
馮秉芬	〈讀《四書》箚記〉[23]		✓
熊佩雙	〈讀《四書》箚記〉[24]		✓
林棟	〈中國譯學之過去與現在〉	✓	
陳伯陶	〈跋孟廣宗碑〉	✓	
蘇若瑚	〈書學僉問〉[25]	✓	
張菊雛	〈元畫綜〉[26]	✓	
熊璧雙等	〈文錄〉[27]		
熊璧雙	〈香港大學中文學會新刊雜誌頌詞〉[28]		✓

的著者姓名及篇名，今據刊出各文逐一補列。

19　李幼成等：〈讀經箚記〉，載《香港大學中文輯識》，第 1 卷第 1 號（1932 年），頁 1-6，原文不標總頁碼。

20　同上文，頁 6-11。

21　同上文，頁 11-13。

22　同上文，頁 13-17。

23　同上文，頁 18-21。

24　同上文，頁 21-23。

25　此文作者，〈香港大學中文輯識第一卷第一號目錄〉標為「蘇若瑚」（頁 2），原文則稱「蘇簡園」（參看蘇簡園：〈書學僉問〉，載《香港大學中文輯識》，第 1 卷第 1 號，頁 1，原文不標總頁碼）。蘇若瑚（1851－1917），廣東順德人，光緒五年（1879）中舉人，曾官咸安宮教習。中歲自京師返鄉，在廣州、順德一帶設帳授徒，曾任教於教忠學堂，著有《宮教集》。參看黎向群：〈即席榜書、龍躍天門 —— 蘇若瑚生平、書論及其書法藝術〉，載《資訊時報》，2016 年 4 月 30 日（http://news.ifeng.com/a/20160430/48642142_0.shtml，2019 年 2 月 10 日閱覽）。

26　原文標作者為「張谷雛」（參看張谷雛：〈元畫綜〉，載《香港大學中文輯識》，第 1 卷第 1 號，頁 1，原文不標總頁碼），而〈香港大學中文輯識第一卷第一號目錄〉則稱「張菊雛」（頁 2）。張谷雛（1890－1968），名虹，號申齋，廣東順德人，先後參加癸亥合作畫社、國畫研究會，著有《元畫綜》、《砂壺圖考》、《古玉考釋》等。生平簡介，可參看喬曉軍編：《中國美術家人名辭典‧補遺一編》（西安：三秦出版社，2007 年 7 月），頁 209。

27　〈香港大學中文輯識第一卷第一號目錄〉只標「〈文錄〉」（頁 2）而不分列七篇文章的著者姓名及篇名，今據刊出各文逐一補列。

28　熊璧雙等：〈文錄〉，載《香港大學中文輯識》，第 1 卷第 1 號，原文不標總頁碼。熊璧雙於〈香港大學中文學會新刊雜誌頌詞〉自稱「今去校二載」（頁 1），是未卒業已離校。

（續上表）

作者	篇名	時彥	學生
馮秉華	〈新建香港大學堂中文學院上梁文〉[29]		✓
李幼成	〈新建香港大學堂中文學院上梁文〉[30]		✓
李幼成	〈東華醫院六十週年紀念記〉[31]		✓
李幼成	〈新會馮平山先生七十壽序〉[32]		✓
丁傳靖	〈清遠朱隑園太史六十壽言〉[33]	✓	
丁傳靖	〈松阡比翼圖自敘（圖作松林邱壠上有雙鶴）〉[34]	✓	
陳寶琛等	〈詩錄〉[35]		
陳寶琛	詩十五首： 〈庭前海棠初開同薑齋賦〉[36] 〈次韻答淵淨見寄〉[37] 〈得潛樓青島書卻寄〉[38] 〈次韻沈盦守歲感賦〉[39]	✓	

---

29 同上文，頁 1-2。

30 同上文，頁 2。

31 同上文，頁 2-3。原文題為「〈東華醫院六十週紀念記〉」，疑缺一「年」字，今參文意，逕改為「〈東華醫院六十週年紀念記〉」。

32 同上文，頁 3。

33 同上文，頁 4。

34 同上文，頁 4-5。丁傳靖（1870－1930），字修甫，號闇公，別署滄桑詞客、貪嗔痴阿羅漢、招隱行腳僧，江蘇丹徒人，光緒二十三年（1897）副貢，陳寶琛（1848－1935）薦為禮學館纂修，後寓居津門，著有《宋人軼事彙編》等。生平簡介，可參看丁志安：〈丁闇公先生生年譜〉，載《鎮江文史資料》，第 6 輯（1983 年 10 月），頁 129-137。陳寶琛，福建閩縣螺洲文，原字長庵，改字伯潛，號弢庵、陶庵，二十一歲登進士。宣統元年（1909），他奉召入京，任禮學館總纂大臣。宣統三年（1911 年），他被委任毓慶宮行走，為帝師；一九二五年，隨溥儀移居天津；卻在一九三二年拒受滿洲國職；一九三五病逝北平。生平可參看陳三立（1853－1937）撰〈清故太傅贈太師陳文忠公墓誌銘〉（載氏撰：《散原精舍文集》，瀋陽：遼寧教育出版社，1988 年 12 月，頁 254-256）。

35 陳寶琛等：〈詩錄〉，載《香港大學中文輯識》，第 1 卷第 1 號，原文不標總頁碼。〈香港大學中文輯識第一卷第一號目錄〉只標「〈詩錄〉」（頁 2）而不分列各詩的著者姓名及篇名，今據刊出各詩逐一補列。

36 陳寶琛等：〈詩錄〉，頁 1，原文不標總頁碼。

37 同上注。

38 同上注。

39 同上注。沈盦，即愛新覺羅・寶熙（1871－1930），字瑞臣，河北宛平（今北京）人，隸滿洲正藍旗，光緒十八年（1892）進士，歷任編修、侍讀、國子監祭酒等職，民國時嘗任總統府顧問。生平簡介，可參看閑雲居士編著：《閑雲樓藏明清書畫集萃：閑雲拾珍》（杭州：西泠印社出版社，2013 年 4 月），頁 205。

（續上表）

作者	篇名	時彥	學生
	〈壬子正月十二十三夜紀事〉[40] 〈次韻和蔭坪公爵落花詩〉（四首）[41] 〈再疊前韻〉（四首）[42] 〈節庵自梁格莊寄餉崇陵祭餘羊果感賦〉[43] 〈檗盦五十初度〉[44]		
于式枚	詩六首： 〈沈庵二弟見羅兩峯上元夜飲圖自謂似所居園摹而據為己有且徵題詠成四絕句〉（四首）[45] 〈毅夫侍御以易五郎中翦髮詩相示歷敘兩世仕宦不遇持眾人國士之論慮人疑為忠一姓故以此自明詞意亦迂曲矣然詩中但述遭際輾軻及先後中外諸臣民誤國害人罪狀無一語詆及朝廷心迹固可諒也為作四詩補正其得失〉（兩首）[46]	✓	
何藻翔	詩十一首： 〈晨起泊鄒崖下課傭摘桑之作〉[47] 〈雜感十首〉（十首）[48]	✓	

40　陳寶琛等：〈詩錄〉，頁 1-2。

41　同上文，頁 2。

42　同上文，頁 2-3。

43　同上文，頁 3。節庵，即梁鼎芬（1859－1919），字星海，號節庵，廣東番禺人，光緒六年（1880）舉進士。他在辛亥革命後得陳寶琛引薦，任溥儀師，並於張勳（1854－1923）復辟時積極代表清室逼令民國大總統黎元洪（1864－1928）奉還大政，失敗後憂憤交加，一九一九年十一月病逝。生平簡介，可參看趙爾巽（1844－1927）等撰：《清史稿》（北京：中華書局，1977 年 8 月），卷 472，〈梁鼎芬傳〉，頁 12822-12823。

44　同上注。檗盦，即溫肅。

45　陳寶琛等：〈詩錄〉，頁 3-4。于式枚（1853－1916），字晦若，廣西賀縣桂嶺人。他在光緒六年（1880）舉進士；三年後，任兵部主事；光緒三十一年（1905）以鴻臚寺少卿督廣東學政。光緒三十三年（1907），他被升為郵傳部侍郎，旋充考察憲政大臣，赴德國考察，宣統元年（1909）六月返國，以疾乞假。他因得張之洞推薦，獲委為吏部侍郎，繼改學部侍郎，總理禮學館事，兼修訂法律大臣、國史館副總裁。民國成立後，隱居青島，並擔任纂修清史稿總閱。一九一六年病逝上海。生平事蹟，可參看《清史稿》，卷 443，〈于式枚傳〉，頁 12444-12448。沈庵，即愛新覺羅‧寶熙。羅兩峯，即羅聘（1733－1799），字遯夫，號兩峰，又號花之寺僧、衣雲、別號花之寺、金牛山人、洲漁父、師蓮老人，祖籍安徽歙縣，後移居江蘇甘泉，為清代畫家，「揚州八怪」的一員。生平事蹟，可參看《清史稿》，卷 504，〈羅聘附傳〉，頁 13915。

46　陳寶琛等：〈詩錄〉，頁 4-5。序稱「為作四詩」，今只見刊出二首。毅夫，即溫肅。

47　同上文，頁 5。

48　同上注。

（續上表）

作者	篇名	時彥	學生
沈曾植	詩一首： 〈贈溫毅夫侍御〉[49]	✓	
王國維	詩一首： 〈辛酉小除夕東軒老人餉水仙釣鍾花賦此以謝〉[50]	✓	
李幼成	詩一首： 〈明史忠正遺墨歌〉[51]		✓
李棪	詩三首： 〈題史忠正遺墨為溫檗盦師〉[52] 〈題畫為成九〉[53] 〈題有節秋竹竿圖為成九〉[54]		✓
馮秉華譯	〈香港大學一九二七年畢業禮日監督金文泰制軍演詞〉		✓
馮秉華譯	〈一九一一年香港大學堂憲章〉		✓
馮秉華譯	〈香港大學則例〉		✓
宋衡芝	〈香港大學中文學會紀事〉		✓

根據上表，可察見：

1. 全刊共載文章三十篇，時彥區大典（兩篇）、羅憩棠、陳伯陶（兩

---

49 陳寶琛等：〈詩錄〉，頁 6。沈曾植（1850－1922），字子培，號巽齋，別號乙盦，晚號寐叟，浙江嘉興人，蒙元史地學者、書法家、史學家、詩人。他在光緒六年（1880）舉進士，歷任刑部主事、員外郎、南昌知府、總理各國事務衙門章京、安徽提學使，署布政使。光緒二十一年（1895），他與康有為、梁啟超（1873－1929）等主張維新變法，成立強學會。光緒二十四年（1898），他於武昌兩湖書院主講史學。光緒二十八年（1902），他應盛宣懷（1844－1916）聘，任上海南洋公學監督，至宣統二年（1910）因病乞休。民國成立後，他以遺老自居，歸隱上海。民國六年（1917），他響應張勳復辟，獲授學部尚書。民國十一年（1922）卒，年七十二歲。生平事蹟，可參看《清史稿》，卷 472，〈沈曾植傳〉，頁 12825-12826。

50 陳寶琛等：〈詩錄〉，頁 6。王國維（1877－1927），字靜安，又字伯隅，晚號觀堂，浙江杭州府人，著名學者。他在光緒三十三年（1907）嘗隨羅振玉入京師，任學部總務司行走、圖書館編譯、名詞館協韻等；一九二三年，應溥儀召，任南書房行走；一九二七年自沉於頤和園昆明湖。生平概略，可參看《清史稿》，卷 496，〈王國維傳〉，頁 13728。東軒老人，即沈曾植。

51 陳寶琛等：〈詩錄〉，頁 6-7。

52 同上文，頁 7。

53 同上注。

54 同上文，頁 7-8。

篇）、朱汝珍、林棟、蘇若瑚、張菊雛、丁傳靖（兩篇）八人共撰文十一篇；中文學院學生馮秉華（六篇）、蘇曾懿、馮秉芬（兩篇）、李幼成（六篇）、熊耀雙、熊佩雙、熊璧雙、宋衡芝八人則合共撰文十九篇。時彥與學生雖然人數相同，作品的數目卻是學生遠多於時彥。這大抵緣於李幼成等的〈讀經箚記〉與熊璧雙等的〈文錄〉共錄入學生作品十一篇，而〈讀經箚記〉六篇更全出學生手筆。

2. 此刊載錄的三十八首詩歌，時彥陳寶琛、于式枚、何藻翔、沈曾植、王國維五人合共撰寫三十四首；而學生李幼成、李棪兩人則只成詠四首。學生在作者人數與詩作數目俱遠遜一眾時彥。

3. 眾時彥除林棟與張菊雛外，都是曾在科場獲取功名的清朝遺老。蘇若瑚、于式枚、沈曾植、王國維四位在中文學會成立前已撒手塵寰，而陳伯陶、丁傳靖兩位亦無緣目睹此刊面世。但單憑李文田裔孫的身份，負責編務的李棪斷難取得眾遺老首肯刊登如此眾多難得一睹的篇章。中文學會會長區大典與副會長賴際熙、溫肅肯定為此刊的組稿盡力不少。

　　儘管一九三〇年中文學會成立時，新文化運動、白話文運動已在中國進行得如火如荼，[55]《香港大學中文輯識》創刊號竟未見載錄任何語體文寫成的文章。馮秉華的三篇譯文與宋衡芝的〈香港大學中文學會紀事〉更都採用文言文成篇。這可見香港大學中文學院的經史教學，雖遭一九二七年南遊香港後的魯迅撰文大肆抨擊，[56]卻一直堅持不替。

55　參看周策縱（1916－2007）撰、周子平等譯：《五四運動：現代中國的思想革命》（南京：江蘇人民出版社，1999 年 6 月）一書。

56　參看魯迅：〈略談香港〉，載《香港的憂鬱——文人筆下的香港（一九二五——一九四一）》，頁 3-10。

四‧《香港大學中文輯識》的經學篇章

　　《香港大學中文輯識》創刊號的主編除謹遵賴際熙的指示，兼採時彥與學生的撰著外，還力求配合中文學院的授課重點，刊登經、史、詩、文、譯各範疇的佳作。箇中的經學撰著共十一篇，計有清遺老區大典的〈易經要義〉（〈易大象說〉）與〈周易揲蓍求卦法及經傳所載筮易占驗解說〉、陳伯陶的〈周禮孟子公侯伯子男封地里數考〉、朱汝珍的〈孟子性善說〉，還有中文學院學生馮秉華的〈禹貢九州貢道淺釋〉與〈讀《四書》箚記〉、李幼成的〈讀《書》箚記〉與〈讀《詩》箚記〉、熊耀雙的〈讀《孝經》箚記〉、馮秉芬的〈讀《四書》箚記〉與熊佩雙的〈讀《四書》箚記〉。這些篇章除朱汝珍的〈孟子性善說〉查無實證外，都跟區大典的經學教育有着密切的關係。

　　〈易經要義〉（〈易大象說〉）與〈周易揲蓍求卦法及經傳所載筮易占驗解說〉都是區大典有關《易經》一書不同層面的解說。此刊載錄的〈易經要義〉，最末處聲明「待續」，[57] 已如實說明只是一篇尚未完稿的〈易大象說〉。該文開章明義稱：

> 　　《易》之為書，廣大悉備，有天道焉，有地道焉，有人道焉。然欲盡人合天，期至乎天人一致，此其要義，則孔子〈大象〉盡之矣。夫《易》，氣學也，數學也，象學也。氣數之學，幽深繁賾，要以象學切於人之身心。昔者伏羲氏仰觀天，仰察地，近取身，遠取物，於是始作八卦，如孔子說卦所陳，皆象也。故〈繫辭〉曰：「聖人有以見天下之賾，而擬諸其形容，象其物宜，是謂之象。」又曰：「聖人設卦觀象，繫辭焉而明吉凶。」又曰：「君子居則觀其象，而玩其辭。」又曰：「以制器者尚其象。」蓋舉天下事物之賾，皆器也。形上者道，形下者器，制而裁之，則象尚焉。故又曰：「象事知器，占事知來。」（原注：以上皆見〈繫辭〉）後之學者，徒欲求《易》於占，不知求《易》於象，豈

57　區大典：〈易經要義〉（〈易大象說〉），載《香港大學中文輯識》，第 1 卷第 1 號（1932年），頁 6，原文不標總頁碼。

知「蓍之德，圓而神。卦之德，方以知。」「知以藏往」，此象事也。「神以知來」，此占事也。（原注：見〈繫辭〉）《中庸》之言曰：「至誠之道，可以前知。」又曰：「至誠如神。」所謂神以知來也；而禎詳、妖孽、蓍、龜四體，皆象也。所謂「知以藏往」也。於以知《易》占凶吉，而象實為吉凶之兆，故曰：「吉凶者，失得之象也。」

竊舉八卦六十四卦之大象，一一詮釋其義，以次及小象，意者孔子假年學《易》，可以無大過，其在斯乎！其在斯乎！學者仰觀俯察，萬象紛羅，隨處悟道，以反身修德，仁遠乎哉！

若夫《易》有聖人之道四：尚辭、尚變、尚象、尚占是也。尚象而尚辭在其中，尚占而尚變在其中。茲既博陳象辭，而尚變、尚占六義當以次演之。其於《易》道，思過半矣！ [58]

儘管全文只為「乾大象」與「坤大象」作闡釋，[59] 大抵已可窺見區大典治《易》「尚象」的一、二持論。

《易》的應用是區大典另一關注要項，他在〈周易揲蓍求卦法及經傳所載筮易占驗解說〉着意強調：

　　《易》為卜筮之書，揲蓍求卦法見於本經〈繫辭〉，占驗辭詳於《左傳》。[60]

他為闡釋揲蓍求卦法，特援用《周易》的〈繫辭〉原文：

　　大衍之數五十，其用四十有九。分而為二以象兩，掛一以象三，揲之以四以象四時，歸奇於扐以象閏，五歲再閏，故再扐而後掛。[61]

再藉《左傳》成公十六年（前 575）「晉伐鄭，楚救鄭，公筮之，史曰：

58　同上文，頁 1。

59　參看同上文，頁 1-6。

60　區大典：〈周易揲蓍求卦法及經傳所載筮易占驗解說〉，載《香港大學中文輯識》，第 1 卷第 1 號（1932 年），頁 1，原文不標總頁碼。

61　同上注。

『吉。』其卦遇復」[62]與莊公二十二年（前672）「陳厲公生敬仲。其少也，
周史有以《周易》見陳侯者，陳侯使筮之，遇觀之否」，[63]分別探討「不
變卦」與「變卦」。[64]

　　陳伯陶的〈周禮孟子公侯伯子男封地里數考〉就《周禮》與《孟子》
記載周初諸侯封地里數的歧異作考訂。《周禮》的〈地官大司徒〉載：

> 　　諸公之地，封疆方五百里，其食者半；諸侯之地，封疆方四百里，
> 其食者參之一；諸伯之地封疆方三百里，其食者參之一；諸子之地，封
> 疆方二百里，其食者四之一；諸男之地封疆方百里，其食者四之一。[65]

《孟子》的〈萬章下〉則稱：

> 　　天子之制，地方千里，公侯皆方百里，伯七十里，子、男五十里，
> 凡四等。[66]

他經細心考訂後，認為：

> 　　後儒據《周禮》而疑《孟子》，又據《孟子》而疑《周禮》；實則《周
> 禮》言其封疆，《孟子》言其田；其說似相背而實相成。紛紛攻駁之說，
> 皆不足據也。[67]

負責此刊編務的李棪在文末的案語稱：

62　同上文，頁2。事件始末，可參看李夢生撰：《春秋左傳譯注》（上海：上海古籍出版社，
　　2010年9月，頁597-600。

63　同上文，頁3。事件始末，可參看《春秋左傳譯注》，頁146-147。

64　參看同上文，頁2-5。

65　陳成國點校：《周禮‧儀禮‧禮記》（長沙：岳麓書社，2006年11月），頁24。

66　廖名春等整理：《孟子注疏》（北京：北京大學出版社，1999年12月），頁272。

67　陳伯陶：〈周禮孟子公侯伯子男封地里數考〉，載《香港大學中文輯識》，第1卷第1號，
　　頁2，原文不標總頁碼。

> 陳氏師事陳蘭甫先生。此文髫齡所作,蘭甫評為所論甚通、所考據甚實。陳氏博學,此其鱗爪矣。本會區徽五會長所編制度史講義三則,可與此文參觀。[68]

此陳伯陶晚年才刊出的短篇少作,的確沒有太多新意;可是編者附錄的三則《制度史講義》,持論雖跟陳伯陶相若,[69]卻令後世得知區大典不單在香港大學講授經學,還講授史學的「歷代制度沿革」。[70]

　　馮秉華的〈禹貢九州貢道淺釋〉是〈讀經箚記〉外唯一一篇學生撰寫的經學研究篇章。他在篇首開章明義指出:

> 昔堯都平陽(原注:今山西臨汾縣),遭洪水而天下分絕;使禹治水,還為九州。水患既除,九州之民各以其土產貢於天子。其入貢途徑,皆有一定,此所謂貢道也。大抵九州貢道,析言之,則由一水而達別水;要言之,則無非以入河為歸宿。良以堯都平陽,地在冀州,位居河北故也。林氏之奇(1112－1176)曰:〈禹貢〉於九州之末,皆載其達於帝都之道。周希聖(1551－1635)謂天子之都,必求其舟楫之所可至,使夫諸侯之朝貢、商賈之貿易,雖其地甚遠,而其輸甚易。此說得之。冀州三面距河,是其設都之意,實有取於轉輸之利,朝貢之便也。〈禹貢〉所載,上言田賦貢篚之事,而於下言所由以達帝都之道,其始末曲折,莫不具備,而皆以河為主,蓋達於河則達於帝都故也。請以次分別而考證之。[71]

全文就冀、兗、青、徐、揚、荊、豫、梁、雍九州的貢道作考釋,並稱:

> 此九州貢道大略也,雖未能詳稽博引,而於九州與帝都交通之關

68　同上注。

69　同上文,頁 2-3。

70　有關中文學院成立時的課程,參看本書第二章〈香港大學首三十年的經學課程〉。

71　馮秉華:〈禹貢九州貢道淺釋〉,載《香港大學中文輯識》,第 1 卷第 1 號,頁 1,原文不標總頁碼。文中「〈禹貢〉於九州之末」至「蓋達於河則達於帝都故也」全錄自清前期胡渭(1633－1714)《禹貢錐指》一書的卷二(載胡渭撰、鄒逸麟整理:《禹貢錐指》,上海:上海古籍出版社,2013 年 11 月,頁 59),而未有確實標示。

係，要可略知其概。蓋〈禹貢〉為說地之書，而貢道又為此篇命名之本
旨，故竟委窮源，尋其端緒，以便誦讀云爾。[72]

儘管全文頗多採用《禹貢錐指》一書的資料，而持論亦多用成說；作者
不懈求索的苦心實不容忽視。

　　李幼成等的〈讀經劄記〉是此刊展示在學諸生研習經學成果的櫥窗。
區大典於諸劄記前誌語，稱：

　　　　前編《博文雜誌》，備載經史劄記、師友問畣辭，茲屆再編，而劄
　　記稿又已盈帙，用再附刊，以志吾黨嗜學固無間於初也。遺史氏誌。[73]

刊載的劄記計有〈讀《四書》劄記〉三篇與〈讀《書》劄記〉、〈讀《詩》
劄記〉、〈讀《孝經》劄記〉各一篇。由於當時的經學課程早已確定入學
第一年修習《孝經》與《四書》、第二年修習《詩經》與《書經》，[74]各
劄記的撰述者應已修畢該等經書。這些劄記雖不乏撰著者的個人見解，
卻大都免不了受着區大典授課時的解說影響；而區大典的適時評論尤應
受到關注。這些評論除了是區大典對劄記撰著者個人讀經見解的直觀反
應外，還可為他傳世的相關經學講義增添若干色彩。熊耀雙的〈讀《孝
經》劄記〉便是一例。

　　熊耀雙的〈讀《孝經》劄記〉首先就《道德經》「道在德前」與《孝經》
「道在德後」表達意見：

　　　　老子《道德經》道在德前，此天之道，道之體也。《孝經》「至德要
　　道」之道，道在德後，此人之道，道之用也。《易》一陰一陽之謂道，
　　繼之者善，成之者性。陰陽二氣之生理生機謂之道，善以繼此生理生

72　馮秉華：〈禹貢九州貢道淺釋〉，頁 5-6。

73　李幼成等：〈讀經劄記〉，頁 1。

74　參看 *University of Hong Kong Calendar, 1930*, pp.170-172; *University of Hong Kong Calendar, 1931*, pp.161-165; *University of Hong Kong Calendar, 1932*, pp.161-167.

機,性以成此生理生機,謂之德。德本於道,此道之所以先於德也。《中庸》天命之謂性,率性之謂道。天之所以與我,我之所得於天之生理生機,謂之德。本此生理生機之德,而行生理生機之道,謂之道。道本於德,此道之所以後於德也。明其體用,而其次序之先後亦明矣。[75]

區大典循此就「道」的「體」、「用」作闡釋:

老子言道無名,又言視不見、聽不聞。此即《中庸》所謂鬼神之為德,視不見、聽不聞;又所謂上天之載,無聲無臭;亦即《易》所謂太極,此天道之本體也。《易》又言一陰一陽之謂道,即太極所生之兩儀,為天道之妙用。《中庸》又言君臣、父子、兄弟、夫婦、朋友為五達道,此則人道之當然也。道統天人,兼體用,無所不包。《易》與老子所言道,同為道之本體。《孝經》與《中庸》所言道,同為道之實用。韓昌黎〈原道〉一篇,純以道之大用言,而略道之全體;以此詰老子,以為道其所道,非吾所謂道,是不啻舉《中庸》之五達道而駁《易》太極之道也。老子舉道之體而遺其用,昌黎又舉道之用而忘其體,其為蔽則一也。[76]

熊耀雙繼而就「孝親」、「愛親」與「親親」作解說:

孝親必愛親,愛親必愛同親之兄弟。生我親者我祖也,愛親必愛祖,愛祖必愛同祖之兄弟。推之而愛曾祖、愛高祖、愛始祖,因之以愛同曾祖之兄弟、同高祖之兄弟、同始祖之兄弟;更推之而愛始祖所自出。夫始祖自所出,鄭康成所謂靈威仰也,即天也。天為萬物所自生,是萬物皆吾之兄弟也,莫不在吾愛之中也,遑論人乎?故聖人親親而仁民,仁民而愛物,因此上參天地之化育,而下和萬民,以孝治天下,天下未有不中心悅而誠服者也。[77]

75　李幼成等:〈讀經劄記〉,頁11。

76　同上文,頁11-12。

77　同上文,頁12。

區大典則藉此解說聚焦於闡釋「祖所自出」的要義：

> 《禮・大傳》王者禘其祖所自出，朱子以為所自出者，祖之父也。
> 鄭氏以為所自出者，感生帝靈威仰也。後儒譏鄭氏以緯（原誤作「諱」，
> 逕改）釋經，不足據，不知其義實如此推：祖所自出，必推及於天。凡
> 祖必有所自出，人類之初祖，其所自出，必天也。鄭所謂感生者，即氣
> 化所生也，天也。《易》所謂有天地而後有萬物，有萬物而後有男女、
> 夫婦、父子也；是初祖所自出，則天地也。鄭不過渾言之耳，未可以為
> 譏也。明乎郊社禘嘗之禮之義，治國其如示掌，《中庸》與此同意。[78]

熊耀雙復就「悖德」與「悖禮」引發的「厚」、「薄」與「本」、「末」作
申釋：

> 不愛其親而愛他人者，謂之悖德；不敬其親而敬他人者，謂之悖
> 禮。按此言，愛、敬不可無本也。此即中西學說最大抵觸處也。西學言
> 破家族主義，而後有社會，故人子無奉養其親之義務；與中國立愛自親
> 始，立敬自長始之說，大相逕庭。雖然，《孟子》有言，於不可已者而
> 已，無所不已；於所厚者薄，無所不薄也。《大學》言其所厚者薄，而
> 其所薄者厚，未之有也；是舍本而逐末耳。[79]

區大典的回應則為：

> 《易》言父父子子、兄兄弟弟、夫夫婦婦而家道正；《禮》言尊祖故
> 敬宗，敬宗故收族；此中國家族法之最良者也。西俗父子無親，兄弟離
> 異，至夫婦則自由戀愛，自由離婚，而夫婦之道亦苦，故常有富貴而持
> 獨身主義者。所謂父子、兄弟、夫（原誤作「父」，逕改）婦，家庭至
> 樂，真未嘗夢見。獨日日倡言社會主義、社會幸福，抑知無家庭，安有
> 社會，不愛父子、兄弟，安能愛人群耶！ [80]

78　同上注。

79　同上注。

80　同上文，頁13。

熊耀雙進而針對「責善」與「賊恩」、「君」與「親」、「隱」與「諫」申述己見，他說：

> 《孟子》曰：「責善，朋友之道也；父子責善，賊恩之大者。」《禮》言事君有犯而無隱，事親有隱而無犯。然則《孝經》之言諫諍，豈非有類於賊恩，豈非悖有隱無犯之旨，而抑知不然也。夫親有過而不諫，則其惡日積；惡積而不可掩，斯惡名四播矣。如此豈非陷親於不義乎？故不能無諫諍也。特諫親與諫君，其道微異。如其為諫君也，不妨批逆鱗，爭正理；諫不從，則去之。如其為諫親也，則須下氣、怡色、柔聲，三諫而不聽，則號泣而隨之，孔子所言幾諫者是也。然而君親合敬同愛，道雖不同，其不忍陷君、親於不義之心，無二致也。[81]

區大典只徐徐回應：

> 五倫惟父子、兄弟以天合，主恩；君臣、朋友以人合，主義；故門內之治恩掩義，門外之治義斷恩。責善賊恩，恐其以義斷恩也。父子相隱，兄弟怡怡，此其以恩揜義也。然所謂隱者，只隱而不犯，非隱而不諫也。諫而責親以善，固恐其賊恩，不諫而陷親不義，亦反無以全恩。二者之間，審所自處，其惟幾諫乎！[82]

由於《孝經》只有不足千九百字的篇幅，言簡意賅，無論思想與內容都留有不少填充的空間，所以他直截了當指出：

> 《孝經》只言親不義，不可不諫，以明從親令之不得為孝；至諫親之道當如何，本經固未之及，固當博採群經所言諫親之道，以足其義。凡讀書之法皆當如此，蓋書不盡言，言不盡意也。[83]

81　同上注。

82　同上注。

83　同上注。

這證諸他編撰的《孝經通義》，便知他確能坐言起行、身教言教，盡力揭櫫《孝經》的深蘊精義。

五・結語

　　《香港大學中文輯識》創刊號只是香港大學中文學會初創時的一本學生刊物，竟能出人意表收錄了不少名家的篇章。這些名家手筆雖或為陳年少作、或為短論簡語，始終顯示此刊在香港教育界的先聲奪人地位。全刊包羅經、史、子、集、譯各範疇的作品，而學生的讀經劄記尤能反映當時香港大學經學教育與區大典經學思想的若干面貌。後世若能利用此等劄記仔細比對區大典的經學講義，相信更有助凸顯它們的價值。

第九章
溫肅與朱汝珍的《大學中文哲學課本》

一·導言

　　香港大學中文系在許地山確立「中國哲學」（Chinese Philosophy）、「中國文學」（Chinese Language and Literature）、「中國歷史」（Chinese History）與「翻譯」（Translation）四科並立的課程體制前，已在文學院院長（Dean of the Faculty of Arts）擔任主席的管理委員會安排下，[1]於一九三三年成功將「經學」（Classics）剔出課程，使學系的教學正式聚焦於「哲學」（Chinese Philosophy）、「史學」（Chinese History）、「文詞」（Chinese Literature）與「翻譯」（Translation）四科。[2]其實，「經學」的淡出與「哲學」的引進早已是當時中國國內不少大學將中國傳統舊學納入西方知識體系的一種方案。[3]香港大學校方在一九三三年將中文學院改劃為文學院新增的中文系

1　*Report of the Special Committee Appointed to Advise on the Teaching of Chinese* 記載當時中文學院的行政管理由文學院院長擔任主席的管理委員會負責，稱："The administration of the School is conducted by a committee which was appointed by the Senate and consists of the Vice-Chancellor, Mr. A. E. Wood, the Professor of English, Father D. MacDonald, S.J., the Chinese Staff of the School and the Registrar with the Dean of the Faculty of Arts as Chairman."(p.7)

2　參看 *University of Hong Kong Calendar, 1933*, "Appendix", no page number, *University of Hong Kong Calendar, 1934*, pp.110-113.

3　參看車行健：〈現代中國大學中的經學課程〉一文。

前，負責中文學院行政事務的賴際熙便已為這種形勢較人強的「被迫轉變」預作準備，在一九三〇年成功增置「哲學（Philosophy）」科，使中文學院課程形成「經學」（Classics）、「歷史」（History）、「哲學」（Philosophy）、「翻譯學」（Translation）、「文詞學」（Literature）與「英文」（English）六科並置的新格局。[4] 兩位先後被聘為兼任講師的前清翰林溫肅與朱汝珍便嘗專責講授此「哲學」科。溫肅便有被稱為《哲學總論》的哲學講義傳世，而朱汝珍亦有被題為《漢以後之哲學》的哲學課本流佈。兩書或被合稱為《香港大學中文學院哲學講義》、或被合題為《大學中文哲學課本》，同書異名，卻都為此中文學院新引進的授課科目留下歷史見證。

二·講義的名稱

溫肅與朱汝珍在香港大學中文學院講授「哲學」一科的講義，一向流傳不廣。香港大學圖書館與香港中文大學圖書館幸運地保留了多個藏本，可惜各藏本的篇目多少不一，而同書異名的藏書紀錄更為有意一窺此等講義真貌者帶來不少困擾。現將箇中情況表列：

名　稱	藏者	簡　介
《香港大學中文學院哲學講義》	香港大學圖書館	索書號：HKP 181.11 W46 v.1-2（代號△）[5] 此書一套兩冊，封面及內頁均題「香港大學中文學院哲學講義」十二字（參見圖一及圖二）。書的首頁首行與全書版心上端俱題「大學中文哲學課本」八字；版心上下魚尾中或有「哲學總論」、或有「哲學講義」字樣，並附頁碼；版心下端除首卷首兩頁外，俱標「檗庵輯」三字（參見圖三及圖四），「檗庵」為溫肅別號。 冊一錄〈哲學總論〉、〈孔子之哲學〉、〈孔門之哲學：顏子、曾子、子思、孟子〉與〈周秦諸子之哲學：老子〉；冊二錄〈墨子〉、〈荀子〉、〈莊子〉與〈哲學校勘表〉。

4　參看 *University of Hong Kong Calendar, 1930*, pp.170-172.

5　檗庵輯：《香港大學中文學院哲學講義》，香港：奇雅中西印務，1930？年。

（續上表）

名　稱	藏者	簡　介
	香港中文大學圖書館	索書號：［山］B126 .X536 1930z v.1-2（代號▲）[6] 此書一套兩冊，原為香港大學中文學會圖書館藏書，內頁題有「香港大學中文學院哲學講義」十二字（參見圖五）。封面分題「《哲學總論（一）》」及「《哲學總論（二）》」，並各鈐上「中文學會圖書」印章（參見圖六）。此書首頁首行與全書版心跟前述藏本（HKP 181.11 W46 v.1-2）相同。 《哲學總論（一）》錄〈哲學總論〉、〈孔子之哲學〉、〈孔門之哲學：顏子、曾子、子思、孟子〉與〈周秦諸子之哲學：老子〉；《哲學總論（二）》錄〈墨子〉、〈荀子〉、〈莊子〉與〈哲學校勘表〉。
		索書號：B126 .H654 na（代號▽）[7] 此書一冊，封面不題書名，版式、版心與內容均與前述香港大學圖書館原藏本（HKP 181.11 W46 v.1-2）同，而只錄〈墨子〉、〈荀子〉與〈莊子〉。
		索書號：B126 .H654 c.2（代號▼）[8] 此書一冊，封面不題書名，版式、版心與內容均與香港大學圖書館原藏本（HKP 181.11 W46 v.1-2）同，而只錄〈墨子〉、〈荀子〉與〈莊子〉。
		索書號：B126 .X5345 v.1-2（代號◆）[9] 此書一套兩冊，原為盧瑋鑾教授藏本，冊一內頁題有「香港大學中文學院哲學講義」十二字（參見圖七）。 冊一首頁首行、版式、版心與內容均與香港大學圖書館藏本（HKP 181.11 W46 v.1-2）同，錄檗庵輯〈哲學總論〉、〈孔子之哲學〉、〈孔門之哲學：顏子、曾子、子思、孟子〉與〈周秦諸子之哲學：老子〉。冊二首頁首行題「漢以後之哲學」與「隘園輯」（參見圖八）。「隘園」為朱汝珍別號。全冊版心上端俱題「大學中文哲學課本」八字；版心上下魚尾中只列頁數；版心下端俱標「隘園輯」三字。全冊錄隘園輯「漢以後之哲學」、「魏晉以來之哲學」、「南北朝隋唐之哲學」與「宋代之哲學」。

6　檗庵輯：《香港大學中文學院哲學講義》，香港：奇雅中西印務，1930？年。

7　檗庵輯：《香港大學中文學院哲學講義》，香港：奇雅中西印務，1930？年。

8　檗庵輯：《香港大學中文學院哲學講義》，香港：奇雅中西印務，1930？年。

9　檗庵、隘園輯：《香港大學中文學院哲學講義》，香港：奇雅中西印務，1930？年。

（續上表）

名　　稱	藏者	簡　介
《大學中文哲學課本》	香港大學圖書館	索書號：山 120.3 70（代號◇）[10] 此書一冊，首頁首行與全書版心上端俱題「大學中文哲學課本」八字；版心上下魚尾中或有「哲學總論」、或有「哲學講義」字樣，並附頁碼；版心下端除首卷首兩頁外，俱標「檠庵輯」三字，版式與原香港大學圖書館藏《香港大學中文學院哲學講義》本（HKP 181.11 W46 v.1-2）相同。 封面有原藏者分兩行自題「大學中文哲學課本」及「中華民國四十九年六月九日題」（參見圖九）。香港大學圖書館或許緣此而將此書定名為「大學中文哲學課本」。 全書錄〈哲學總論〉、〈孔子之哲學〉、〈孔門之哲學：顏子、曾子、子思、孟子〉、〈周秦諸子之哲學：老子〉、〈墨子〉與〈荀子〉。
		索書連結：「香港大學中文學院講義系列」 https://digitalrepository.lib.hku.hk/catalog/ww72bm10c https://digitalrepository.lib.hku.hk/catalog/6m311z278（代號■）[11] 此書一套兩冊，香港大學中文學院藏。學院於二〇一七年為慶祝成立九十周年，特借出供香港大學圖書館掃描及轉換為電子影像，以廣流傳。書的內頁題有「香港大學中文學院哲學講義」十二字；兩冊封面分題「《哲學總論（上）》」及「《哲學總論（下）》」（參見圖十）。 《哲學總論（上）》的首頁首行與全書版心上端俱題「大學中文哲學課本」八字；版心上下魚尾中有「哲學總論」四字，並附頁碼；版心下端除首卷首兩頁外，俱標「檠庵輯」三字，版式與原香港大學圖書館藏《香港大學中文學院哲學講義》本（HKP 181.11 W46 v.1-2）相同。此冊錄〈哲學總論〉、〈孔子之哲學〉、〈孔門之哲學：顏子、曾子、子思、孟子〉、〈周秦諸子之哲學：老子〉與〈墨子〉。 《哲學總論（下）》分為兩部分： 第一部分：版式跟《哲學總論（上）》相同，錄〈荀子〉、〈莊子〉與〈哲學校勘表〉。此部分跟《哲學總論（上）》合璧，便是溫肅講義的全貌。 第二部分：首頁首行題「漢以後之哲學」與「隘園輯」；版心上端題「大學中文哲學課本」八字；版心上下魚尾中只列頁數；版心下端則標「隘園輯」三字（參見圖十一）；錄〈漢以後之哲學〉、〈魏晉以來之哲學〉、〈南北朝隋唐之哲學〉、〈宋代之哲學〉與〈勘誤表〉。此冊所錄已是朱汝珍講義的全部。

10　溫肅輯：《大學中文哲學課本》，香港：奇雅中西印務，1930？年。

11　溫肅、朱汝珍輯：《大學中文哲學課本》，香港：奇雅中西印務，1930？年。

（續上表）

名　稱	藏者	簡　介
《哲學總論》	香港大學圖書館	索書連結:「香港大學中文學院講義系列」 https://digitalrepository.lib.hku.hk/catalog/ww72bm10c https://digitalrepository.lib.hku.hk/catalog/6m311z278（代號□）12 即「香港大學中文學院講義系列」《大學中文哲學課本》的一書兩稱。

　　兩間大學圖書館記錄的各藏本名稱雖然不盡相同，各藏本的版式、版心與內容都顯示它們屬於同一版本。現將各藏本的篇目表列如下：

篇目名稱＼藏本		《香港大學中文學院哲學講義》					《大學中文哲學課本》		《哲學總論》
		△	▲	▽	▼	◆	◇	■	□
擘庵輯	〈哲學總論〉	△	▲			◆	◇	■	□
	〈孔子之哲學〉	△	▲			◆	◇	■	□
	〈孔門之哲學：顏子、曾子、子思、孟子〉	△	▲			◆	◇	■	□
	〈周秦諸子之哲學：老子〉	△	▲			◆	◇	■	□
	〈墨子〉	△	▲	▽	▼		◇		□
	〈荀子〉	△	▲	▽			◇		□
	〈莊子〉	△	▲	▽	▼				□
	〈哲學校勘表〉	△	▲					■	□
陷園輯	〈漢以後之哲學〉					◆			□
	〈魏晉以來之哲學〉					◆			□
	〈南北朝隋唐之哲學〉					◆			□
	〈宋代之哲學〉					◆		■	□
	〈勘誤表〉							■	□

　　根據上列兩表，香港大學中文學院藏、香港大學圖書館掃描及轉換為電子影像的《大學中文哲學課本》（又稱《哲學總論》）保留了溫肅與朱汝珍在香港大學中文學院講授「哲學」一科的完整講義。基於此事實，本文概稱兩位學者的講義為「《大學中文哲學課本》」。

12　同上注。

▲　圖一、《香港大學中文學院哲學講義》封面書影

▲　圖二、內頁書影

▲　圖三、《大學中文哲學讀本》首頁書影

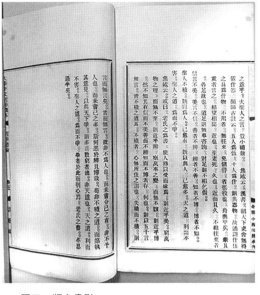

▲ 圖四、版心書影

▲ 圖五、內頁書影 2

▲ 圖六、《哲學總論》封面書影

▲ 圖七、《香港大學中文學院哲學講義》冊一內頁
　書影

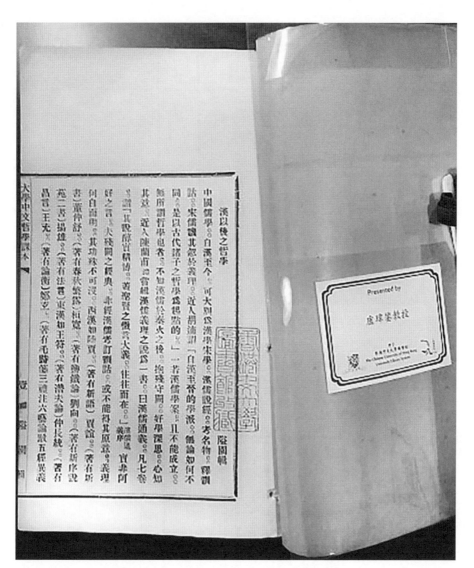

▲ 圖八、冊二首頁書影

▲　圖九、《大學中文哲學課本》封面書影

▲　圖十、《哲學總論》封面書影

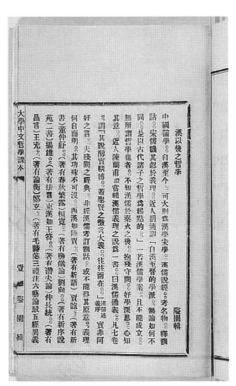

▲　圖十一、《哲學總論（下）》「漢以後之哲學」首頁書影

三 · 溫肅的哲學講義

　　溫肅在香港大學中文學院講授「哲學」一科純粹出於機緣巧合。他與賴際熙、區大典同舉光緒二十九年（1903）癸卯榜進士，並在一九二九至一九三二年間受聘於賴際熙掌管的香港大學中文學院、擔任「哲學」及「文詞」兩科的兼任講師。[13] 他的生平，以自訂的〈檗庵年譜〉記載最為詳盡；[14] 而同時寓居香港的前清翰林張學華（1863－1951）為他撰寫的〈都察院副都御史南書房翰林溫文節公神道碑文〉亦頗能勾勒他的生平梗概。[15] 鄧又同（1915－2003）於一九九一年輯錄《學海書樓主講翰林文鈔》時便嘗綜合各方記載，撰成〈溫肅太史事略〉，他說：

　　　溫太史，（廣東）順德龍山鄉人。字毅夫，原名聯瑋，號檗庵，生於一八七八年，光緒壬寅（光緒二十八年，1902）順天鄉試舉人，光緒二十九年癸卯科會試，授編修，旋掌湖北道監察御史，在任一年，屢劾親貴重臣及不職之疆臣，疏數十上，於國家存亡得失之故，多所陳述。辛亥後志復故國，勤勞王事，丁巳（1917）復辟，授公都察院副都御史，未到任。甲子（1924）隨扈天津，疏請端主德以恢大業，進《貞觀政要講義》，閩縣陳寶琛（1848－1935）為公題詞，有曰「虎口餘生益倔強」，又曰「講義數陳即諫章」，皆紀實也。公卒於一九三九年，春秋六十二，予謚文節。公生平於鄉邦文獻多所纂述，著有《德宗（愛新覺羅·載湉，1872－1908，1875－1908 在位）實錄》、《貞觀政要講義》、《陳獨漉（陳恭尹，1631－1700）年譜》、《龍山鄉志》、龍山《文錄》《詩錄》各若干卷、《溫氏族譜》，又輯遺民詩、感舊集各若

13　參看溫肅撰：《溫文節公集》（香港：學海書樓，2001 年），卷 1，〈檗庵年譜〉，頁 19；*University of Hong Kong Calendar, 1930*, p.168; *University of Hong Kong Calendar, 1931*, p.158.

14　參看《溫文節公集》，卷 1，〈檗庵年譜〉，頁 1-24。

15　參看同上書，書首，張學華：〈都察院副都御史南書房翰林溫文節公神道碑文〉，不標頁碼。張學華，廣東番禺人，舉光緒十六年（1890）庚寅進士第一百五十六名，曾獲授翰林院庶吉士，官拜江西提法使，辛亥革命後寓居香港，不問政治。有關他的生平，可參看張學華原編，張澍棠補編：《提法公年譜》，《北京圖書館藏珍本年譜叢刊》，第 187 冊（北京：北京圖書館出版社據 1952 年鉛印本影印，1999 年），頁 205-238。

干卷。所遺《奏議》四卷、《詩》二卷、《年譜》一卷，其子中行（1918－
1985）為其合刊曰《溫文節公集》。嘗與黎湛枝（1870－1928）、歐
家廉（1869－1925）太史合編《德宗景帝聖訓》，成書一百四十五卷，
目錄一卷。曾受聘講學於香港大學中文學院多年，著有《哲學講義》等
書。太史旅港期間常臨學海書樓講學，對人倫大道、忠孝節義多所闡
述焉。[16]

溫肅的〈檗庵年譜〉自稱己巳年（1929）五十二歲時「就香港大學聘席，
教授『哲學』、『文詞』兩科」，[17] 並在辛未年（1931）五十四歲時「仍就
香港大學教席」，[18] 直至該年「十二月回里，於是辭去港大教席，計掌教
三年，成《哲學講義》四卷。」[19] 常宗豪（1937－2010）於〈重印《溫
文節公集》序〉嘗稱：

> 《講義》（《哲學講義》四卷）者、文節於己巳歲就任香港大學聘席
> 教授哲學、文詞兩科所編撰之課本也，歷時三載至歲辛未十二月始成
> 書。其書闡明性、道二義、實理學也。上起唐虞三代而以莊學終篇，而
> 持論多以朱子（朱熹，1130－1200）為歸，如論老子曰：「若曰：扶宇
> 宙揮斥八極神氣不變者，是乃莊生（莊周，前369－前280）之荒唐；
> 其曰：光明寂照無所不通不動道場遍周沙界者，則又瞿曇之幻語。」斯
> 皆紫陽之篤論，非時流所能知者。[20]

由於《哲學講義》是溫肅的授課講義，印行不多、流傳不廣，是以鮮受
論者關注。隨着此書被題為「《檗庵哲學講義》」，錄入學海書樓印行的
《溫文節公集》，[21] 並得到常宗豪於序文特別提示後，相信日後關注者應與
日俱增。但該書被錄入《溫文節公集》時已遭削去原有頁碼，而改繫總

16　《學海書樓主講翰林文鈔》，〈溫肅太史事略〉，頁69。

17　《溫文節公集》，卷1，〈檗庵年譜〉，頁19。

18　同上書，卷1，〈檗庵年譜〉，頁20。

19　同上注。

20　同上書，書首，常宗豪：〈重印《溫文節公集》序〉，不標頁碼。

21　參看同上書，卷5，〈檗庵哲學講義〉，頁305-596。

頁碼，故今已無從藉此追尋原書的分卷實況。究竟原書如何分卷？

　　《哲學講義》除錄入《溫文節公集》的《檗庵哲學講義》本外，實際只得兩間大學圖書館以不同名稱記錄的一九三〇年代香港奇雅中西印務印行本傳世。香港大學圖書館藏的兩種《香港大學中文學院哲學講義》（HKP 181.11 W46 v.1-2 與 [山] B126 .X536 1930z v.1-2）是難得保存完帙、獨立成書的溫肅授課講義。溫肅於〈檗庵年譜〉自稱此書為《哲學講義》，[22] 相信應是內頁所題書名「《香港大學中文學院哲學講義》」的簡稱。由於線裝本書籍每以重新標示頁碼為分卷的依據，此兩種線裝本《香港大學中文學院哲學講義》雖沒有列明分卷情況，卻因頁碼的標示意外地保留了全書的分卷依據，現條列如下：

版心魚尾字樣	分卷（推擬）	簡　目	備　註
哲學總論	卷一	哲學總論（頁 1 上-3 下） 唐虞三代時哲學（頁 3 下-4 上） 堯（頁 4 上-4 下） 舜（頁 4 下-5 上） 禹（頁 5 上-6 上） 湯（頁 6 上-6 下） 文王（頁 6 下-7 上） 武王、周公（頁 7 上-8 上）	
		孔子之哲學（此標目據《檗庵哲學講義》本補入）： 《論語》（頁 8 上-10 下） 《周易》（頁 10 下-11 上） 《孝經》（與）《春秋》（頁 11 上-12 下）	標目原作「《孝經》、《春秋》」，今據所載內容改為「《孝經》（與）《春秋》」。
		孔門之哲學： 顏子（頁 13 上-15 下） 曾子（頁 15 下-21 上） 子思（頁 21 上-24 下） 孟子（頁 24 下-34 上）	第二十頁缺，而第二十四頁則重出，故全卷實共三十四頁。
	卷二	周秦諸子之哲學： 老子（頁 1 上-35 上）	全卷三十五頁。
	卷三	墨子（頁 1 上-31 下）	全卷三十一頁。

22　同上書，卷 1，〈檗庵年譜〉，頁 20。

（續上表）

版心魚尾 字樣	分卷 （推擬）	簡　目	備　註
哲學講義	卷四	荀子（頁1上-29下）	全卷二十九頁。
	卷五	莊子（頁1上-16上）	全卷十六頁。自頁9上-15上，「版心魚尾」捨「哲學講義」而標「莊子」，頁16上則標「莊子終」。

　　若此推擬的分卷情況沒有悖違事實，則此書實有五卷。[23]溫肅自稱全書四卷，誠屬誤記，原因待考。

　　溫肅在一九二九年受聘為香港大學兼任講師時，實際只負責教授文學院中文課程在一九二七年新置、專門講解歷代駢、散、詩、文名著的「文詞學」科。[24]中文學院在一九三〇年增置「哲學（Philosophy）」一科後，[25]他才同時肩負「哲學」與「文詞」兩科的教學，[26]這使他成為中文學院首位講授「哲學」科的教師，也令他的講義成為中文學院首部「哲學」講義。根據校方的課程安排，「哲學」科的講授內容為：

　　第一年講授古代哲學至孔孟哲學；

　　第二年講授孔孟哲學至周末及秦諸子；

　　第三年講授荀子、莊子及漢、魏、晉諸子；

　　第四年講授近代諸子。[27]

23　由於原書不標卷目，為行文方便，援引原文時將按此推擬分卷情況，以《香港大學中文學院哲學講義》（HKP 181.11 W46 v.1-2 與 [山] B126 .X536 1930z v.1-2）本為據，不再逐一覆敘。

24　參看 University of Hong Kong: University of Hong Kong Calendar, 1927, pp.162-170; University of Hong Kong: University of Hong Kong Calendar, 1928, pp.168-176; University of Hong Kong: University of Hong Kong Calendar, 1929, pp.126-133.

25　參看 University of Hong Kong Calendar, 1930, pp.170-172.

26　參看《溫文節公集》，卷1，〈檗庵年譜〉，頁19。

27　參看 University of Hong Kong Calendar, 1930, pp.170-172; University of Hong Kong Calendar, 1931, pp.161-165; University of Hong Kong Calendar, 1932, pp.161-167.

　　溫肅在辛未年十二月因回里而辭去香港大學教席時，已是一九三二年初，當時他已講授「哲學」科兩年有多。由於講義旨在為修習者提供學習的材料，是以早應在講授前已完成編撰與印刷。溫肅此約十萬字講義的應用，應為：

　　卷一：供第一及第二年講授用；

　　卷二及卷三：供第二年講授用；

　　卷四與卷五：供第三年講授用。

　　儘管他離職前應未能趕及完成講授卷四與卷五，講義的編排卻可見全依《香港大學校曆》公佈的講授內容。

　　溫肅在擔任香港大學兼任講師的第二年，因為中文學院的課程改革，始料未及地成為「哲學」科的首位講師。「哲學」是一門西方輸入的「舶來」學科，早在明末清初時已由耶穌會傳教士傳入中國，可是學者一直無法在經學知識系統的規限外確認此學科的「名」與「實」。[28] 一九一九年二月上海商務印書館為胡適出版的《中國哲學史大綱（上卷）》雖被論者譽為中國首部按現代學術規範撰寫的中國哲學史，[29] 不少學者仍採用一貫的經學、理學觀念解釋「哲學」，[30] 溫肅自是箇中一員。他在全書的開首〈哲學總論〉便為此科目「釋名」，他謂：

　　　　中國古籍，無「哲學」之名也。自近人以西哲之學比儗中學，譯為此名。其實「哲」字不足以括中土聖學。欲求其當，不如仍舊稱「理學」。按《說文》：「哲，知也。或從心。」今以「哲」字名「學」，在吾儒中僅屬致知之事，且易流為佛氏心學。《說文》：「理，治玉也。」《玉篇》：「道也。」《禮樂》記鄭（鄭玄，127－200）注云：「理，猶性也。」是「理」包性、道二義，自較「哲」字為精碻（原注：義烏朱氏

28　參看陳啟偉：〈「哲學」譯名考〉，載《哲學譯叢》，2001 年第 3 期（2001 年 9 月），頁 60-68；熊月之：〈從晚清「哲學」譯名確立過程看東亞人文特色〉，載《社會科學》，2011 年第 7 期（2011 年 7 月），頁 138-145。

29　參看劉青峰、金觀濤：〈觀念轉變與中國現代人文學科的建立〉，載《二十一世紀》，第 127 期（2011 年 10 月），頁 77-89。

30　參看鄭宗義：〈中國近現代思想中的「哲學」〉，載沙培德、張哲嘉主編：《近代中國新知識的建構》（臺北：中央研究院，2013 年 10 月），頁 69-109。

〔朱一新，1846－1894〕云：「自其人所共由言之則曰道，自其事所當然言之則曰理。」）。宋以前多稱「道學」，宋以後多稱「理學」。三代以前，堯、舜、禹相傳心法曰「人心惟危，道心惟微，惟精惟一，允執厥中」，是為理學之祖。由堯、舜、禹而至於湯，由湯至於文王，由文王至於孔子，遂集大成焉。蓋湯執中（原注：〈湯誥〉曰：「惟皇上帝，降衷於下民，若有恆性，克綏厥猷惟后。」），故道統傳湯。文王演《易》，發元亨利貞之蘊，以明仁義禮智，故道統傳文王。此孟子之言也。唐韓愈作〈原道〉，謂堯以是傳之舜，舜以是傳之禹，禹以是傳之文、武、周公，文、武、周公傳之孔子，中間多一武王、周公。武王蓋因文王而推及之。惟周公作《易・象辭》，闡太極陰陽之秘，自唐以前，尊之為「先聖」，其肩道統重任無疑。……孔子接群聖之傳，然罕言「命」，故「性」與「天道」，子貢輩且不得聞。唯於贊《周易》之〈繫辭〉，始伸明太極、陰陽繼善成性之奧（原注：此濂溪、康節之所本）。所作《孝經》、《論語》則主於仁（原注：孝弟為仁之本，親親、仁也，是《孝經》一書可以仁括之。《論語》言仁多矣，曰克己復禮，曰見賓承祭，曰先難後獲，曰為難言訒，曰居處恭、執事敬、與人忠，曰恭、寬、信、敏、惠，曰事賢、友仁，皆求仁之方也。曰欲立立人、欲達達人，仁之量也。二十篇中，雖不盡言仁，而大旨要不外是矣），《春秋》則主於義（原注：《春秋》為明倫紀之書，《春秋》成而亂臣賊子懼，故曰義）。其為學則博文約禮（原注：《禮記・仲尼燕居》，禮、理也），其程功則志道、據德、依仁、游藝，其教人則《詩》、《書》執禮，孝弟、謹信、愛眾、親仁、學文，此其所以集大成也。孔門之士，首數顏淵，殆庶之稱，見於《繫易》。曾子承一貫之傳，《大學》十章，自格物、致知、誠意、正心至修、齊、治、平，為學之要具矣（原注：曾子緒言，見於《禮記》者尚多，詳下）。子思受業於曾子，上接祖傳《中庸》一書。其曰天命率性，則道心之謂也；其曰擇善固執，則精一之謂也；其曰君子時中，則執中之謂也（原注：擇朱子〈中庸序〉中語）。他如五達道、三達德，推論誠之種，而歸重於博學、審問、慎思、明辨、篤行，斯直得孔門傳授心法者耳。孟子私淑子思，崇仁義而擴四端，距詖邪以承三聖，衛道之功最大。他如七十子之徒，或有聖人之一體，然千秋論定，終以顏、曾、思、孟為直接聖傳也。夫自堯、舜以至周公，皆得位乘時，修之於身，推之於世，故其道行於天下。孔子則有德無位，雖修明絕學，其道只能傳於其人。道既不行，則邪說誣民、充塞仁義。至於周秦之際，而異端蜂起矣。諸子學說，至為蕪雜，就中以

老、墨、荀、莊四家為最著。老陰柔；墨兼愛；荀倡性惡而非儒；莊頗知儒術而肆其巧辨，更詆毀之；皆所謂彌近理而大亂真者也。[31]

他以「理學」取代「哲學」的看法，反映了他的「哲學」觀實際便是「理學」觀、「道學」觀、「宋學」觀，而左右士人心術、壟斷官場思維數百年的「朱（朱熹）學」觀更是他持論的主要依據。他的見解多少顯示了清末民初一輩科場得意、一度馳騁官場的讀書人如何「被動地」接受西學新知，如何委曲、無奈地將傳統學問──特別是賴以取得功名的經學、朱學併入西方學術分科的不同門類。他力稱戰國（前 475－前 221）以來「道學榛塞，火於秦（前 221－前 206），黃老於漢（前 206－220），佛於魏（220－265）、梁（502－557）、隋（581－618）、晉（265－316）之間，直至宋代濂、洛、關、閩諸儒出，而千載不傳之緒乃復遙接而賡之。」[32] 他進而闡釋「朱學」的重要，認為：

> 朱子之學，尊德性，道問學，本末兼賅，體用畢備，坐而言，亦可起而行，故前明用之，遂以開二百餘年之基。有清用之，亦致康、乾太平之治。所謂其君用之則安富尊榮，其子弟從之則孝弟忠信。儒者之效於是大彰矣。[33]

他對學問的取態既已明確申析，個人秉持的朱學價值觀自是未見受到新學的實質衝擊。他講學時尤注重宣揚人倫大道、忠孝節義的思想。[34] 他對遜國的清宣統帝（愛新覺羅溥儀，1906－1967，1909－1911 在位）終生忠心耿耿，專誠於壬戌（1922）「九月起程赴京恭賀大婚慶典」，[35] 並

31　《香港大學中文學院哲學講義》，卷 1，頁 1 上-2 下；《溫文節公集》，卷 5，〈檗庵哲學講義〉，頁 305-308。

32　《香港大學中文學院哲學講義》，卷 1，頁 2 下；《溫文節公集》，卷 5，〈檗庵哲學講義〉，頁 308。

33　《香港大學中文學院哲學講義》，卷 1，頁 3 上；《溫文節公集》，卷 5，〈檗庵哲學講義〉，頁 309。

34　參看《學海書樓主講翰林文鈔》，〈溫肅太史事略〉，頁 69。

35　《溫文節公集》，卷 1，〈檗庵年譜〉，頁 13。

響應同是寓居香港的前清遺老陳伯陶（1855－1930）的呼籲，納婚禮賀儀一萬洋圓，[36] 更是身體力行的最佳說明。因此，他在香港大學中文學院講授的「哲學」科，本質上只是以儒家思想為本的「學術思想」科。

溫肅此書是他任教香港大學中文學院兩年多的授課講義，全書依據校方訂立的每年授課範圍自行安排講授重點。儘管全書內容以臚列相關典籍的記載與關涉人物的言論為主，他仍因應各講授重點關涉的對象而採用相應合適的表述方式。他在書首〈哲學總論〉就各講授重點所作的申析，已是融會典籍記載作綜論式闡述的示範。〈唐虞三代時哲學〉援用黃榦有關堯、舜至周公一脈相承的道統傳授說為〈哲學總論〉作呼應，更是深思熟慮的安排：

> 宋黃勉齋（黃榦，1152－1221）〈聖賢道統傳授總敘說〉曰道之原出於天，聖人繼天立極，而得道統之傳。堯之命舜曰「允執厥中」。中者，無所偏倚，無過不及之名也。存諸心而無偏倚，措諸事而無過不及，則合乎太極矣。此堯之得於天，而舜之所以得統於堯也。舜之命禹曰「人心惟危，道心惟微，惟精唯一，允執厥中。」舜因堯之命，而推其所以執中之由；以為人心，形氣之私也；道心，性命之正也。精以察之，一以守之，則道心為主，而人心聽命焉。存之心，措之事，信能執其中矣。曰精曰一，此又舜之得統於堯，禹之得統於舜者也。其在成湯，則曰「以義制事，以禮制心。」此又因堯之中，舜之精一，而推其制之之法。制心以禮，制事以義，則道心常存，而中可執矣。曰禮曰義，此又湯之得統於禹者也。其在文王，則曰「不顯亦臨，無射亦保」，此湯之以禮制心也；「不聞亦式，不諫亦入」，即湯之以義制事也；此文王之得統於湯者也。其在武王，受丹書之戒，則曰「敬勝怠者吉，義勝欲者從。」周公繫《易》爻之辭，曰「敬以直內，義以方外。」曰敬者，文王之所以制心也；曰義者，文王之所以制事也，此武王、周公之得統於文王者也。（原注：黃勉齋原文，見《宋元學案》）以上言二帝、三王、周公道統傳授之精意。至數聖人之盛德大業，各有至詣，略

36　參看《陳文良公集》，〈七十述哀一百三十韻〉，頁 285。

舉如下。[37]

他繼而援用合適的相關資料，闡述自己對堯、舜、禹、湯、文王、武王、周公的看法。〈舜〉便是一例：

〈虞書〉美舜之德曰「濬哲文明，溫恭允塞。」《蔡傳》謂「深沉而有智，文理而光明，和粹而恭敬，誠信而篤實」也。然當「有鰥在下」時，未受執中之傳，只以孝稱耳。四岳之薦之也，曰「克諧以孝，烝烝乂，不格姦。」《孟子》曰「大孝，終身慕父母」，「於大舜見之」。「天下之士悅之，人之所欲也，而不足以解憂；好色，人之所欲，妻帝之二女，而不足以解憂；富，人之所欲，富有天下」，「貴為天子，而不足以解憂」。「惟順於父母」，乃「可以解憂」。其學問蓋從倫常中造起者也。又「好問好察」，「居深山之中」，「聞一善言，見一善行，若決江河，沛然莫之能禦」。其明於人倫，察於庶物如此。及其為天子也，恭己正南面而立，而「五典克從」，「百揆時敘」，得非「大而化之」之聖乎？然觀其「使契為司徒，教以人倫」，只是「父子有親，君臣有義，夫婦有別，長幼有序，朋友有信」而已；命夔「教胄子」，只是「直而溫，寬而栗，剛而無虐，簡而無傲」而已。然則古之大聖，其修己治人之道，仍極平實也。[38]

他除原文引錄蔡沉（1167－1230）《書集傳》的「深沉而有智，文理而光明，和粹而恭敬，誠信而篤實」，[39] 還先後以夾敘夾議的方式將《尚

---

37 《香港大學中文學院哲學講義》，卷1，頁3下-4上；《溫文節公集》，卷5，〈檗庵哲學講義〉，頁310-311。溫肅引用《宋元學案》原文時，間有改動原文字句，如「道之原出於天，聖人繼天立極，而得道統之傳」句，原文當作「此道之原之出於天者然也。聖人者，又得其秀之秀而最靈者焉，于是繼天立極，而得道統之傳。」他復刪去緊隨的「故能參天地，贊化育，而統理人倫，使人各遂其生，各全其性者，其所以發明道統以示天下後世者，皆可考也」諸語。此外，文中亦見若干無關宏旨的字句更動，箇個情況，可參看沈善洪主編：《黃宗羲全集》（杭州：浙江古籍出版社，2012年10月），第5冊，《宋元學案》，頁431-432。

38 《香港大學中文學院哲學講義》，卷1，頁4下-5上；《溫文節公集》，卷5，〈檗庵哲學講義〉，頁312-313。

39 參看蔡沉撰、王豐先點校：《書集傳》（北京：中華書局，2017年6月），卷1，〈虞書・舜典〉，頁7。

書》、〈中庸〉、《論語》與《孟子》的載述融為一體、囊括入文，藉以申析己見。[40]他在逐一完成自己對堯、舜、禹、湯、文王、武王、周公的闡

40　「然當『有鰥在下』時，未受執中之傳，只以孝稱耳。四岳之薦之也，曰『克諧以孝，烝烝乂，不格姦。』」採自《尚書》的〈虞書‧堯典〉，原文為「帝曰：『咨！四岳，朕在位七十載，汝能庸命，巽朕位？』岳曰：『否德忝帝位。』曰：『明明揚側陋。』師錫帝曰：『有鰥在下，曰虞舜。』帝曰：『俞，予聞，如何？』岳曰：『瞽子，父頑，母嚚，象傲；克諧以孝，烝烝乂，不格姦。』帝曰：『我其試哉！女于時，觀厥刑于二女。』釐降二女于媯汭，嬪于虞。帝曰：『欽哉！』」（李學勤主編、《十三經注疏》整理委員會整理：《十三經注疏‧尚書正義》，北京：北京大學出版社，1999 年 12 月，頁 45-46）「《孟子》曰『大孝，終身慕父母』，『於大舜見之』。『天下之士悅之，人之所欲也，而不足以解憂；好色，人之所欲，妻帝之二女，而不足以解憂；富，人之所欲，富有天下』，『貴為天子，而不足以解憂。』『惟順於父母』，乃『可以解憂』。」採自《孟子》的〈萬章章句‧上〉，原文為「萬章問曰：『舜往于田，號泣于旻天，何為其號泣也？』孟子曰：『怨慕也。』萬章曰：『父母愛之，喜而不忘；父母惡之，勞而不怨。然則舜怨乎？』曰：『長息問於公明高曰：「舜往于田，則吾既得聞命矣。號泣于旻天，于父母，則吾不知也。」公明高曰：「是非爾所知也。」夫公明高以孝子之心為不若是恝，「我竭力耕田，共為子職而已矣。父母之不我愛，於我何哉？」帝使其子九男二女，百官牛羊倉廩備，以事舜於畎畝之中。天下之士多就之者，帝將胥天下而遷之焉；為不順於父母，如窮人無所歸。天下之士悅之，人之所欲也，而不足以解憂。好色，人之所欲，妻帝之二女，而不足以解憂。富，人之所欲，富有天下，而不足以解憂；貴，人之所欲，貴為天子，而不足以解憂。人悅之、好色、富貴，無足以解憂者，惟順於父母，可以解憂。人少則慕父母，知好色則慕少艾，有妻子則慕妻子，仕則慕君，不得於君則熱中。大孝，終身慕父母。五十而慕者，予於大舜見之矣。』」（李學勤主編、《十三經注疏》整理委員會整理：《十三經注疏‧孟子注疏》，北京：北京大學出版社，1999 年 12 月，頁 242-244）「又好問好察」採自《禮記》的〈中庸〉，原文為「子曰：『舜其大知也與？舜好問而好察邇言，隱惡而揚善，執其兩端，用其中於民，其斯以為舜乎！』」（李學勤主編、《十三經注疏》整理委員會整理：《十三經注疏‧禮記正義》，北京：北京大學出版社，1999 年 12 月，頁 1425）「『居深山之中』，『聞一善言，見一善行，若決江河，沛然莫之能禦』」，採自《孟子》的〈盡心‧上〉，原文為「孟子曰：『舜之居深山之中，與木石居，與鹿豕遊，其所以異於深山之野人者幾希。及其聞一善言，見一善行，若決江河，沛然莫之能禦也。』」（《十三經注疏‧孟子注疏》，頁 360）「其明於人倫，察於庶物如此」採自《孟子》的〈離婁章句‧下〉，原文為「孟子曰：『人之所以異於禽獸者幾希，庶民去之，君子存之。舜明於庶物，察於人倫，由仁義行，非行仁義也。』」（《十三經注疏‧孟子注疏》，頁 223）溫肅援用時改「明於庶物，察於人倫」為「明於人倫，察於庶物」。「及其為天子也，恭己正南面而立」採自《論語》的〈衛靈公〉，原文為「子曰：『無為而治者，其舜也與！夫何為哉？恭己正南面而已矣。』」（李學勤主編、《十三經注疏》整理委員會整理：《十三經注疏‧論語注疏》，北京：北京大學出版社，1999 年 12 月，頁 208）溫肅援用時改「恭己正南面而已」為「恭己正南面而立」。「而『五典克從』，『百揆時敘』，得非大而化之之聖乎？」採自《尚書》的〈虞書‧堯典〉，原文為「慎徽五典，五典克從。納于百揆，百揆時敘。」（《十三經注疏‧尚書正義》，頁 51-46）「得非『大而化之』之聖」採自《孟子》的〈盡心章句‧下〉，原文為「浩生不害問曰：『樂正子何人也？』孟子曰：『善人也，信人也。』『何謂善？何謂信？』曰：『可欲之謂善，有諸己之謂信，充實之謂美，充實而有光輝之謂大，大而化之之謂聖，聖而不可知之之謂神。樂正子二之中，四之下也。』」（《十三經注疏‧孟子注疏》，頁 394）「然觀其『使契為司徒，教以人倫』，只是『父子有親，君臣有義，夫婦有別，長幼有序，朋友有信』而已」採自《孟子》的〈滕文公章句‧上〉，原文為「當堯之時，

〔下轉頁 197〕

析後，還為各人的為學大旨作總結：

> 綜觀以上所舉，則三代以前聖人為學大旨可見也。堯曰欽、舜曰恭己、禹曰祗台、湯曰聖敬、文曰緝熙敬止、武拜丹書、旦陳無逸，大要不外敬而已。修己以敬，由是而安人安百姓。胥於是乎在，故曰堯舜其猶病諸也。存心既自立敬始，而措事又從立孝始。舜之孝，固為古今極則。禹治水幹蠱，使其父得配天，亦古今之奇孝也。文王事王季，武王率而行之，可見作聖之基，原自倫常始也。其他堯命羲和以授人時，舜察璣衡以齊七政，山經志怪、窮山林川澤之神奇，周髀成書、為疇人子弟之世守。隨舉其一，皆足供科學之研究。特形上形下，道器攸分，以言道本，固應詳此而略彼耳。[41]

他採用融會典籍記載以凸顯個人見解的方法，[42] 勾勒唐虞三代時哲學的要

> 天下猶未平，洪水橫流，泛濫於天下，草木暢茂，禽獸繁殖，五穀不登，禽獸逼人，獸蹄鳥跡之道交於中國。堯獨憂之，舉舜而敷治焉。舜使益掌火，益烈山澤而焚之，禽獸逃匿。禹疏九河，瀹濟、漯而注諸海，決汝、漢，排淮、泗而注之江，然後中國可得而食也。當是時也，禹八年于外，三過其門而不入，雖欲耕，得乎？后稷教民稼穡。樹藝五穀，五穀熟而民人育。人之有道也，飽食煖衣、逸居而無教，則近於禽獸。聖人有憂之，使契為司徒，教以人倫：父子有親，君臣有義，夫婦有別，長幼有序，朋友有信。」（《十三經注疏・孟子注疏》，頁 145-146）「命夔『教胄子』，只是『直而溫，寬而栗，剛而無虐，簡而無傲』而已」採自《尚書》的〈虞書・舜典〉，原文為「帝曰：『夔！命汝典樂，教胄子，直而溫，寬而栗，剛而無虐，簡而無傲。詩言志，歌永言，聲依永，律和聲。八音克諧，無相奪倫，神人以和。』夔曰：『於！予擊石拊石，百獸率舞。』」（《十三經注疏・尚書正義》，頁 78-79）

41 《香港大學中文學院哲學講義》，卷 1，頁 7 下-8 上；《溫文節公集》，卷 5，〈檗庵哲學講義〉，頁 318-319。

42 「堯曰欽」採自《尚書》的〈虞書・堯典〉，原文為「曰若稽古帝堯，曰放勳，欽、明、文、思、安安，允恭克讓，光被四表，格於上下。」（《十三經注疏・尚書正義》，頁 25）「舜曰恭己」採自《論語》的〈衛靈公〉，原文為「子曰：『無為而治者，其舜也與！夫何為哉？恭己正南面而已矣。』」（《十三經注疏・論語注疏》，頁 208）「禹曰祗台」採自《尚書》的〈夏書・禹貢〉，原文為「九州攸同，四隩既宅，九山刊旅，九川滌源，九澤既陂，四海會同。六府孔修，庶土交正，底慎財賦，咸則三壤，成賦中邦。錫土姓，祗台德先，不距朕行。」（《十三經注疏・尚書正義》，頁 165-166）「湯曰聖敬」採自《詩經》的〈商頌・長發〉，原文為「帝命不違、至于湯齊。湯降不遲、聖敬日躋。昭假遲遲、上帝是祗、帝命式于九圍。」（李學勤主編、《十三經注疏》整理委員會整理：《十三經注疏・毛詩正義》，北京：北京大學出版社，1999 年 12 月，頁 1455）「文曰緝熙敬止」採自《詩經》的〈大雅・文王之什〉，原文為「穆穆文王、於緝熙敬止。假哉天命、有商孫子。商之孫子、其麗不億。上帝既命、侯于周服。」（《十三經注疏・毛詩正義》，頁 961）「武拜丹書」採自《大戴禮》的〈武王踐阼〉，原文為「武王踐阼，三日，召士大夫而問焉，曰：『惡有藏之約，行之行，萬世可以為子孫恆者乎？』諸大

〔下轉頁 198〕

點，申析自己詳「道」略「器」的緣由，而深得洞察世情、執簡馭繁、重視倫常的箇中三昧。這便為〈孔子之哲學〉有關《論語》、《周易》、《孝經》與《春秋》諸典籍的闡述，[43]〈孔門之哲學〉有關曾子、子思、孟子與〈周秦諸子之哲學〉有關老子、墨子、荀子、莊子諸位的總體介紹樹立了楷模。[44]

溫肅因應講義的教材特質，主要採用確立主題、條列資料、間添評語的方式就先秦諸子的思想作重點介紹。他在〈孔門之哲學〉的〈顏子〉以「顏子為學之勤敏」、「顏子律己之清嚴」、「顏子成德之廣崇」與「顏子經世之學」四方面揭示顏淵的特點便是一例。他先行列出《論語》的記載：

顏淵喟然歎曰：「仰之彌高，鑽之彌堅；瞻之在前，忽焉在後。夫子循循然善誘人，博我以文，約我以禮，欲罷不能。既竭吾才，如有所立卓爾。雖欲從之，末由也已。」《論語》[45]

夫對曰：『未得聞也。』然後召師尚父而問焉，曰：『黃帝、顓頊之道存乎意，亦忽不可得見與？』師尚父曰：『在丹書，王欲聞之，則齊矣。』」（王聘珍撰，王文錦〔1927－2002〕點校：《大戴禮記解詁》，北京：中華書局，1983 年 2 月，頁 103）「旦陳無逸」採自《尚書》的〈虞書・堯典〉，原文為「周公作《無逸》。」（《十三經注疏・尚書正義》，頁 429）「修己以敬，由是而安人安百姓」採自《論語》的〈憲問〉，原文為「子路問君子。子曰：『脩己以敬。』曰：『如斯而已乎？』曰：『修己以安人。』曰：『如斯而已乎？』曰：『修己以安百姓。修己以安百姓，堯舜其猶病諸！』」（《十三經注疏・論語注疏》，頁 204）「禹治水幹蠱」的「幹蠱」採自《周易》的〈蠱卦〉，原文為「初六，幹父之蠱，有子考，无咎；厲終吉。《象》曰：『幹父之蠱』，意承考也。」（李學勤主編、《十三經注疏》整理委員會整理：《十三經注疏・周易正義》，北京：北京大學出版社，1999 年 12 月，頁 93）「堯命羲和以授人時」採自《尚書》的〈虞書・堯典〉，原文為「乃命羲和，欽若昊天，歷象日月星辰，敬授人時。」（《十三經注疏・尚書正義》，頁 28）「舜察璣衡以齊七政」採自《尚書》的〈虞書・舜典〉，原文為「在璿璣玉衡，以齊七政。」（《十三經注疏・尚書正義》，頁 54）

43　參看《香港大學中文學院哲學講義》，卷 1，頁 8 上-12 下；《溫文節公集》，卷 5，〈檗庵哲學講義〉，頁 319-328。

44　參看《香港大學中文學院哲學講義》，卷 1，頁 16 上、頁 21 上-21 下、頁 24 下；卷 2，頁 1 上-7 上；卷 3，頁 1 上-3 下；卷 4，頁 1 上-5 上；卷 5，頁 1 上-1 下。另可參看《溫文節公集》，卷 5，〈檗庵哲學講義〉，頁 335、343-344、352、373-385、443-448、505-513、563-564。

45　《香港大學中文學院哲學講義》，卷 1，頁 13 上；《溫文節公集》，卷 5，〈檗庵哲學講義〉，頁 329。原文只標出自《論語》，今核得實採自〈子罕〉（參看《十三經注疏・論語注疏》，頁 116）。

隨即加上評語：

> 此顏子一生為學所從入。迨學既有得，而述以覺世。朱子曰：「斯
> 歎也，其在請事斯語之後，三月不違之時乎！」[46]

他再列出《論語》另一記載：

> 顏淵問仁。子曰：「克己復禮為仁。一日克己復禮，天下歸仁焉。
> 為仁由己，而由人乎哉？」顏淵曰：「請問其目。」子曰：「非禮勿視，
> 非禮勿聽，非禮勿言，非禮勿動。」顏淵曰：「回雖不敏，請事斯語矣。」
> 《論語》[47]

再加評語：

> 朱子《注》謂「此章問答，乃傳授心法（案：原誤作「德」）切要
> 之言。非至明不能察其幾，非至健不能致其決。故惟顏子得聞之。」又
> 《朱子語類》「問：『顏子之學，莫是先於性情上著工夫否？』曰：『然。
> 凡人為學，亦須先於性情上著工夫。行步坐立，亦當著工夫。』」[48]

他不單利用列出的資料及評語顯示自己對朱熹見解的認同，更藉此帶出
自訂的四項講授主題。他一口氣列出六條資料：

46　《香港大學中文學院哲學講義》，卷 1，頁 13 上；《溫文節公集》，卷 5，〈檗庵哲學講
　　義〉，頁 329。

47　《香港大學中文學院哲學講義》，卷 1，頁 13 上；《溫文節公集》，卷 5，〈檗庵哲學講
　　義〉，頁 329。原文只標出自《論語》，今核得實採自〈顏淵〉（參看《十三經注疏・論
　　語注疏》，頁 157）。

48　《香港大學中文學院哲學講義》，卷 1，頁 13 上-13 下；《溫文節公集》，卷 5，〈檗庵哲
　　學講義〉，頁 329-330。溫肅援用朱子《注》語時誤「乃傳授心法切要之言」為「乃傳
　　授心德切要之言」（參看朱熹集注，徐德明校點：《四書章句集注》〔載朱傑人等主編：《朱
　　子全書》，上海：上海古籍出版社，2002 年 12 月，第 6 冊〕，《論語集注》，卷 6，〈顏
　　淵第十二〉，頁 168）；援用《朱子語類》「凡人為學，亦須先於性情上着夫。非獨於
　　性情上着夫，行步坐立，亦當著工夫」時缺「非獨於性情上着著夫」語（參看黎靖德
　　輯，鄭明等校點：《朱子語類》〔《朱子全書》，第 14-18 冊〕，卷 93，〈孔孟周程〉，頁
　　3100）。

子曰：「吾與回言終日，不違如愚。退而省其私，亦足以發。回也，不愚。」《論語》[49]

子曰：「語之而不惰者，其回也與！」《論語》[50]

子謂顏淵，曰：「惜乎！吾見其進也，未見其止也。」《論語》[51]

子曰：「回也非助我者也，於吾言無所不說。」《論語》[52]

子曰：「回之為人也，擇乎中庸，得一善，則拳拳服膺而弗失之矣。」《中庸》[53]

顏淵曰：「舜何人也？予何人也？有為者亦若是。」《孟子》[54]

然後明確指稱：

以上六條，顏子為學之勤敏。[55]

這樣的處理，令列出的六條資料成了「顏子為學之勤敏」的佐證。全書有關顏子、曾子、子思、孟子、荀子與莊子的講授都是採用相類的方式：

---

49 《香港大學中文學院哲學講義》，卷1，頁13下；《溫文節公集》，卷5，〈檗庵哲學講義〉，頁330。原文只標出自《論語》，今核得實採自〈為政〉（參看《十三經注疏·論語注疏》，頁18）。

50 《香港大學中文學院哲學講義》，卷1，頁13下；《溫文節公集》，卷5，〈檗庵哲學講義〉，頁330。原文只標出自《論語》，今核得實採自〈子罕〉（參看《十三經注疏·論語注疏》，頁120）。

51 《香港大學中文學院哲學講義》，卷1，頁13下；《溫文節公集》，卷5，〈檗庵哲學講義〉，頁330。原文只標出自《論語》，今核得實採自〈子罕〉（參看《十三經注疏·論語注疏》，頁120）。

52 《香港大學中文學院哲學講義》，卷1，頁13下；《溫文節公集》，卷5，〈檗庵哲學講義〉，頁330。原文只標出自《論語》，今核得實採自〈先進〉（參看《十三經注疏·論語注疏》，頁143）。

53 《香港大學中文學院哲學講義》，卷1，頁13下；《溫文節公集》，卷5，〈檗庵哲學講義〉，頁330。原文只標出自《中庸》（參看《十三經注疏·禮記正義》，頁1426）。

54 《香港大學中文學院哲學講義》，卷1，頁13下；《溫文節公集》，卷5，〈檗庵哲學講義〉，頁330。原文只標出自《孟子》，今核得實採自〈滕文公·上〉（參看《十三經注疏·孟子注疏》，頁128）。

55 《香港大學中文學院哲學講義》，卷1，頁13下；《溫文節公集》，卷5，〈檗庵哲學講義〉，頁330。

講授主題	援用資料
顏子	
1. 顏子為學之勤敏	《論語》四則 《中庸》一則 《孟子》一則、
2. 顏子律己之清嚴	《論語》二則 《韓詩外傳》一則
3. 顏子成德之廣崇	《易大傳》一則 《論語》五則 《家語》兩則
4. 顏子經世之學	《論語》一則 《孟子》一則 《家語》一則
曾子	
1. 曾子忠恕之學	《論語》二則 《大學》一則
2. 曾子修己之學	《論語》五則 《大學》一則
3. 曾子之節摻	《論語》一則 《孟子》二則 《禮記》一則
4. 曾子之孝行	《禮記》一則 《韓詩外傳》一則
5. 曾子之藝學	《大戴禮記》一則
子思	
1. 子思子之論道	《中庸》四則
2. 子思子入德之方	《中庸》二則
3. 子思子為學之要	《中庸》二則
4. 子思子持身接物之略	〈表記〉七則（《禮記》） 〈緇衣〉一則（《詩經》） 《說苑》一則 《孔叢子》一則 《孟子》一則
5. 子思子從政之方	《孟子》一則 《孔叢子》一則 〈表記〉一則（《禮記》） 〈緇衣〉四則（《詩經》） 《孟子》一則 〈坊記〉一則（《禮記》）

（續上表）

講授主題	援用資料
孟子	
1. 孟子論存養之道	《孟子》十則
2. 孟子論孝弟之道	《孟子》四則
3. 孟子辨義利之學	《孟子》五則
4. 孟子論王霸之道	《孟子》二則
5. 孟子論為學要領	《孟子》一則
荀子	
1. 荀子論心性	〈性惡〉一則（全篇） 〈修身〉一則 〈儒效〉一則 〈解蔽〉一則 〈不苟〉一則
2. 荀子論學問	〈勸學〉一則（全篇） 〈修身〉二則 〈不苟〉二則 〈非十二子〉二則 〈儒效〉二則 〈天論〉一則 〈非十二子〉一則
3. 荀子論治道	〈非相〉一則 〈王制〉一則
	〈禮論〉一則 〈富國〉一則 〈議兵〉一則（只欠一段便全篇錄入）
莊子	
1. 莊子之致虛守靜	〈人間世〉一則 〈大宗師〉一則 〈山木〉一則 〈達生〉二則
2. 莊子之崇自然	〈駢拇〉一則（全篇） 〈馬蹄〉一則（全篇） 〈應帝王〉一則 〈天地〉二則
3. 莊子之絕知識	〈胠篋〉一則（全篇） 〈知北遊〉一則 〈天道〉二則

（續上表）

講授主題	援用資料
4. 莊子之養生遠禍	〈養生主〉二則 〈人間世〉二則 〈山木〉一則
5. 莊子之外死生無終始	〈大宗師〉一則 〈養生主〉一則 〈列禦寇〉一則 〈大宗師〉一則 〈田子方〉一則 〈逍遙遊〉一則

　　這既為修習此科者提供研習典籍原文的機會，復令他們明確掌握自己講授時關注的主題與秉持的立場。儘管如此，他援用典籍時的處理方法仍有若干差別：

　　1. 他在闡析顏子與曾子思想時援用的典籍，都只標書名如《論語》、《孟子》、《禮記》等。

　　2. 他在闡析子思思想時援用的典籍，則或標書名如《孟子》、《孔叢子》等，或標篇名如〈表記〉、〈坊記〉、〈緇衣〉等。

　　3. 他在闡析孟子思想時只援用《孟子》而概不標篇名。

　　4. 他在闡析荀子思想時只援用《荀子》與闡析莊子思想時只援用《莊子》而都逐則標明篇名。

　　5. 他在闡析老子思想時雖訂立「老子之論道」與「老子之論治」兩講授主題，卻因援用材料全採自《老子》而主要按《老子》原文順序講解。

　　6. 他在闡析墨子思想時援用材料雖全採自《墨子》，卻因未有訂立講授主題而頗隨己意講解自選的章節，並標示篇名。

　　這雖顯示全書始終未有統一依循的格式，卻已成為香港大學首部「哲學」講義的若干編撰特色。

四・朱汝珍的哲學講義

　　溫肅於辛未年農曆十二月辭去香港大學中文學院「哲學」、「文詞」兩科的兼任講師教席後，校方旋即聘任跟溫肅稔熟、並同於清宣統帝遜國後擔任南書房行走的朱汝珍替代。[56] 朱汝珍的生平，《學海書樓主講翰林文鈔》的〈朱汝珍太史事略〉稱：

> 　　朱汝珍，（廣東）清遠人，原名倬冠，字玉堂，號聘三，別號隘園，生於一八七零年歲次同治庚戌十月初四日。少孤，家境清貧，激勵勤奮向學，因而在縣學考取優廩生。光緒丁酉（光緒二十三年，1897）考取拔貢，光緒二十四年（1898）朝考一等第十一名，光緒二十九年癸卯（1903）恩科順天鄉試舉人，光緒三十年甲辰（1904）恩科會試，以一甲第二名賜進士及第，授翰林院編修。光緒三十二年（1906）奉派留日，列最優等畢業於法政大學。回國後，任京師法律學堂教授，先後創制民法、商法。一九三一年，香港大學聘為中文學院文史哲講師。一九三二年，香港孔教學院聘為院長，任內曾往南洋各埠宣揚孔教，凡二十餘講，轉移南洋各地社會風氣。一九四三年卒，享年七十四。遺著有《清遠縣志》、《陽山縣志》、《詞林輯略》等書。太史生前常臨學海書樓講學，除課經史外，宣揚孔學不遺餘力，聽眾深受感動。[57]

　　其實溫肅於辛未年農曆十二月辭職時已是一九三二年的年初，是以朱汝珍的聘任當在一九三二年。創辦香港孔教學院的首任院長陳煥章（1880－1933）於癸酉（1933）九月歸道山後，孔教學院始聘朱汝珍繼任，當時已是一九三三年末。[58] 因此，朱汝珍當在一九三二年初至

56　參看同上書，卷 1，〈檗庵年譜〉，頁 14-16；*University of Hong Kong Calendar, 1932*, p.158.

57　《學海書樓主講翰林文鈔》，〈朱汝珍太史事略〉，頁 95。

58　參看盧湘父（1868－1970）：〈香港孔教學院述略〉，載吳灞陵編：《港澳尊孔運動全貌》（香港：香港中國文化學院，1955 年 5 月），頁 8。原文正文標題誤植為「〈香港孔學教院述略〉」，現據該書目錄更正。朱汝珍相關事蹟，另可參看：游子安：〈朱汝珍與香港孔教學院〉，載《華南研究資料中心通訊》，第 21 期（2000 年 10 月），頁 7-11。

一九三三年末的整整兩年間受聘於香港大學中文學院。《學海書樓主講翰林文鈔》的記述自是不無更正的需要。

▲　圖十二、《漢以後之哲學》封面

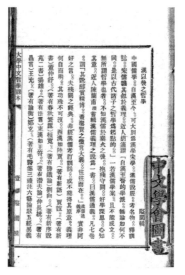

▲　圖十三、《漢以後之哲學》首頁

　　朱汝珍任教香港大學中文學院「哲學」科雖只兩年，卻編成講義一冊傳世。由於該講義不見錄於中外書目，而香港各大學圖書館亦未見收藏，是以罕為人知。目前得見的香港大學中文學會圖書館藏本，封面題簽為「《漢以後之哲學》」（參見圖十二），是一九三〇年代香港奇雅中西印務印行的線裝初版本。書的首頁首行題有「漢以後之哲學」與「隘園輯」。全書的版心上端俱題「大學中文哲學課本」八字；版心上下魚尾內只列頁數；版心下端俱標「隘園輯」三字（參見圖十三）。[59] 香港大學中文學院藏、香港大學圖書館掃描及轉換為電子影像的《大學中文哲學課本》（又稱《哲學總論》）將朱汝珍此講義錄入《哲學總論（下）》，緊隨溫肅講義的〈哲學校勘表〉。此講義篇幅不足二萬字，不標卷目，如以每次重新標示頁碼作分卷的準則，則可分為兩卷。今推擬講義的分

59　隘園（朱汝珍）輯：《漢以後之哲學》，香港：奇雅中西印務，1930？年。此書僅見香港大學中文學會圖書館藏，索書號為「S 120.3 20-34」。

卷為：[60]

分卷（推擬）	簡　目	備　註
卷一	漢以後之哲學（頁 1 上－10 上）： 董仲舒 （董子天人合一説、董子陰陽五行説、董子言性、董子言仁義） 鄭玄	全卷二十三頁。
	魏晉以來之哲學（頁 11 上－16 下）： 何晏、王弼、虛無論、才性論、崇有論、神仙論、無君論	
	南北朝隋唐之哲學（頁 16 下－23 上）： 成實宗、三論宗、涅槃宗、地論宗、淨土宗、禪宗、攝論宗、俱舍宗、天台宗、律宗、唯識宗、華嚴宗、真言宗	
卷二	宋代之哲學（頁 1 上－32 下）： 胡瑗、孫復、石介、司馬光、邵雍、周子（敦頤）、程顥、程頤、張載、朱子（朱熹）、陸九淵、葉適、陳亮、魏了翁、真德秀	全卷二十三頁。

　　由於溫肅離職時已任教「哲學」科兩年多，朱汝珍在一九三二年初接任時，該科已開始了第三個年頭的教學。朱汝珍理應沿用溫肅的講義完成卷四與卷五的講授，再採用自編的講義講授其他《香港大學校曆》已公佈的講授內容。校方既已寫定「哲學」科第三年講授荀子、莊子及漢、魏、晉諸子，而第四年則講授近代諸子；[61] 朱汝珍講義卷一的〈漢以後之哲學〉與〈魏晉以來之哲學〉便應是接續溫肅講義後、供第三年修習者使用的教材，而卷一的〈南北朝隋唐之哲學〉與卷二的〈宋代之哲學〉則應是為第四年修習者精心泡製的成果。

　　朱汝珍不單接續溫肅未竟全功的講義編撰工作，編撰的方法亦每蕭規曹隨。他在書首的〈漢以後之哲學〉稱：

60　由於原書不標卷目，為行文方便，援引原文時將按此推擬分卷，以香港大學中文學會圖書館藏《漢以後之哲學》（索書號為「S 120.3 20-34」）本為據，不再逐一禛敍。

61　參看 *University of Hong Kong Calendar, 1930*, pp.170-172; *University of Hong Kong Calendar, 1931*, pp.161-165; *University of Hong Kong Calendar, 1932*, pp.161-167.

　　中國儒學，自漢至今，可大別為「漢學」、「宋學」。漢儒說經，考名物，釋訓詁；宋儒譏其忽於義理。近人胡適謂「自漢至晉的學派，無論如何不同，是以古代諸子之哲學為起點的。」一若漢儒學案，且不能成立，無所謂「哲學」也者。不知漢儒於秦火之後，抱殘守闕，好學深思，心知其意。近人陳蘭甫（原注：澧）嘗輯漢儒義理之說為一書，曰《漢儒通義》，凡七卷，謂「其說醇實精博，蓋聖賢之微言大義，往往而在。」（原注：〈漢儒通義序〉）實非阿好之言。夫殘闕之經典，非經漢儒考訂訓詁，或不能得其原意，義理何自而明，其功殊不可沒。西漢如陸賈（原注：著有《新語》）、賈誼（原注：著有《新書》）、董仲舒（原注：著有《春秋繁露》）、桓寬（原注：著有《鹽鐵論》）、劉向（原注：著有《新序》、《說苑》二書）、揚雄（原注：著有《法言》），東漢如王符（原注：著有《潛夫論》）、仲長統（原注：著有《昌言》）、王充（原注：著有《論衡》）、鄭玄（原注：著有《毛詩箋》、《三禮注》、《六藝論駁》、《五經異議》等書）、荀悅（原注：著有《申鑒》）、徐幹（原注：著有《中論》）皆有闡明義理之言，而董仲舒、鄭玄之言尤為精醇。[62]

他在逐一介紹董仲舒與鄭玄的思想後，在〈魏晉以來之哲學〉的開首稱：

　　漢初，崇尚黃老。蓋經嬴秦之暴政、楚漢之戰爭，人民憔悴流離，思得休養生息，黃老主清靜無為為治，故其說大行。太史司馬談敘述六家，至以道家為首。武帝以後，儒術勃興，雖仍兼明道家者言，然第以其所謂清靜無為者，為養生養性之助而已。若夫體國經野，政刑禮樂，一仍本諸六藝也。自漢末，天下大亂，魏武父子復崇獎浮華之士，而儒術遂衰。魚豢魏略謂「太和、青龍中，太學諸生有千數，而諸博士率皆粗疏，無以教弟子，弟子亦避役，竟無能習學。」又謂「正始中，有詔議圜丘，普延學士，是時郎官及司徒領史二萬餘人，而應書與議者，略無幾人。」其衰可見。於時何晏、王弼遂開談玄之風。[63]

他在介紹何晏、王弼、虛無論、才性論、崇有論、神仙論、無君論等項

62　《漢以後之哲學》，卷 1，頁 1 上-1 下。

63　同上書，卷 1，頁 11 上。

後，以「案語」的形式指出：

> 魏晉兩朝，雖有王肅、杜預、范甯、郭璞等宗主儒家，陳思王
> 植、吳主孫皓提倡佛學，皆不能奪柱下漆園之席也，可稱為道家至盛
> 時代。[64]

他隨即在〈南北朝隋唐之哲學〉的開首稱：

> 自南北朝以迄隋唐，儒道漸衰，佛教乃乘機而起。溯佛之入中國，
> 在漢明帝時。永平中，帝嘗遣使往天竺求經，建寺迎僧，譯出《四十二
> 章經》等三百餘部，縉紳之徒多好之。至靈帝時，有牟融者，先治儒、
> 道兩家之學（原注：融自稱既修經、傳、諸子，書無大小，靡不好之，
> 雖不樂兵法，然亦讀焉，兼研老子《五千文》），後乃銳意佛、道，以
> 世俗尚多非佛者，著《理惑論》，略謂「……。」於佛推崇極至。又設
> 為問答云「……。」且尊佛而卑儒矣。嗣是魏之曹植、吳之孫皓皆好
> 佛道。晉之元帝、明帝、成帝信好亦深。維時諸僧賡來，類皆小乘經典
> 耳。至晉隆安中，僧鳩摩羅什於姚秦洛陽之地集沙門八百餘人，譯出經
> 論三百餘卷。大乘之義，至是廣傳中土；至南北朝，朝野並開講會，而
> 佛教乃日昌明矣。[65]

他在介紹佛教各宗派後以「案語」稱：

> 案南北朝時雖北有魏道武帝、孝文帝、周武帝崇尚儒術，燕、齊、
> 趙、魏之間，橫經著錄，不乏通儒（原注：詳《北史·儒林傳》）。南
> 則宋元嘉間，專立玄學，以《周易》、《老子》、《莊子》為三玄，談論
> 則為玄言，著述則為玄部，轉相授受，亦成為一時之風尚，而釋教至是
> 已能獨立（原注：前者嘗依附道家，其清靜慈悲，皆取老子之說，故范
> 蔚宗《後漢書·西域傳》以釋氏為道家之流），與儒道並駕齊驅矣。
> 隋唐兩朝，雖有王通、韓愈等為儒家者言，而後人於王通，多譏其

64　同上書，卷 1，頁 16 下。

65　同上書，卷 1，頁 16 下-17 上。

僭妄，於韓愈亦盛稱其詩、古文辭而已。唐以與老子同姓，特尊道家，惟當時道教中人類皆騖於方術，鮮能著書立說，於玄理有所發明；而釋教則疊出大師，類能闡明經典，後能卓絕堅苦，以動世俗，故高材之士，翕然從之，是時可稱為釋教最盛時代。[66]

他還特意原文節錄、並聲明贊同胡適《中國哲學史大綱（上卷）》以東晉至北宋幾百年間的哲學完全以印度系為主體，而中國系學者王通、韓愈、李翱諸人全是第二流以下人物、學說全無精闢獨到見解的說法。[67] 他在〈宋代之哲學〉認為儒學的衰勢入宋後才逐步扭轉，他謂：

> 五代之際，兵戈擾亂，文化銷沉。自宋太祖登基而天下始定（原注：陳摶之言），嘗幸國子監講學，詔求天下遺書。太宗繼之，稽古右文，復作秘閣，藏書凡八萬卷，令群臣得觀書閣下，召問孔子世嗣，崇獎儒生，官立有國學、府縣學，民立則有書院。朝野上下，講學成風，儒教於是乎復興，而釋、道瞠乎後矣。宗支派別，不勝縷指，其中以濂、洛、關、閩為重鎮。[68]

他的持論跟溫肅〈哲學總論〉頗相呼應。[69] 此後有關胡瑗、孫復、石介、司馬光、邵雍、周敦頤、程顥、程頤、張載、朱熹、陸九淵、葉適、陳亮、魏了翁、真德秀十五人的思想闡述，便主要取法《宋元學案》。[70]

　　綜觀全書，融會相關典籍、以綜論方式闡述自己見解的方法便成了朱汝珍概論不同時代的哲學時表達己見的主途，而間添的「案語」，則每呈盡畫龍點睛的效果。他與溫肅同是飽讀經書、寓居香港的前清翰林，因時際會講學上庠，卻得在堅稱中國無所謂「哲學」下擔任「哲學」科的講師。翻閱此書者憑藉書首的〈漢以後之哲學〉，已可略窺他的矛盾

66　同上書，卷 1，頁 22 下-23 上。

67　參看同上書，卷 1，頁 23 上。

68　同上書，卷 2，頁 1 上。

69　參看《香港大學中文學院哲學講義》，卷 1，頁 2 下；《溫文節公集》，卷 5，〈檗庵哲學講義〉，頁 308。

70　參看《漢以後之哲學》，卷 2，頁 1 上-32 下。

心情。他採用以人為經、思想為緯的方式順序臚列漢以來著名學者的重要學術觀點。書中除闡釋董仲舒思想時沿用溫肅確立主題、條列資料、間添評語的方法設定「董子天人合一說」、「董子陰陽五行說」、「董子言性」、「董子言仁義」四主題，再授引《春秋繁露》的不同篇章作闡述外，[71] 主要都是頗隨己意自選資料作綜論式陳述。〈宋代之哲學〉介紹的十五學者，便是他滿足校方所定「哲學」科第四年必須講授的「近代諸子」。[72]

五・結語

　　民國時期香港的經學教育主要依賴寓港的清季翰苑中人大力支持，而香港大學文學院與中文學院的贊翊功績尤不容湮沒。溫肅與朱汝珍為香港大學中文學院講授「哲學」一科時編撰的完整講義 ——《大學中文哲學課本》無疑顯示了香港的經學教育已陷於萬劫不復的境地。隨着賴際熙於一九三二年自我終結任教香港大學二十載的生涯後，[73] 中文學院在林棟領導下迅即被校方改劃為文學院的一個新學系，「經學（Classics）」正式在中文系的課程消失。從此，經學便只能寄身於大學的「哲學」或「文學」課程。[74] 經學教育的淡出與近代知識體系的轉移既是大勢所趨，[75] 擔任「哲學」科兼任講師的溫肅與朱汝珍雖各自在他們的講義裏異口同聲

71　參看同上書，卷 1，頁 1 上；卷 1，頁 2 上-5 下。

72　參看 *University of Hong Kong Calendar, 1930*, pp.170-172; *University of Hong Kong Calendar, 1931*, pp.161-165; *University of Hong Kong Calendar, 1932*, pp.161-167.

73　參看 *University of Hong Kong Calendar, 1932*, pp.66&158; *University of Hong Kong Calendar, 1933*, p.70.

74　參看 *University of Hong Kong Calendar, 1933*, "Appendix", no page number; *University of Hong Kong Calendar, 1934*, pp.110-113.

75　參看畢苑：〈經學教育的淡出與近代知識體系的轉移 —— 以修身和國語教科書為中心的分析〉，載《人文雜誌》，2007 年第 2 期（2007 年 4 月），頁 141-149。

指出中國無所謂「哲學」，[76]卻仍得借「哲學」的名談「理學」、「道學」、「宋學」、「儒學」的實。箇中的無奈，不免令人神傷。但他們編撰講義時確立主題、條列資料、間添評語的編撰方法不單被日後不少儒學教材編撰者仿效；他們以中國學術為中國「哲學」的教學內容安排亦每為繼起的教材編撰者沿用。兩人的講義雖未為中國「哲學」提出石破天驚的高見，卻成為香港經學教育與儒學教育發展的重要見證。

76　參看《香港大學中文學院哲學講義》，卷1，頁1；《溫文節公集》，卷5，〈檗庵哲學講義〉，頁305；《漢以後之哲學》，卷1，頁1上。

第十章
日本侵佔香港前學海書樓的講經活動

一‧導言

　　學海書樓是辛亥革命前後移居香港的一眾廣東籍清遺民於一九二三年創辦、旨在承傳與發揚傳統文化的民辦學術機構。它是時任香港大學漢文講師的賴際熙（1865－1937）為保存國粹、發揚儒家文化，而在華商何東（1862－1956）、洪興錦、郭春秧（郭禎祥，1859－1935）、利希慎（1879－1928）等雄厚財力支持下建立的一處兼具講學與圖書館功能的去處。書樓原擬命名為「崇聖書堂」，[1] 而它的淵源則可遠溯道光（1821－1850）年間在廣州成立的學海堂。[2] 賴際熙早在書樓創立前，已於一九二〇年至一九二二年間先行租賃香港中環半山堅道二十七號樓下，禮聘清遺民何翹高（何藻翔，1865－1930，1892 進士）設壇講學，每週授課二次，闡揚孔孟學說、四書五經，並旁及諸子百家，詩詞歌賦。賴際熙在一九二三年集資購入香港中區般含道二十號房屋，命名為「學海書樓」，以作藏書及講學場所後，除積極主持書樓事務外，更經常親臨主講。[3] 論者每稱「自書樓創始至香港淪陷前十餘年間，先後延

1　參看賴際熙：〈籌建崇聖書堂序〉，載賴際熙撰、羅香林（1906－1978）輯：《荔垞文存》（香港：學海書樓，2000 年），頁 30 32。

2　參看羅香林：〈香港大學中文系之發展〉，載氏撰：《香港與中西文化之交流》（香港：中國學社，1961 年 2 月），頁 207。

3　鄧又同：〈香港學海書樓之沿革（上）〉，載氏編：《香港學海書樓歷年講學提要彙輯，

〔下轉頁 213〕

聘朱汝珍（1870－1943）、區大典（1877－1937）、區大原（1869－1945）、陳伯陶（1855－1930）、溫肅（1879－1939）、岑光樾（1876－1960）等太史暨國學耆宿，每周兩次，輪值講學，所授均為四書五經，旁及子史詩詞」。[4] 但講學的詳情，後世一直知悉不多。

一九四一年十二月日本軍隊侵佔香港後，學海書樓因講者、聽者星散，藏書損毀，講學活動被迫中止，而相關的講學資料更是散失殆盡。由於報章既是歷史的見證者，也是歷史的記錄者，[5] 殘存的戰前報章資料自然成為重構書樓講學記錄最可行的嘗試。搜羅得的香港殘存報章資料，重構日本侵佔香港前學海書樓的講學活動，自當有助察知當時講經的一二情狀。

二・援用的資料

香港在日本侵佔前出版的報章，數目固已不多，而保存至今者亦每殘缺不全。目前所見，出版時間涵蓋一九二三年學海書樓成立至一九四一年香港淪陷的十多年、而又最便於檢索的報章，首推香港中央圖書館藏、且已被數碼處理的《香港工商日報》、《香港工商晚報》、《香港華字日報》、《香港華字晚報》、《大公報》與《天光報》六種。今就檢索所得，知涵括「學海書樓」資料的報道只見於《香港工商日報》、《香

學海書樓歷史文獻，學海書樓藏廣東文獻書籍目錄》（香港：學海書樓董事會，1995年冬月），頁7。原文本載《華僑日報》，1990年7月21日。有關學海書樓的創建，另參看學海書樓刊：〈誌學海書樓之原起及今後之展望〉，載《香港與中西文化之交流》，頁207-208。

4　鄧又同編：《香港學海書樓前期講學錄彙輯》（香港：學海書樓，1990年），伍步剛：〈序一〉，書首，不標頁碼。鄧又同〈香港學海書樓之沿革（上）〉亦有相類的說法（載氏編：《香港學海書樓歷年講學提要彙輯，學海書樓歷史文獻，學海書樓藏廣東文獻書籍目錄》，頁7）。各太史生平簡介，可看看鄧又同輯錄：《學海書樓主講翰林文鈔》（香港：學海書樓，1991年11月），〈陳伯陶太史事略〉（頁1）、〈區大典太史事略〉（頁33）、〈賴際熙太史事略〉（頁47-48）、〈溫肅太史事略〉（頁69）、〈區大原太史事略〉（頁91）、〈朱汝珍太史事略〉（頁95）與〈岑光樾太史事略〉（頁107）。

5　參看丁潔撰：《華僑日報與香港華人社會——1925－1995》（香港：三聯書店〔香港〕有限公司，2014年11月），封底。

港工商晚報》與《香港華字日報》三種。它們在香港中央圖書館的庋藏概況為：

報刊名稱	創刊日期	停刊日期	館藏起迄
《香港工商日報》	1925 年 7 月 8 日	1984 年 12 月 1 日	1926 月 4 月 1 日至 1984 年 11 月 30 日
《香港工商晚報》	1930 年 11 月 5 日	1984 年 12 月 1 日	1930 月 11 月 16 日至 1984 年 11 月 29 日
《香港華字日報》	1872 年 4 月 17 日	1946 年 7 月 1 日	1895 月 1 月 31 日至 1940 年 12 月 31 日

此三種報章的缺期情況雖然頗見嚴重，致令搜集的資料時見零碎而乏系統；可是藉着它們重構的學海書樓講學景象仍是彌足珍貴。目前檢索得的資料計有：[6]

年	月	日	報章	數目	備註
1926 年	2 月	1 日	《香港華字日報》	1 則	
	4 月	7、20、27 日	《香港工商日報》	3 則	
	5 月	8、25 日	《香港工商日報》	2 則	
	6 月	16 日	《香港工商日報》	1 則	
	12 月	6、14、20、29 日	《香港工商日報》	4 則	
1927 年	2 月	14、21 日	《香港工商日報》	2 則	
	3 月	7、10、29 日	《香港工商日報》	3 則	
	5 月	11、16、23、31 日	《香港工商日報》	5 則	
		16 日	《香港華字日報》		
	6 月	14 日	《香港工商日報》	1 則	
	7 月	6 日	《香港工商日報》	1 則	
1928 年	7 月	22、25 日	《香港工商日報》	3 則	
		23 日	《香港華字日報》		
	8 月	20、23、27 日	《香港工商日報》	3 則	
	9 月	3、10、17、24 日	《香港工商日報》	4 則	
	11 月	20、21、26 日	《香港工商日報》	3 則	
	12 月	17、25、31 日	《香港工商日報》	3 則	

6　本表羅列所有檢得資料在相關報章刊出的年月日，方便大家覆核。

（續上表）

年	月	日	報章	數目	備註
1929 年	2 月	19 日	《香港工商日報》	1 則	《香港工商日報》與《香港華字日報》8 月份的相關記載悉數重複，9 月份則各有 1 則重複。
	4 月	15、22 日	《香港工商日報》	2 則	
	5 月	6、27 日	《香港工商日報》	2 則	
	6 月	4、10、18、24 日	《香港工商日報》	4 則	
	7 月	15、22、29 日	《香港工商日報》	3 則	
	8 月	12、19、26 日	《香港工商日報》	6 則	
		12、19、26 日	《香港華字日報》		
	9 月	2、9、16、23 日	《香港工商日報》	5 則	
		23 日	《香港華字日報》		
	10 月	1 日	《香港華字日報》	1 則	
	12 月	30 日	《香港工商日報》	1 則	
1930 年	1 月	6、13、20 日	《香港工商日報》	3 則	《香港工商日報》與《香港華字日報》2 月與 4 月份的相關記載各有 3 則重複；3 月份各有 2 則重複。
	2 月	10、17、24 日	《香港工商日報》	7 則	
		4、10、17、24 日	《香港華字日報》		
	3 月	3、10、17 日	《香港工商日報》	6 則	
		3、17、24 日	《香港華字日報》		
	4 月	1、7、14、21 日	《香港工商日報》	8 則	
		1、7、14、28 日	《香港華字日報》		
	5 月	5、12、19、26 日	《香港工商日報》	4 則	
	7 月	7、14、21、28 日	《香港工商日報》	4 則	
	8 月	4、11、18、26 日	《香港工商日報》	4 則	
1931 年	3 月	2、9、16、23、31 日	《香港華字日報》	5 則	
	4 月	13、20、27 日	《香港華字日報》	3 則	
	5 月	4 日	《香港華字日報》	1 則	

（續上表）

年	月	日	報章	數目	備註
1932 年	4 月	4 日	《香港工商日報》	1 則	《香港工商日報》與《香港華字日報》5 月份的相關記載各有 2 則重複。
	5 月	16、23 日	《香港工商日報》	6 則	
		16、23、30 日	《香港華字日報》		
		2 日	《香港工商晚報》		
	6 月	6 日	《香港工商日報》	3 則	
		20、27 日	《香港華字日報》		
	7 月	4、11、18、25 日	《香港華字日報》	4 則	
	9 月	13、19 日	《香港工商日報》	2 則	
	11 月	7、21 日	《香港華字日報》	2 則	
	12 月	12、19、27 日	《香港華字日報》	3 則	
1933 年	1 月	9、16 日	《香港華字日報》	2 則	
	11 月	17 日	《香港工商日報》	1 則	
1935 年	2 月	18 日	《香港華字日報》	1 則	
	3 月	25 日	《香港華字日報》	1 則	
	4 月	8、22 日	《香港華字日報》	2 則	
1936 年	3 月	17 日	《香港華字日報》	1 則	
	7 月	4 日	《香港華字日報》	1 則	
	9 月	14、29 日	《香港華字日報》	2 則	
	10 月	5、19 日	《香港華字日報》	2 則	
1937 年	3 月	8 日	《香港華字日報》	1 則	
	11 月	17 日	《香港華字日報》	1 則	
1938 年	2 月	21、28 日	《香港華字日報》	2 則	
	3 月	31 日	《香港華字日報》	1 則	
	4 月	26 日	《香港華字日報》	1 則	
1939 年	3 月	25、27 日	《香港華字日報》	2 則	
	4 月	10、20 日	《香港華字日報》	2 則	

　　總計三份報章共檢得相關記載一百五十三則，剔除內容相互重複的十四則，合共錄得一百三十九則。書樓每周大都規律地藉指定的報章發佈講學活動訊息，這遂為關心學海書樓講學發展史者提供了堅實可用的資料。後世若能將此等資料悉數搜羅，則重構書樓講學活動史誠非遙不可及的事。

三・每周講學的次數

一九二六至一九三九年間，學海書樓的發展蒸蒸日上。根據檢自《香港工商日報》、《香港工商晚報》與《香港華字日報》三種報章的相關記載，當時書樓每周講學的次數為：

年	月	每周講學的次數
1926 年	4、5、6、12 月	3 次
1927 年	2、3、5 月	2 次
	6、7 月	3 次
1928 年	8、9、11、12 月	3 次
1929 年	4、5、6、7、8、9、10、12 月	3 次
1930 年	1、2、3 月	3 次
	4 月	2 或 3 次
	5、7、8 月	2 次
1931 年	3、4、5 月	2 次
1932 年	4、5、6、7、9、11、12 月	3 次
1935 年	2、3、4 月	2 次
1936 年	3、7、9、10 月	1 次
1937 年	3、11 月	1 次
1938 年	2、3、4 月	1 次
1939 年	3、4 月	1 次

《香港工商日報》一九二六年四月七日一則題為〈學海書樓之演講〉的報道稱：

> 學海書樓，本星期三及星期日，仍由賴煥文（賴際熙）老師續講《詩經》；星期三日由俞叔文（1874－1959）老師講唐韓愈（768－824）與李翊論文書（即〈答李翊書〉）。查今年聽講者日見增加，遲到者每因無座可入，廢然而返。前擬不日增多座位，并望聽講者早臨入座，至無觖望云。[7]

7　《香港工商日報》，1926 年 4 月 20 日，第 2 張第 3 頁。

該報一九二六年四月二十日另一則題為〈本星期學海書樓之演講〉的報道亦稱：

> 學海書樓本星期三日、星期日下午，仍由賴老師（賴際熙）講《詩經》，星期六日下午由俞老師（俞叔文）講鍾嶸〈詩品序〉；又因近日聽講人多，特將堂中長桌移去，添加二十餘座，以免後至者觖望云。[8]

這清楚顯示一九二六年時，書樓的常態安排是每周講學三次，可以是周三兩講、周日一講，或周三、周六及周日各一講。當時，賴際熙每周負責兩講、俞叔文每周負責一講的安排着實吸引不少聽眾。由於書樓經常座無虛席，為增加聽眾人數，故需移去堂中長桌以添加座位。儘管如此，書樓的講學每在歲晚暫停。《香港華字日報》一九二六年二月一日一則題為〈學海書樓停講〉的報道稱：

> 般含道學海書樓宣佈，定於廿二日，因歲暮暫行停講，至明歲丙寅年正月初八日星期六照常講授，惟閱書則仍舊如常云。[9]

這歲暮與新春停講的習慣，《香港工商日報》一九二七年二月十四日一則題為〈學海書樓定期講學〉的報道亦稱：

> 般含道學海書樓定於舊曆十八日繼續開講，仍由賴煥文、俞叔文兩位老師主講，章程一仍其不舊云。[10]

由於此報道面世的當天，已是丁卯年正月十三日，而書樓仍未恢復講學，可見歲暮與新春的停講日期多寡實因年而異。此外，書樓在講學日遇上重要節日如清明、蒲節（端午節）、冬至，主講者都會自動輟講，

8　《香港工商日報》，1926 年 4 月 20 日，第 3 張第 1 頁。

9　《香港華字日報》，1926 年 2 月 1 日，第 2 張第 3 頁。

10　《香港工商日報》，1927 年 2 月 14 日，第 4 張第 2 頁。

以方便聽眾。[11]

　　根據目前檢得的報章報道顯示，一九二六年時學海書樓每周講學三次的安排，曾在一九二七年二月至五月間短暫改為每周講學兩次，並在一九二七年六月至一九三〇年三月重新回復每周三次講學。從一九三〇年四月至一九三一年五月，書樓又改為每周講學兩次。一九三一年六月至一九三二年三月則緣於資料匱乏，無法確知實情。一九三二年四月至十二月間，書樓已再改回每周講學三次。由於目前未能檢得一九三三年至一九三四年的相關資料，所以無法得知該兩年書樓的講學安排。一九三五年二月至四月，書樓的講學重新回復每周兩次。可惜，一九三五年五月至一九三六年二月的情況無從得知。書樓在一九三六年的三、七、九、十月，一九三七年的三和十一月，一九三八年的二至四月，一九三九年的三、四月都只能維持每周講學一次。這不難令人推測一九三六年三月起、甚或一九三五年五月後，書樓每周講學一次已是常態。因此，過往論者一廂情願以為日本侵佔香港前，書樓恆常地每周講學兩次，資料證明絕非事實。

四・書樓的講者

　　一九二六至一九三九年間學海書樓的講學雖在一九三五年後呈現高峰回落的情況，負責每周講學活動的學者卻未見絲毫熱情減退。現根據搜羅所得的報章資料，臚列講學的學者：

11　清明節輟講，《香港工商日報》一九三〇年四月一日題為〈學海書樓講學日記〉的報道稱：「星期六日適值清明節日，俞叔文老師輟講云。」（1930 年 4 月 1 日，第 3 張第 3 頁）《香港華字日報》同日題為〈學海書樓講學日記〉的報道亦稱：「星期六是日適值清明節日，俞叔文輟講云。」（1930 年 4 月 1 日，第 3 張第 2 頁）蒲節輟講，《香港工商日報》一九二七年五月三十一日題為〈學海書樓講學記〉的報道稱：「星期六日適值蒲節，是日輟講云。」（1927 年 5 月 31 日，第 3 張第 3 頁）冬至輟講，《香港工商日報》一九二八年十二月十七日題為〈學海書樓講學日記〉的報道稱：「星期六日適值冬節，俞叔文老師輟講。」（1928 年 12 月 17 日，第 4 張第 2 頁）

年	月	講者						
		賴際熙	俞叔文	區大典	岑光樾	區大原	朱汝珍	陳慶保
1926 年	4 月	✓	✓					
	5 月	✓	✓					
	6 月	✓	✓					
	12 月	✓	✓					
1927 年	2 月	✓	✓					
	3 月	✓	✓					
	5 月	✓	✓					
	6 月	✓	✓					
	7 月	✓	✓	✓				
1928 年	8 月	✓	✓		✓			
	9 月	✓	✓		✓			
	11 月	✓	✓	✓				
	12 月	✓	✓		✓			
1929 年	4 月	✓	✓					
	5 月	✓	✓		✓			
	6 月	✓	✓	✓				
	7 月	✓	✓	✓				
	8 月	✓	✓	✓				
	9 月	✓	✓	✓				
	10 月	✓	✓					
	12 月	✓	✓					
1930 年	1 月	✓	✓					
	2 月	✓	✓					
	3 月	✓	✓					
	4 月	✓	✓					
	5 月	✓	✓					
	7 月	✓	✓					
	8 月		✓					
1931 年	3 月	✓	✓					
	4 月	✓	✓					
	5 月	✓	✓					

（續上表）

年	月	講者						
		賴際熙	俞叔文	區大典	岑光樾	區大原	朱汝珍	陳慶保
1932年	4月	✓	✓			✓		
	5月		✓	✓	✓	✓	✓	
	6月	✓	✓	✓	✓	✓	✓	
	7月	✓	✓	✓	✓	✓	✓	
	9月	✓	✓	✓	✓	✓	✓	
	11月			✓	✓		✓	
	12月	✓	✓	✓		✓	✓	
1935年	2月	✓					✓	
	3月	✓					✓	
	4月	✓		✓	✓			
1936年	3月	✓						
	7月		✓					
	9月	✓						
	10月		✓					
1937年	3月					✓		
	11月							✓
1938年	2月				✓		✓	
	3月		✓					
	4月		✓					
1939年	3月		✓				✓	
	4月		✓					

　　從一九二六年四月至一九三九年四月，已知曾在學海書樓講學的學者共七位：

　　（1）賴際熙：他是廣東增城人，在光緒二十九年（1903）癸卯科會試獲賜同進士出身，曾任國史館總纂。他在辛亥（1911）後移居香港，任香港大學漢文講師，主講史學。他是書樓的創辦人，一直主導書樓的講學活動，並積極擔任主講。[12] 目前檢得的資料，只曾見他在一九三

12　生平可參看《學海書樓主講翰林文鈔》，〈賴際熙太史事略〉，頁 47-48；羅香林：〈故香港大學教授賴煥文先生傳〉，載《星島日報》，1950 年 8 月 17 日，第 10 版。

〇年七月中至八月底「因事輟講」。[13] 他在一九三七年三月逝世前，[14] 便只有一九三二年十一月、一九三六年七月、一九三六年十月至一九三七年三月未被安排講學。他在一九二七年三月前均為書樓每周主講兩次，[15] 只是自一九二七年三月始方因擔任的香港大學教席改為專職聘任，而不能在周三日下午為書樓講學。[16] 此後，他便將每周為書樓講學的次數減為一次。

（2）俞叔文：他是廣東番禺人，自幼不習舉業，而負笈北京譯學館，專研經世學問。民國初年，他因不滿時局多變，率家移居香港，藉設館課徒糊口。他是書樓的另一位創辦人，[17] 長期擔任書樓的司理，並積極擔任主講。一九四一年底日本軍隊侵佔香港後，他舉家北返廣州祖居避亂，直至日本戰敗投降，才匆促趕回香港，竭力奔走四方，矢志恢復書樓舊狀、尋回書樓舊藏。他在書樓重回正軌後，繼續擔任主講。[18] 目前檢得的資料，只曾見他在一九三二年十一月、一九三五年二月至四月、

13　參看《香港工商日報》，1930 年 7 月 14 日，第 4 張第 2 頁；《香港工商日報》，1930 年 7 月 21 日，第 3 張第 2 頁；《香港工商日報》，1930 年 7 月 28 日，第 3 張第 2 頁；《香港工商日報》，1930 年 8 月 4 日，第 3 張第 2 頁；《香港工商日報》，1930 年 8 月 11 日，第 3 張第 3 頁；《香港工商日報》，1930 年 8 月 18 日，第 3 張第 3 頁；《香港工商日報》，1930 年 8 月 26 日，第 3 張第 2 頁。

14　《香港華字日報》一九三七年三月二十八日一則題為「賴際熙昨日逝世」的報道稱：「賴太史際熙久旅居本港，歷任香港大學中文學院院長，及創辦學海書樓與崇正會館，提倡文化事業，異常努力，至舊曆歲杪得病，時發時癒。昨（廿七）日下午八時五十五分，在九龍譚公道一百五十五號寓中逝世，享壽七十有六，有子孫多人，戚友聞耗，多為悼惜云。」（《香港華字日報》，1937 年 3 月 28 日，第 2 張第 3 頁）

15　參看《香港工商日報》，1926 年 12 月 14 日，第 3 張第 1 頁；《香港工商日報》，1926 年 12 月 20 日，第 3 張第 1 頁；《香港工商日報》，1926 年 12 月 29 日，第 3 張第 1 頁。

16　《香港工商日報》一九二七年三月十日一則題為「學海書樓變更講學日期」的報道稱：「學海書樓向章每星期講學三次，本年因賴煥文老師就大學堂專席，星期三下午不遑兼顧，暫時輟講。其星期六、星期日仍照舊章；又由此星期起，賴老師講授《書經》，不設講義，聽講者須自備書籍入座云。」（《香港工商日報》，1927 年 3 月 10 日，第 3 張第 3 頁）

17　香港《華僑日報》一九五九年二月二十二日一則標題為「學海書樓創辦人俞叔文老師出殯」（《華僑日報》，1959 年 2 月 22 日，第 3 張第 2 頁）的報道，確定他是書樓另一位創辦人的地位。

18　參看杜祖貽等編：《俞叔文文存》（香港：學海書樓，2004 年），余祖明（1903－1990）：〈俞叔文先生傳〉，頁 1-4。另參看許振興：〈俞叔文與學海書樓〉，載《國文天地》，第 33 卷第 10 期（總第 394 期，2018 年 3 月），頁 43-46。

一九三六年三月和九月、一九三七年三月和十一月、一九三八年二月未被安排講學。自一九二六年四月至一九三九年四月，他一直是書樓講學活動的中流砥柱。

（3）區大典：他是廣東南海人，在光緒二十九年癸卯科會試獲賜同進士出身，曾任翰林院編修。他在辛亥後移居香港，受聘為香港大學文學院漢文講師、主講經學，並同時兼任其他學校的漢文教席。[19] 他在一九二七年七月開始在書樓講學。[20] 目前檢得的資料，他除一九二七年七月、一九二八年十一月、一九三二年九和十一月、一九三五年四月擔任主講外，[21] 只曾在一九二九年六月至九月初、一九三二年五月至七月兩度連續為書樓講學三、四個月。[22] 他在一九二九年九月初至一九三○年四月初更長期「因事輟講」。[23]

19　生平可參看《學海書樓主講翰林文鈔》，〈區大典太史事略〉，頁 33。

20　《香港工商日報》一九二七年七月六日一則題為「學海書樓加聘區太史講學」的報道稱：「學海書樓講學，從此星期起，星期三日下午改由賴煥文老師主講《書經》，不發講義。星期六日下午仍由俞叔文老師主講史論，刊有講義發給。星期日下午，加請區徽五（區大典）老師主講五經大義，亦有講義發給云。」（《香港工商日報》，1927 年 7 月 6 日，第 4 張第 2 頁）

21　參看《香港工商日報》，1927 年 7 月 6 日，第 4 張第 2 頁；《香港工商日報》，1928 年 11 月 26 日，第 3 張第 2 頁；《香港工商日報》，1932 年 9 月 13 日，第 4 張第 2 頁；《香港華字日報》，1932 年 11 月 7 日，第 2 張第 4 頁；《香港華字日報》，1932 年 11 月 21 日，第 2 張第 4 頁；《香港華字日報》，1935 年 4 月 22 日，第 3 張第 2 頁。

22　參看《香港工商日報》，1929 年 6 月 4 日，第 4 張第 2 頁；《香港工商日報》，1929 年 6 月 10 日，第 3 張第 3 頁；《香港工商日報》，1929 年 6 月 18 日，第 3 張第 3 頁；《香港工商日報》，1929 年 6 月 24 日，第 4 張第 2 頁；《香港工商日報》，1929 年 7 月 15 日，第 4 張第 2 頁；《香港工商日報》，1929 年 7 月 22 日，第 4 張第 2 頁；《香港工商日報》，1929 年 7 月 29 日，第 4 張第 2 頁；《香港工商日報》，1929 年 8 月 12 日，第 4 張第 2 頁；《香港工商日報》，1929 年 8 月 19 日，第 3 張第 3 頁；《香港華字日報》，1929 年 8 月 19 日，第 3 張第 3 頁；《香港工商日報》，1929 年 8 月 26 日，第 4 張第 2 頁；《香港華字日報》，1929 年 8 月 26 日，第 3 張第 2 頁；《香港工商日報》，1929 年 9 月 2 日，第 3 張第 4 頁；《香港工商日報》，1932 年 5 月 23 日，第 3 張第 2 頁；《香港華字日報》，1932 年 5 月 23 日，第 2 張第 2 頁；《香港華字日報》，1932 年 5 月 30 日，第 3 張第 2 頁；《香港工商日報》，1932 年 6 月 6 日，第 3 張第 3 頁；《香港華字日報》，1932 年 6 月 20 日，第 2 張第 4 頁；《香港華字日報》，1932 年 7 月 4 日，第 2 張第 4 頁；《香港華字日報》，1932 年 7 月 11 日，第 2 張第 4 頁；《香港華字日報》，1932 年 7 月 18 日，第 2 張第 4 頁。

23　參看《香港工商日報》，1929 年 9 月 9 日，第 3 張第 3 頁；《香港工商日報》，1929 年 9 月 16 日，第 4 張第 2 頁；《香港工商日報》，1929 年 9 月 23 日，第 4 張第 2 頁；《香港華字日報》，1929 年 9 月 23 日，第 3 張第 2 頁；《香港華字日報》，1929 年 10 月 1

〔下轉頁 224〕

（4）岑光樾：他是廣東順德人，在光緒三十年（1904）甲辰恩科會試獲賜進士出身，曾任翰林院庶吉士。他在一九二五年移居香港後，受聘擔任官立漢文中學及漢文師範學校漢文教席。[24] 一九二六年四月，他為書樓初度講學後，[25] 便在一九二八年八月起正式擔任主講。[26] 目前檢得的資料，他先後在一九二八年八至九月、一九二八年十二月、一九二九年四至五月、一九三二年五至七月、一九三二年九月、一九三二年十一月至十二月、一九三五年四月、一九三八年二月為書樓擔任主講。[27]

日，第 3 張第 2 頁；《香港工商日報》，1929 年 12 月 30 日，第 4 張第 2 頁；《香港工商日報》，1930 年 1 月 6 日，第 4 張第 2 頁；《香港工商日報》，1930 年 1 月 13 日，第 4 張第 2 頁；《香港工商日報》，1930 年 1 月 20 日，第 4 張第 2 頁；《香港工商日報》，1930 年 2 月 10 日，第 4 張第 2 頁；《香港工商日報》，1930 年 2 月 17 日，第 4 張第 2 頁；《香港華字日報》，1930 年 2 月 17 日，第 3 張第 2 頁；《香港工商日報》，1930 年 2 月 24 日，第 4 張第 2 頁；《香港華字日報》，1930 年 2 月 24 日，第 3 張第 2 頁；《香港工商日報》，1930 年 3 月 3 日，第 4 張第 2 頁；《香港華字日報》，1930 年 3 月 3 日，第 3 張第 2 頁；《香港工商日報》，1930 年 3 月 10 日，第 3 張第 3 頁；《香港工商日報》，1930 年 3 月 17 日，第 3 張第 3 頁；《香港華字日報》，1930 年 3 月 17 日，第 3 張第 2 頁；《香港華字日報》，1930 年 3 月 24 日，第 3 張第 2 頁；《香港工商日報》，1930 年 4 月 7 日，第 3 張第 3 頁；《香港華字日報》，1930 年 4 月 7 日，第 3 張第 2 頁。

24　生平可參看《學海書樓主講翰林文鈔》，〈岑光樾太史事略〉，頁 107；岑公煒編：《鶴禪集》（香港：編者自刊，1984 年），〈岑太史生平大事年記〉，頁 161-168。

25　《香港工商日報》一九二六年四月二十日一則題為「學海書樓延耆宿講學」的報道稱：「岑敏仲（岑光樾）先生為順德名太史，學者久尊仰之，前來港就席，書樓同人特於昨星期日到樓講書，聞聽講者極為滿意云。」（《香港工商日報》，1926 年 4 月 20 日，第 3 張第 1 頁）

26　《香港工商日報》一九二八年八月二十日一則題為「學海書樓添聘區岑兩太史講學」的報道稱：「學海書樓向聘賴煥文太史、俞叔文老師在堂講學，茲由夏曆七月起，加聘區徽五、岑敏仲兩太史於每星期三下午到堂講學。此數星期中，先由岑太史先講朱九江先生年譜，由書樓發給講義云。」（《香港工商日報》，1928 年 8 月 20 日，第 4 張第 2 頁）

27　參看《香港工商日報》，1928 年 8 月 20 日，第 4 張第 2 頁；《香港工商日報》，1928 年 8 月 27 日，第 4 張第 2 頁；《香港工商日報》，1928 年 9 月 3 日，第 4 張第 2 頁；《香港工商日報》，1928 年 9 月 10 日，第 3 張第 3 頁；《香港工商日報》，1928 年 9 月 17 日，第 3 張第 3 頁；《香港工商日報》，1928 年 9 月 24 日，第 3 張第 3 頁；《香港工商日報》，1928 年 12 月 31 日，第 3 張第 3 頁；《香港工商日報》，1929 年 4 月 15 日，第 4 張第 2 頁；《香港工商日報》，1929 年 4 月 22 日，第 4 張第 2 頁；《香港工商日報》，1929 年 5 月 6 日，第 3 張第 3 頁；《香港工商日報》，1929 年 5 月 27 日，第 4 張第 2 頁；《香港工商日報》，1932 年 5 月 23 日，第 3 張第 2 頁；《香港華字日報》，1932 年 5 月 23 日，第 2 張第 4 頁；《香港工商日報》，1932 年 6 月 6 日，第 3 張第 3 頁；《香港華字日報》，1932 年 6 月 20 日，第 2 張第 4 頁；《香港華字日報》，1932 年 7 月 4 日，第 2 張第 4 頁；《香港華字日報》，1932 年 7 月 18 日，第 2 張第 4 頁；《香港工商日報》，1932 年 9 月 13 日，第 3 張第 4 頁；《香港華字日報》，1932 年 11 月 7

〔下轉頁 225〕

（5）區大原：他是廣東南海人，在光緒二十九年癸卯科會試獲賜進士出身，授翰林院檢討，並嘗任廣東法政學堂監督。他在一九二七年移居香港後，受聘擔任官立漢文中學漢文教席。[28] 目前檢得的資料，他先後在一九三二年四至七月、一九三二年九月、一九三二年十一月至十二月、一九三七年三月為書樓擔任主講。[29]

（6）朱汝珍：他是廣東清遠人，在光緒三十年甲辰恩科會試獲一甲第二名，賜進士及第，授翰林院編修，嘗任京師法律學堂教習。[30] 他在一九三二年獲聘擔任香港大學中文學院「哲學」、「文詞」兩科的兼任講師，[31] 並因創辦香港孔教學院的首任院長陳煥章（1880－1933）於癸酉（1933）九月遽歸道山而在一九三三年出任孔教學院的院長。[32] 目前檢得的資料，他先後在一九三二年四至七月、一九三二年九月、一九三二年十一月至十二月、一九三五年二月至三月、一九三六年九月、一九三八年二月、一九三九年三月為書樓擔任主講。[33]

日，第 2 張第 4 頁；《香港華字日報》，1932 年 11 月 21 日，第 2 張第 4 頁；《香港華字日報》，1932 年 12 月 19 日，第 2 張第 4 頁；《香港華字日報》，1935 年 4 月 8 日，第 3 張第 2 頁；《香港華字日報》，1938 年 2 月 21 日，第 2 張第 4 頁。

28　生平參看《學海書樓主講翰林文鈔》，〈區大原太史事略〉，頁 91。

29　參看《香港工商日報》，1932 年 4 月 4 日，第 3 張第 3 頁；《香港工商日報》，1932 年 5 月 16 日，第 3 張第 3 頁；《香港華字日報》，1932 年 5 月 16 日，第 2 張第 4 頁；《香港華字日報》，1932 年 5 月 30 日，第 3 張第 2 頁；《香港華字日報》，1932 年 6 月 27 日，第 2 張第 4 頁；《香港華字日報》，1932 年 7 月 11 日，第 2 張第 4 頁；《香港華字日報》，1932 年 7 月 25 日，第 2 張第 4 頁；《香港工商日報》，1932 年 9 月 19 日，第 3 張第 4 頁；《香港華字日報》，1932 年 11 月 21 日，第 2 張第 4 頁；《香港華字日報》，1932 年 12 月 12 日，第 2 張第 4 頁；《香港華字日報》，1937 年 3 月 8 日，第 3 張第 2 頁。

30　生平參看《學海書樓主講翰林文鈔》，〈朱汝珍太史事略〉，頁 95。

31　參看 University of Hong Kong: *Calendar, 1932* (Hong Kong: The Newspaper Enterprise Ltd., 1932), p.158.

32　參看盧湘父（1868－1970）：〈香港孔教學院述略〉，載吳灝陵編：《港澳尊孔運動全貌》（香港：香港中國文化學院，1955 年 5 月），頁 8。原文正文標題誤植為「〈香港孔學教院述略〉」，現據該書目錄更正。

33　參看《香港工商日報》，1932 年 5 月 23 日，第 3 張第 2 頁；《香港華字日報》，1932 年 5 月 23 日，第 2 張第 4 頁；《香港工商日報》，1932 年 6 月 6 日，第 3 張第 3 頁；1932 年 6 月 20 日，第 2 張第 4 頁；《香港華字日報》，1932 年 7 月 4 日，第 2 張第 4 頁；《香港華字日報》，1932 年 7 月 18 日，第 2 張第 4 頁；《香港工商日報》，1932 年 9 月 13 日，第 3 張第 4 頁；《香港華字日報》，1932 年 11 月 7 日，第 2 張第 4 頁；

〔下轉頁 226〕

（7）陳慶保（1870－1942）：他是廣東番禺人，清末廩生，因屢試不第，轉習西醫，曾任職廣州陸軍醫院。但他旋因西醫每對病者施行的割症手術過於殘忍，轉而學習中醫。辛亥革命後，他舉家遷居香港。一九一二年春，他在香港島歌賦街開設陳氏家塾，招收生徒二、三十人，教授經學史，並在一九一四年前後兼任皇仁書院漢文教席。陳氏家塾在一九一八年遷至荷里活道，學生人數迅速增至二百名。由於家塾佔地較前寬廣，所以他每逢周日便把個人藏書開放予校外人士閱覽。他更逢周日早上登壇為大眾講授經史、文學。這等安排跟日後學海書樓的活動頗相類同。陳氏家塾後來改名為慶保中學，在一九三五年遷至堅道，學生旋增至三百多人。[34] 目前檢得的資料，他只曾在一九三七年十一月擔任書樓的主講。[35]

根據此等報章資料，統計各講者在一九二六年四月至一九三九年四月間主講書樓的次數，計為：

年份	講者						
	賴際熙	俞叔文	區大典	岑光樾	區大原	朱汝珍	陳慶保
1926	12	8	0	0	0	0	0
1927	12	10	1	0	0	0	0
1928	9	9	1	7	0	0	0
1929	19	20	11	4	0	0	0
1930	20	27	0	0	0	0	0
1931	9	9	0	0	0	0	0
1932	9	9	9	9	9	0	0
1933	0	0	0	0	0	0	0
1934	0	0	0	0	0	0	0

《香港華字日報》，1932 年 12 月 19 日，第 2 張第 4 頁；《香港華字日報》，1932 年 12 月 27 日，第 2 張第 4 頁；《香港華字日報》，1935 年 2 月 18 日，第 3 張第 2 頁；《香港華字日報》，1935 年 3 月 25 日，第 2 張第 4 頁；《香港華字日報》，1936 年 9 月 29 日，第 3 張第 2 頁；《香港華字日報》，1938 年 2 月 28 日，第 2 張第 4 頁；《香港華字日報》，1939 年 3 月 27 日，第 1 張第 4 頁。

34　參看王齊樂撰：《香港中文教育發展史》（香港：三聯書店〔香港〕有限公司，1996 年 9 月），頁 210-212。

35　參看《香港華字日報》，1937 年 11 月 17 日，第 3 張第 2 頁。

年份	講者						
	賴際熙	俞叔文	區大典	岑光樾	區大原	朱汝珍	陳慶保
1935	4	0	1	1	0	2	0
1936	3	2	0	0	0	1	0
1937	0	0	0	0	1	0	1
1938	0	2	0	1	0	1	0
1939	0	3	0	0	0	1	0
總計	97	99	23	22	10	14	1

一九二六年四月至一九三九年四月間在學海書樓講學的太史實際只有賴際熙、區大典、岑光樾、區大原、朱汝珍五位。陳伯陶與溫肅則礙於資料匱乏，未有講學書樓的記錄。[36] 一九三七年十一月首見擔任書樓主講的陳慶保只是廩生，而不事舉業的俞叔文卻是書樓講學次數最多、時間最長的一位。目前已知的此二百六十六次講學，俞叔文與賴際熙合佔達七成三，而其餘五位總和則只稍多於總數的四分一。

五・講學的內容

學海書樓的講學，論者每認為所授均為四書五經，而旁及子史詩詞。《香港工商日報》一九二六年四月二十六日一則題為〈本星期學海書樓之演講〉的報道稱：

> 本星期三及星期日下午，學海書樓仍由賴煥文老師續講《詩經》，星期六下午仍由俞老師（俞叔文）續講鍾嶸《詩品》，日前取講義者，務請攜回入座，不再給發云。[37]

36　溫肅子溫必復以溫肅自編年譜為底本編成的〈檗庵年譜〉，並無溫肅在學海書樓講學的記錄（參看溫肅：《溫文節公集》，香港：學海書樓，2001年，溫必復：〈檗庵年譜〉，頁1-24）。

37　《香港工商日報》，1926年4月26日，第3張第1頁。

同報一九二七年三月十日一則題為「學海書樓變更講學日期」的報道則稱：

> 學海書樓向章每星期講學三次，本年因賴煥文老師就大學堂專席，星期三下午不遑兼顧，暫時輟講。其星期六、星期日仍照舊章；又由此星期起，賴老師講授《書經》，不設講義，聽講者須自備書籍入座云。[38]

同報一九二七年三月二十九日一則題為「學海書樓講學日記」的報道亦稱：

> 學海書樓此星期內仍由賴煥文老師講《書經》，不發講義。俞叔文老師講俞蔭甫〈伯魯論〉、〈盆成括論〉，有講義發給云。[39]

這可見當時的報章多會預報學者講學時是否發放講義。現根據搜得的報章資料，將一九二六年四月至一九三九年四月間書樓各講者的講學內容表列：

講者	講授內容	講授日期	次數	講義
賴際熙	《詩經》	1926 年 4 月至 5 月	5	不發
	漢唐宋明黨議	1926 年 6 月	1	／
	《荀子》	1926 年 12 月	6	發
		1935 年 2 月至 1935 年 4 月	4	／
	《管子》	1927 年 2 月至 3 月	2	發
	《書經》	1927 年 3 月至 1928 年 9 月	14	不發
	《史記》	1928 年 11 月至 1931 年 5 月	52	不發
	〈文獻通考序〉	1932 年 4 月至 1932 年 12 月	9	不發
	《古文辭類纂》	1936 年 3 月至 1936 年 10 月	3	或發

38　《香港工商日報》，1927 年 3 月 10 日，第 3 張第 3 頁。

39　《香港工商日報》，1927 年 3 月 29 日，第 3 張第 3 頁。

講者	講授內容	講授日期	次數	講義
俞叔文	韓愈〈與李翊論文書〉	1926 年 4 月	1	/
	鍾嶸《詩品》	1926 年 4 月	2	發
	柳冕與一友論文書	1926 年 5 月	1	/
	曾滌生〈與劉孟蓉書〉	1926 年 6 月	1	/
	戴存莊〈朱建論〉	1926 年 12 月	1	發
	王夫之〈楊時論〉	1926 年 12 月	1	發
	王夫之《宋論》	1926 年 12 月	2	發
	全祖望〈四皓論〉	1927 年 2 月	1	發
	蘇軾〈武王論〉	1927 年 2 月至 1927 年 3 月	2	發
	王慶麟〈王安石蘇洵論〉	1927 年 3 月	1	發
	俞蔭甫〈伯魯論〉	1927 年 3 月	1	發
	俞蔭甫〈盆成括論〉	1927 年 3 月	1	發
	劉大櫆〈難言〉	1927 年 5 月	1	發
	劉大櫆〈續難言〉	1927 年 5 月	1	發
	蘇軾〈范蠡論〉	1927 年 5 月	1	發
	姚鼐〈范蠡論〉	1927 年 5 月	1	發
	朱彝尊〈陳壽論〉	1927 年 5 月	1	發
	侯朝宗〈荊軻論〉	1927 年 5 月	1	發
	錢大昕〈皋陶論〉	1927 年 6 月	1	發
	史論	1927 年 7 月	1	發
	《左傳》	1928 年 8 月至 1930 年 8 月	54	不發
	《詩經》	1931 年 3 月至 1932 年 12 月	18	不發
		1939 年 3 月至 1939 年 4 月	3	不發
	《古文辭類纂》	1936 年 7 月至 1936 年 10 月	2	發
	唐詩	1938 年 3 月至 1938 年 4 月	2	不發
區大典	五經大義	1926 年 7 月	1	發
	《周易》大義	1928 年 11 月至 1929 年 9 月	12	發
	《易・上經・乾》	1932 年 5 月至 1932 年 11 月	8	發
	《易經》	1932 年 12 月	1	發
	《孝經》	1935 年 4 月	1	/
岑光樾	簡朝亮《朱九江先生年譜》	1928 年 8 月至 1928 年 12 月	7	發
	〈文獻通考序〉	1929 年 4 月至 1929 年 5 月	4	發
	《漢書・藝文志》	1932 年 5 月至 1932 年 12 月	9	發
	《史記・仲尼弟子列傳》	1935 年 4 月	1	/
	《書經》	1938 年 2 月	1	/

（續上表）

講者	講授內容	講授日期	次數	講義
區大原	《禮記‧曲禮》	1932 年 4 月至 1932 年 9 月	7	不發
	《禮記‧檀弓》	1932 年 11 月	1	不發
	《禮記》	1932 年 12 月	1	不發
	《禮記‧檀弓》	1937 年 3 月	1	不發
朱汝珍	《四庫提要‧經部總敘》	1932 年 5 月至 1932 年 11 月	7	發
	〈兩都賦〉	1932 年 12 月	2	發
	《文心雕龍》	1935 年 2 月至 1935 年 3 月	2	發
	待定	1936 年 9 月	1	/
	《大學》	1938 年 2 月	1	不發
	《中庸》	1939 年 3 月	1	不發
陳慶保	《紀事本末‧甲申殉難論》	1937 年 11 月	1	發

　　除顯示為「／」者未知實況外，講授單篇文章者大都樂意派發講義。今將各講者的講學內容按經學、史學、子學及其他四類作粗略整理，則知講學活動中經學佔一百三十七次、史學佔八十六次、子學佔十二次，其他則佔三十二次。講經的次數多於其他三類的總和，箇中情況為：

　　（一）經學：除最晚參加講學的陳慶保外，所有講者都參與此領域的講授。他們各以自己的學術專長登壇授學。俞叔文講《左傳》（五十四次）與《詩經》（二十一次），區大典講《易經》（二十一次）與《孝經》（一次），賴際熙講《書經》（十四次）與《詩經》（一次），區大原講《禮記》（十次），朱汝珍講《四庫提要‧經部總敘》（七次）、《大學》與《中庸》（各一次），岑光樾講《書經》（一次），都是一時無兩的組合。

　　（二）史學：賴際熙是負責此領域最主要的學者，他除重點講授《史記》（五十二次）外，還旁涉〈文獻通考序〉與漢唐宋明黨議（合共十次）。岑光樾主要講授《漢書‧藝文志》（九次）與《朱九江先生年譜》（七次），而稍涉〈文獻通考序〉（四次）與《史記》（一次）。俞叔文講《宋論》（兩次）與陳慶保講《紀事本末》（一次）更令聽眾倍覺錦上添花。

　　（三）子學：賴際熙是目前所知唯一負責此領域講學的學者，他前後講授《荀子》與《管子》共十二次。

（四）其他：俞叔文是主講「其他」類的健將，個人獨佔二十五次，主要講授單篇文章、唐詩與《詩品》。朱汝珍曾擔任香港大學中文學院「文詞」科兼任講師，他主講〈兩都賦〉與《文心雕龍》（各兩次）並不出人意表，反而是以史學享譽的賴際熙參與《古文辭類纂》的講授（三次）令人始料不及。

書樓緣於講者對經學各有獨到心得，是以安排講學活動時偏重各人的學問專長。賴際熙雖長於史學而樂於主講經學、子學、甚或文詞的講題，俞叔文精於《左傳》而願意講授史學、文詞等著述，都可見兩位書樓創辦人力圖平衡講學活動的經、史、文詞等成分。整體而言，講學內容確實偏重五經、卻罕及四書。

六・配合講學的活動

學海書樓的講學，除藉講者的號召力與講題的吸引力鼓動聽眾到場聽講外，《香港工商日報》一九二六年十二月六日一則題為〈學海書樓春季課卷揭曉〉的報道稱：

> 本年春季該書樓課卷昨已揭曉，茲採錄如下：
> （一）《詩・豳風・鴟鴞》篇傳箋互異，宜博采眾說，折衷一是。（上取）何瑋卿。
> （二）漢唐宋明黨議。（上取）何楚碩、（中取）何榮開、（次取）馬崇治、蘇子剛、馮慧文、馬維相、尹冶純。
> （三）讀湛甘泉《心性圖說》書後。（上取）何鍾堯、（中取）馬維壎。
> （四）粵秀山賦古體。（上取）陳兆榮、（中取）袁公釗、（次取）李羅顏、李培根。
> （五）讀《三國志》詠史十首五絕。（上取）紫水少年、（中取）鍾守淳、何松石、李培、（次取）李戒非。
> （六）擬鄺湛若（鄺露，1604－1650）〈赤英母〉（案：當作「〈赤鸚鵡〉」）七律四首。（上取）容壯彝、李星君、（中取）李蘭溪女士、

（次取）袁公釗、龔應元、李漱石。[40]

同報一九二八年八月二十三日一則題為〈學海書樓秋季課題〉的報道稱：

　　（一）易之道四，卜筮居一，然古法罕傳。試將《左傳》所載筮法，推闡其義，以徵心得。

　　（二）孔子言「可與立，未可與權」，孟子言「執中無權，猶執一」，漢儒、宋儒解釋「權」字，語多抵觸，試折衷其義。

　　（三）李林甫用寒族蕃人為邊帥論。

　　（四）讀《五代史》義兒、伶官二傳書後。

　　（五）程伊川、張南軒皆謂張良是儒者，試申其說。

　　（六）史閣部贊（并序）

　　（七）乞巧賦（古體）

　　（八）長城行（七古）

　　（九）擬杜工部七律四首（堂成、卜居、狂夫、野老）

　　任作一藝，限八月十五日截卷。[41]

《香港華字日報》一九三二年十二月二十七日一則題為〈學海書樓講學日程〉的報道稱：

　　秋季課文取錄名次：

　　上取葉國基、高煥章、譚瑾菴、關敬儀。

　　中取龍遇時、譚瑾菴、鍾羽譙。

　　次取楊志南、金阜民、陳葆光、唐逸梅、廖逸軒、廖銘軒、高煥章、劉錫基、龍遇時、黎仲廉、關敬儀、羅浮僧證如。

　　冬季課題如下：

　　繪事後素義、

　　諸葛武侯擒縱孟獲論、

　　讀邱文莊公《大學衍義補》書後、

40　《香港工商日報》，1926 年 12 月 6 日，第 3 張第 1 頁。

41　《香港工商日報》，1928 年 8 月 23 日，第 3 張第 3 頁。

沙田觀稼雜詠（不拘體韻）
限十二月二十五日截卷云。[42]

同報一九三三年一月十六日一則題為〈學海書樓核定發獎〉的報道稱：

學海書樓壬申全年聽講作文成績，最優學生名次：
上獎唐逸梅，中獎廖逸軒、黎仲廉，次獎廖銘軒、潘元道。[43]

綜合多年的資料，大抵可見書樓除借助報章報道講學活動外，還恆常藉季度課文、設獎以吸引聽眾的支持。每次課文均命題最少四道，包括經、史、子、集各方面的學問，供參加者選擇。課文的形式類似徵文比賽，由書樓負責委任學者命題與評選。每季的優勝者又可自動參加全年總評，然後由評選者定出最優者名次。由於參加者不少是慕名前來的聽講者，這樣的層遞篩選方法，無疑大大拉近了書樓與參加者、聽講者的關係。

七·會友的徵求

學海書樓成立以後，一直強調藏書與講學並重。書樓除講學活動歡迎公眾自由旁聽外，藏書亦開放供公眾在閱覽室入座借閱。[44]書樓為穩定閱書、甚或聽講的人數，曾一度藉公開徵求會友籌集捐款。《香港工商日報》一九二八年七月二十二日一則題為〈學海書樓徵求會友之成績〉的報道稱：

42　《香港華字日報》，1932 年 12 月 27 日，第 2 張第 4 頁。

43　《香港華字日報》，1933 年 1 月 16 日，第 2 張第 4 頁。

44　參看鄧又同：〈香港學海書樓七十年概況〉，載何竹平（1919－2004）主編：《香港學海書樓七十周年紀念文集》（香港：學海書樓董事會，1993 年冬月），頁 10。

般含道學海書樓近日開始徵求會友,記者特以此事往訪書樓司理俞叔文君,欲知徵求情形若何。俞曰:原議徵求之費,係以為書樓基本金,故不定額數,愈多愈妙。今開始二日,已銷二十本(每本十人),當甚樂觀。在一般為父兄之心意,以為書樓庋藏珍本甚多,以後舊書日少,子弟欲研究國學者,十年後將有欲讀無書之歎,故為子弟計,不可不入會。具此心理,故多為子弟日後讀書年,以子弟名字加入者甚多云云。古人云:遺金滿籝,不如授子一經。幸家有讀書種子者,為留意焉。[45]

短短兩日,已有二百人參加,情況確實理想。同報一九二八年十一月二十一日一則題為〈學海書樓徵求會友已結束〉的報道稱:

學海書樓因第一次徵求十元永遠會友,其捐冊發出已久,其入會者固不乏人,而未交回捐冊者亦不少。茲於日內發出催函,茲將其原函錄左:

敬啟者:前上寸緘,并其字徵求會友憑券若干部,諒登籤室。事經閱月,亟待結束。茲再函請,并請將捐得之款項,費神徑寄本樓義務司庫李海東君收下便妥。其券根則請寄交本樓義務司理俞叔文君存案備查,以清手續為幸。諸費清神,實紉公誼。此上,即請某某先生道安。伏希荃照不莊。學海書樓義務主席賴際熙等謹啟。[46]

報道雖沒有公佈徵求會友的實際結果,卻肯定為書樓帶來不少進賬。俞叔文最初自稱書樓未有為入會者設定捐款數目,可是此活動結束的報道卻顯示捐款十元即成永遠會友,而《香港工商日報》一九三〇年四月十四日及四月二十一日同樣題為〈學海書樓講學日記〉的報道稱:

書樓總書目經已刊就,除分送外,凡屬為書樓會友者,俱可憑券到

---

45 《香港工商日報》,1928 年 7 月 22 日,第 4 張第 2 頁。《香港華字日報》1932 年 7 月 23 日一則同一標題、同一內容的報道稱「今開始二日,已銷二千本(每本十人)」(第 3 張第 2 頁),應是手民誤「二十」為「二千」,今不取。

46 《香港工商日報》,1928 年 11 月 21 日,第 4 張第 2 頁。

樓領取一部，以備查閱云。[47]

這會友福利實有助凝聚他們的向心力，而憑券領取總書目亦可以培養他們經常到書樓走動的習慣，這對書樓的講學活動肯定產生不少推動作用。

八・結語

學海書樓的一位創辦人俞叔文曾在一九五五年為書樓出版的講學錄撰寫序文，稱：

> 吾書樓建立之旨，所以保存古籍，發揚國粹，故除庋藏書籍外，每周講學，向有定規，兢兢不墜，歷有年所。[48]

但書樓在日本侵佔香港前的講學活動，確實礙於史料匱乏，過往論者每不免人云亦云。今倚靠報章的斷簡零篇，雖未足以重構該十多年間講學活動的全貌，卻多少呈現了當時每周講學次數、講者、講學內容、季度課文與徵求會友等的若干真象。講經佔講學內容逾半的事實，配合徵求會友活動的空前成功，已清楚顯示書樓推動香港經學教育的功勞絕不容抹煞。

47　《香港工商日報》，1930 年 4 月 14 日，第 3 張第 3 頁；《香港工商日報》，1930 年 4 月 21 日，第 3 張第 2 頁。

48　鄧又同編：《香港學海書樓前期講學錄彙輯（一九四六至一九六四年）》（香港：學海書樓，1990 年 4 月），俞叔文：〈（第二集）序〉，頁 61。

第十一章
北學南移與香港大學

一・導言

　　學術與人才的南向發展是中華民族發展的一大主旋律，而動盪的社會又不時為此旋律提供了演奏的舞臺。二十世紀四十年代末，中國社會經歷艱辛的抗日戰爭後，旋又因國民黨與共產黨爭奪統治權而迅速陷入大規模內戰。香港因着地緣的關係，成了不少學人避地南來的駐足點。香港大學的中文系與東方文化研究院（Institute of Oriental Studies）便曾因緣際會，在系主任與院長林仰山（Frederick Seguier Drake，1892－1974）領導下，匯聚了羅香林（1906－1978）、劉百閔（1898－1969）、饒宗頤（1917－2018）、錢穆（1895－1990）、唐君毅（1909－1978）、簡又文（1896－1978）、牟宗三（1909－1995）等一批南來的學者。他們在教學與研究上的貢獻，既為戰後復校的香港大學中文系奠下了日後發展的根基，也為香港的學術與教育發展樹立了可供遵循的楷模。儘管經學未必是他們在學術與教學上着力的重點，憑藉他們的費心，香港的經學或儒學教育與研究或多或少總應是受益者。

二・林仰山匯聚的南來學者

建校三十年的香港大學在一九四一年十二月因日本侵華軍隊攻佔香港島而被迫全面停課。不少師生或在抵禦日軍侵略時捐軀，或在日本侵佔香港的三年零八個月間喪命。[1] 倖存的教師在一九四五年八月日本投降後願意重返香港執教者實在為數不多。這使一九四六至一九五〇年間逐步復課的香港大學在入學人數迅速回復戰前水平的壓力下，除了急需尋求經費修復慘遭日本侵略軍大肆破壞的校內建築物外，還得設法興建教學大樓與大量招聘教職員，以解決師資嚴重短缺的難題。[2] 香港大學自創校以來一直以英語為法定的教學語言，[3] 可是「《香港大學條例》第十三則，規定文科須注重教授中國語言文學」，[4] 卻使中文系得以成為當時唯一獲校方批准以漢語、漢文授課的學系，這便為南來學者提供了難得的駐足契機。

戰後復校的香港大學中文系，實可溯源於清遺老賴際熙（1865－1937）在一九二七年致力籌款創立的香港大學中文學院。[5] 當時開設

---

1 參看 Lindsay Ride: "The test of War", in Brian Harrison (ed.): *University of Hong Kong: The First 50 Years, 1911-1961* (Hong Kong: Hong Kong University Press, 1962), pp.58-84；Clifford Matthews and Oswald Cheung (eds.): *Dispersal and Renewal: Hong Kong University During the War Years*, Hong Kong: Hong Kong University Press, 1998.

2 參看 Francis Stock: "A new beginning", in *University of Hong Kong: The First 50 Years, 1911-1961*, pp.85-92. 陳君葆的日記記載：「（一九四六年十月二十一日）今天港大算是登記開課了。然而學生能有幾人，亦正難說。」（陳君葆撰、謝榮滾主編：《陳君葆日記全集（卷二：1941－1949）》，香港：商務印書館，2004 年 7 月，頁 483）。

3 香港大學創校時，擔任香港總督的首任校長（Chancellor）盧押（Frederick John Dealtry Lugard, 1858－1945, 1907－1912 擔任香港總督）已率先將英語定為大學的教學語言。相關資料，參看 Frederick J. D. Lugard: *Souvenir presented by Sir Hormusjee N. Mody and the Committee of the Hongkong University to commemorate the laying of the foundation stone of the Hong Kong University building by His Excellency Sir F. J. D. Lugard, K.C.M.G., C.B., D.S.O., Governor of the Colony on Wednesday, 16th March, 1910* (reprinted with speeches at the ceremony, and illustrations, Hong Kong: Noronha & Co., 1910), pp.4-5.

4 賴際熙撰、羅香林輯：《荔垞文存》（香港：學海書樓，2000 年），附錄〈香港大學文科華文課程表〉，頁 169。

5 香港大學中文學院成立的詳情，可參看羅香林：〈香港大學中文系之發展〉，載氏撰：《香

〔下轉頁 238〕

的課程，包括「經學」（Classics）、「史學」（History）、「文詞學」（Literature）與「翻譯學」（Translation）四大類，[6] 並有「特設正音班（Mandarin Class），以便學生不嫻粵語者聽受，功課與正班同」。[7] 許地山（1893－1941）在一九三五年出任中文學院教授（Reader）後，除正式確定沿用至今的「中國哲學」（Chinese Philosophy）、「中國文學」（Chinese Language and Literature）、「中國歷史」（Chinese History）與「翻譯」（Translation）四科並立的課程體制外，還曾將學院的名稱改為「中國文史學系」（Department of Chinese Studies）。[8] 他履新後迅速舉薦原任教燕京大學的同事馬鑑（1883－1959）來港擔任中國文學講師（Lecturer in Chinese Literature）。[9] 馬鑑獲聘後乘坐「格蘭總統」號輪船於一九三六年三月二日抵達香港履任。[10] 由於許地山在一九四一年八月四日猝然逝世，[11] 他便被校方委任接掌學系的行

港與中西文化之交流》（香港：中國學社，1961 年 2 月），頁 223-224；程美寶：〈庚子賠款與香港大學的中文教育 —— 二三十年代香港與中英關係的一個側面〉，載《中山大學學報》，1998 年第 6 期（1998 年 12 月），頁 60-73；區志堅：〈香港大學中文學院成立背景之研究〉，載《香港中國近代史學報》，第 4 期（2006 年），頁 29-57。

6　參看 University of Hong Kong: *University of Hong Kong Calendar, 1927* (Hong Kong: The Newspaper Enterprise Ltd., 1927), pp.166-170.

7　*Ibid.*, p.170.

8　參看盧瑋鑾：〈許地山與香港大學中文系的改革〉，載《香港文學》，第 80 期（1991 年 8 月），頁 60-64。

9　陳君葆曾在他的日記記載：「（一九三五年十月一日）午下課後適許先生來，與談在羅（羅憩棠）、崔（崔伯樾）兩位退職後，將延聘何人最適當。……但許先生曾指出陸（陸侃如，1903－1978）經驗還有點不夠，似乎他的意屬馬鑑。」（陳君葆撰、謝榮滾主編：《陳君葆日記全集（卷一：1932－1940）》，香港：商務印書館，2004 年 7 月，頁 192）有關馬鑑赴港任職事，參看戴光中撰：《桃李不言 —— 馬鑑傳》（寧波：寧波出版社，1997 年 6 月），頁 89-93。馬鑑被聘為中國文學講師（Lecturer in Chinese Literature），參看 University of Hong Kong: *Calendar, 1937-1938* (Hong Kong: The Newspaper Enterprise Ltd., 1937), p.49.

10　參看《陳君葆日記全集（卷一：1932－1940）》，頁 238。

11　陳君葆於一九四一年八月四日記載：「許地山先生於下午二時十五分去世。」（《陳君葆日記全集（卷二‧1941－1949）》，頁 17）有關許地山的家世、生平、著述、悼文、悼詞、日記、書信、年表等，主要可參看全港文化界追悼許地山先生大會籌備會編：《追悼許地山先生紀念特刊》（香港：全港文化界追悼許地山先生大會籌備會，1941 年 9 月）與周俟松、杜汝森編：《許地山研究集》（南京：南京大學出版社，1989 年 5 月）兩書。

政工作。[12] 日本侵華軍隊攻佔香港後，他在一九四二年六月舉家遷赴成都，任教於成都的燕京大學。[13] 日本戰敗投降後，他在一九四六年七月重返香港大學履行尚未完成的僱用合約，領導學系面對戰後的新挑戰。[14] 當時系內教師尚有戰時一直守護馮平山圖書館藏書的原翻譯講師兼導師（Lecturer and Tutor in Translation）陳君葆（1898－1982）。[15]

馬鑑重掌學系差不多四年後，便在一九五〇年二月退休。[16] 這期間，只有曾任教金陵大學的賀光中（Ho Kuang-chung，又名賀德新）獲校方全職聘用。陳君葆嘗記：

> （一九四九年三月一日）早上到圖書館未幾，賀一中（當作「賀光中」）教授來訪，他現在已經成了流亡學者，都要暫時留在香港找生活，由西門（西門華德教授）介紹他當了大學方言班的教習，大概教普通話之類。他是研究佛學的，那一套現在恐不能退藏於密了。[17]

12　陳君葆於一九四一年八月十四日記自己「到圖書館，傅士德教授（文學院院長，Professor Lancelot Forster, 1882－1968）邀往談話，他問我關於中文教授的繼任人的意見，我說，就中國歷史說自然以陳寅恪（1890－1969）為最理想而且合適，至於行政方面仍以季明（馬鑑）先生補缺為宜，他說很對，便決定如此向當局提出」（《陳君葆日記全集（卷二：1941－1949）》，頁 17）。此建議終在兩天後落實，陳君葆得知校方決定聘陳寅恪為中國史教授（參看同上書，頁 23）。

13　參看《陳君葆日記全集（卷二：1941－1949）》，頁 84；《桃李不言 —— 馬鑑傳》，頁 103-120。

14　參看《陳君葆日記全集（卷二：1941－1949）》，頁 459-460；《桃李不言 —— 馬鑑傳》，頁 129-130。

15　有關陳君葆一生，可參看謝榮滾撰《赤子情深：陳君葆傳》（廣州：廣東人民出版社，2012 年 7 月）一書。陳君葆守護馮平山圖書館藏書事，可參看小思（盧瑋鑾）：〈一段護書往事 —— 記陳君葆先生〉，載陳君葆撰、謝榮滾主編：《陳君葆日記全集（卷七：1972－1982）》（香港：商務印書館，2004 年 7 月），頁 621-626。

16　陳君葆嘗記一九五〇年二月六日「送給馬先生那幅東西的《跋語》改寫如下：『季明吾師任香港大學教授凡十四年，杖履言旋，將歸珂里，臨別贈此，用表去思。時己丑幸一平，蘇東坡生日也』。這樣似較順些。下分署中文學會，及門弟子」（陳君葆撰、謝榮滾主編：《陳君葆日記全集（卷三：1950－1956）》，香港：商務印書館，2004 年 7 月，頁 8）。知馬鑑當於此時退休。

17　《陳君葆日記全集（卷二：1941－1949）》，頁 598。有關賀光中，另可參看王韶生（1904－1998）：〈溝通中西文化的賀光中〉，載氏撰：《當代人物評述》（臺北：文鏡文化事業有限公司，1985 年 6 月），頁 99-103。

馬鑑當時年紀已不小，校方一直計劃為學系另聘新教授，並乘時改組學系，是以他向校方建議的改進學系計劃始終未能獲得文學院管理層的支持。[18] 校方幾經籌謀，終於決定聘請澳大利亞（Australia）雪梨大學（University of Sydney）東方研究系（Department of Oriental Studies）講座教授（Chair Professor）賴歐（或譯名為：賴歐特、萊德敖，J.K. Rideout）擔任學系的教授（Professor）。陳君葆於一九四九年六月十日嘗記：

> 關於中文教授事，馬先生為言 Rideout 有信來，說要十二月底始來，是否因為局勢而存觀望則甚可疑，但捨固定的職位而就動搖的琉璃世界似屬甚不智之舉，惟賴氏之來，實不關副監督（Vice-Chancellor，即校長），或為西門氏之推薦也。英國人好些時候想在港大以外國人為中文教授了，一向對胡適（1891－1962），對陳壽（受）頤（1899－1977），對許地山，只不過是敷衍，今日的處置並非意外。記起郭沫若（1892－1978）的話：「不是說研究中國的學問應該要由中國人一手包辦，事實上，中國史料，中國文字，中國人的傳統生活，是只有中國人自己才能更貼切的接近。」[19]

局內人對校方鍾情以外國人擔任中文系教授、領導中文系發展的現實深感無奈。校方乘時委任倫敦大學教授愛德華來港考察中文系的情況，以便新任教授能配合相關的改組建議。愛德華於一九四九年十月到訪中文系，[20] 並在次年五月再赴文學院報告已提交校方的改組建議書。[21] 改組建議書大力批評中文系的「圖書館分類目錄和馬先生（馬鑑）所用的課本

18　馬鑑重返香港後，積極探求改進中文系的方案，事見《陳君葆日記全集（卷二：1941－1949）》，頁 466，1946 年 7 月 24 日條。但他建議設立的中文榮譽科，卻未能在文學院會議通過，事見《陳君葆日記全集（卷二：1941－1949）》，頁 594，1949 年 2 月 24 日條。

19　《陳君葆日記全集（卷二：1941－1949）》，頁 624。

20　參看《陳君葆日記全集（卷二：1941－1949）》，頁 656，1949 年 10 月 13 日條。

21　參看《陳君葆日記全集（卷三：1950－1956）》，頁 24，1950 年 5 月 27 日條。

是中學程度的，是學生認為足恥的」。[22] 校方費煞苦心的安排，本志在為新任教授革故立新、大展鴻圖，甚或多聘一、二洋人來系任教製造理據。當賴歐在一九五〇年一月十七日抵港履新後，[23] 校方便深信計劃已可水到渠成。可惜，賴歐抵港不久，竟於同年二月十五日中文學會歡送馬鑑榮休的次日（二月十六日）無故失蹤。[24] 當時馬鑑退休已成事實，校方遂匆匆委任賀光中為代理主任，領導系務。

賀光中在任期間，非但未有將擔任兼職講師、只是計時論酬的原中央大學史學系教授、中國法學史專家楊鴻烈（1903－1977）成功轉任為全職講師，[25] 還在次年九月聘請羅香林擔任兼職講師，替代楊鴻烈講授中國歷史。[26] 這期間，校方因賀光中已決定移席澳大利亞，遂於一九五二年夏天聘請原任教山東齊魯大學的林仰山在離開山東返回英國時來港出任學系的講座教授兼系主任。他在一九五二至一九六四年間擔任中文系系主任時積極網羅各方人才，從而奠定了日後學系進一步發展的穩固基礎。羅香林嘗扼要概述箇中的要項：

---

22 《陳君葆日記全集（卷三：1950－1956）》，頁 27，1950 年 6 月 20 日條。

23 參看《陳君葆日記全集（卷三：1950－1956）》，頁 6，1950 年 1 月 17 日條。

24 馬鑑榮休事，《華僑日報》於一九五〇年二月九日一篇題為〈港大同學歡送馬鑑教授退休〉的報道稱：「香港大學中文學會，定二月十五日下午三時，假香港大學余東璇健身室舉行茶會，歡送馬鑑教授退休云。」（第 2 版第 4 張）歡送會照片，可參看單周堯主編：《香港大學中文學院歷史圖錄》（香港：香港大學中文學院，2007 年），頁 71。賴歐失蹤事，參看《陳君葆日記全集（卷三：1950－1956）》，頁 10，1950 年 2 月 17日條；頁 11，1950 年 2 月 20 日條。

25 陳君葆曾於一九五〇年十二月十九日的日記就此事大抱不平，説：「文學院會議討論楊鴻烈擬請改鐘點制為全任，我曾力爭，但眾以為僅二學生不獲通過。自然大學當局實無意於發展中文系，這也不自今日始了。」（《陳君葆日記全集（卷三：1950－1956）》，頁 56）

26 參看《陳君葆日記全集（卷三：1950－1956）》，頁 129，1951 年 9 月 12 日條。楊鴻烈兼任講師的同時，主要任職香港《星島日報》英文翻譯員，一九五六年返回廣州，任廣東省文史館館員，一九七七年去世。相關事實，可參看何勤華：〈楊鴻烈其人其書〉，載《法學論壇》，第 18 卷第 3 期（2003 年 5 月），頁 89-96。葉樹勛選編：《楊鴻烈文存》附載的〈楊鴻烈生平年表〉以楊鴻烈於一九五五年六月「從香港至廣州，由廣東省統戰部招safe」（南京：江蘇人民出版社，2016 年 10 月，頁 407），十月便「到廣東省文史館擔任館員」（同上）。兩説歧異，待考。

　　林教授於那年（一九五二年）的六月，來到港大。那時我已先於上年九月受聘為兼任講師，對系裏的情況，也稍稍明瞭，所以林教授一接事就對我說，他已與校長商量，要改聘我為專任講師。並說：賀先生交代的時候，曾推薦劉百閔先生和饒宗頤先生為專任講師與副講師，問我對二先生認識與否？我說：二位都是我的好友，劉先生長於國學，饒先生長於詩詞和甲骨文研究，都是很難得的人選。林教授就和賴廉士校長（Sir Lindsay Tasman Ride，1898－1977，1949－1964 擔任香港大學校長）商量聘請二位先生。到了九月，二先生和我一同到校，分授中國文學和中國歷史，林教授則於中國歷史課程內每週加授一小時的中國考古與發現，另一位很早就任副講師的陳君葆先生，則講授一年級的翻譯。同時聘請吳椿先生為中文系的秘書。一九五三年九月復增聘唐君毅先生為兼任講師，講授中國哲學。一九五六年八月劉百閔先生升任為高級講師，饒宗頤先生升任為講師，又以陳君葆先生申請退休，乃改聘劉若愚先生為副講師，接授一年級的翻譯，復將中國歷史課程分出中國考古的部分，另設一種「中國美術考古與地理發現」的課程，由林教授與兼任講師陶美女士（Miss Mary Tregear，1924－2010）共同講授。一九五八年九月，以劉若愚（1926－1986）先生辭職，乃改聘楊維楨先生為副講師，接授翻譯。又以全系學生日益增加，復於同年九月增聘余秉權先生為專任講師，亦講授中國歷史。一九六〇年九月以唐君毅先生辭去兼職，乃改聘牟宗三先生為專任講師，接授中國哲學，復增聘美人金薩靜博士（Dr. G. E. Sargent）為副教授（Reader），負責策劃指導研究的工作，增聘羅錦堂博士為副講師，亦講授中國文學，而港大中文系的組織，在林教授的引導下，乃達到了完備的階段。[27]

　　羅香林、劉百閔、饒宗頤、唐君毅、劉若愚、陶美、楊維楨、余秉權、牟宗三、金薩靜與羅錦堂等學者相繼受聘，使學系得以在林仰山領導下為學生提供「中國文學」、「中國歷史」、「中國哲學」、「翻譯」、「中國美術考古與地理發現」五大領域相互配合而別具特色的學習課程。[28]

　　林仰山履新不久，即獲國際援助中國知識分子協會（The Aid

27　羅香林：〈林仰山教授與中國學術文化的關係〉（上），載《大成》，第 16 期（1975 年 3 月），頁 4。

28　參看同上注。

Refugee Chinese Intellectuals, Inc.）香港分會的財政支持，[29] 在取得校方同意後，於一九五二年正式成立東方文化研究院（Institute of Oriental Studies）。由於研究院成立的主要目的在提供研究設施供東西方學者從事有關中國與東方的研究，[30] 是以它除了設立語言學校（Language School），為英國派駐香港與遠東的人員提供國、粵兩語的訓練外，還成立馮平山博物館（Fung Ping Shan Museum），邀請出生於武昌的英國人陶美擔任館長（Curator），以配合與協助研究員工作。研究院的研究工作除得力於錢穆、唐君毅、G. Bertuccioli、A.C. Graham、R.P. Kramers、G. Morechand、A.C. Scott、Holmes H. Welch 等名譽研究員外，還倚重簡又文、衛聚賢（1898－1990）、徐慶譽、張瑄、楊宗翰、董作賓（1895－1963）等專任研究員。中文系諸教員亦同時肩負重要的研究角色。研究成果主要利用哈佛燕京學社（Harvard-Yeching Institute）與亞洲基金會（The Asia Foundation）香港分會的贊助，由香港大學出版部印刷專書出版；[31] 單篇的學術論文則

---

29 「國際援助中國知識分子協會」是羅香林在〈林仰山教授與中國學術文化的關係〉一文用以稱呼 The Aid Refugee Chinese Intellectuals, Inc. 的中文名稱。一直以來，The Aid Refugee Chinese Intellectuals, Inc. 根本沒有正式的中文名稱，學者多稱它為「援助中國知識人士協會」。它是美國政府基於心戰與情報需要，資助親國民黨的明尼蘇達州共和黨眾議員周以德（Walter H. Judd）等在一九五二年成立的民間組織。此組織成立的目的是經濟援助國共內戰後滯留香港、澳門的中國知識人士，協助他們移居臺灣、美國、歐洲、東南亞等地。相關的研究，目前以趙綺娜（1949－2013）：〈冷戰與難民援助：美國「援助中國知識人士協會」，1952－1959 年〉（載《歐美研究》，第 27 卷第 2 期，1997 年 6 月，頁 65-108）一文論析最為詳盡。

30 金新宇（S.Y. King）領導的專責工作小組在 *University of Hong Kong Chinese and Oriental Studies: A Survey of the years 1952-1964* 指出："The purpose of the Institute shall be: to provide facilities for research in Chinese and Oriental Studies for Eastern and Western scholars; to promote interest in Oriental Studies generally both within and without the University; to arrange for extra-mural instruction in Oriental languages and literature; to provide a focus and meeting-place for students of all countries in the field of Oriental Studies, to promote good fellowship among such students and to increase understanding and goodwill between the peoples of East and West."（Hong Kong: University of Hong Kong,1964, pp.3-4）

31 有關亞洲基金會的成立背景、運作特色及對香港高等中文教育發展的影響，參看張楊：〈亞洲基金會：香港中文大學創建背後的美國推手〉，載《當代中國史研究》，第 22 卷第 2 期（2015 年 3 月），頁 91-102。

大多刊載於林仰山在一九五三年創辦、並親自擔任主編的學術刊物《東方文化》（*Journal of Oriental Studies*）。這遂使東方文化研究院成為中文系的學術研究基地，而眾多南來的學者則成為學術研究的推動者。[32]

自山東南來的林仰山，在香港大學任職十二年間，先後為中文系延攬了羅香林、劉百閔、饒宗頤、唐君毅、劉若愚、楊維楨、牟宗三、余秉權、金薩靜、羅錦堂等十位學者。各人入職前，劉若愚任教於英國倫敦大學（University of London）亞非學院（School of Oriental and African Studies）、余秉權剛畢業於新亞研究所、金薩靜任職日本京都大學人文科學研究所研究員、羅錦堂自臺灣大學取得博士學位後來港任教於新亞書院，四位均非南來學者。其餘羅香林、饒宗頤來港前均任教於中山大學、唐君毅任教於中央大學、牟宗三任教臺灣東海大學前曾於中央大學、金陵大學、浙江大學等擔任教席，劉百閔曾任教於中央大學、復旦大學等，五位都屬南來學者。楊維楨畢業於愛丁堡大學（University of Edinburgh），在香港大學任教十九年。他入職前在國內的經歷，知者不多，卻應是南來者無疑，所以歸為南來學者亦屬得宜。[33] 余秉權雖非南來學者，卻是南來學者錢穆所創辦的新亞研究所第一屆碩士畢業生，師從南來學者牟潤孫（1908－1988），是南來學者的第一代傳人。[34] 林仰山為東方文化研究院延攬的錢穆、唐君毅、簡又文、衛聚賢、徐慶譽、張瑄、楊宗翰、董作賓等眾人來港前早已是學術界的翹楚，自亦是南來學者無疑。

32　相關詳情，參看 *University of Hong Kong Chinese and Oriental Studies: A Survey of the years 1952-1964* 一書。羅香林〈林仰山教授與中國學術文化的關係〉（上）亦有記述（頁 5-6）。

33　一九六七年楊維楨自香港大學中文系退休時，自稱「一生萍託水，萬事雪侵鬢，維楨旅食香港十九年矣。稟氣塞北，早悲世事之艱，就傅潢南，徒驚豆箕之急」（《香港大學中文學院歷史圖錄》，頁 137）。

34　參看區志堅：〈以人文主義之教育為宗旨　溝通世界中西文化：錢穆先生籌辦新亞教育事業的宏願及實踐〉，載王宏志等編：《中國文化之傳承與開拓：香港中文大學四十周年校慶國際研討會論文集》（香港：中文大學出版社，2009 年），頁 128。有關牟潤孫的學術，可參看李學銘：〈牟潤孫先生與「南來」之學〉，載鮑紹霖等主編：《北學南移：港臺文史哲溯源（學人卷 II）》（臺北：秀威資訊科技股份有限公司，2015 年 4 月），頁 38-50。

三・南來學者的學術貢獻

林仰山匯聚的南來學者，對香港大學中文系的課程規劃與東方文化研究院的學術發展貢獻良多。根據羅香林的敘述，中文系的課程自一九五二年起逐年增長，成為日後發展的基礎。他說：

> 林教授與港大中文系各同事，經過了多次的會商，乃決定將本系的科目：一年級設中國文學、中國歷史，和翻譯等三種。中國文學分中國文學史、先秦文學、經學導論，和專書選讀的《禮記》或《書經》等四目；中國歷史則分中國歷史通論、中國古代史、香港前代史，和專書選讀的《史記》等四目；翻譯則着重中譯英和英譯中的深度實習，和中國文學、歷史、地理、美術、考古等方面英文譯著的講述。二年級設中國文學、中國歷史、中國美術考古與地理發現，和中國哲學等四種。中國文學，內分三目，一為文字學、目錄學，和國學概論，二為漢魏六朝文學，三為專書選讀的《詩經》或《楚辭》；中國歷史，亦內分三目，一為秦漢至五代史，二為中國社會經濟發展史，三為專書選讀的《資治通鑑》或《漢書》；中國美術考古與地理發現，亦內分三目，一為陶瓷，二為銅器，三為漢代之地理發現；中國哲學則內分五目，一為中國哲學史，二為先秦諸子，三為漢代儒家，四為漢與六朝之佛學，五專書選讀的《道德經》或《莊子》。三年級亦設中國文學、中國歷史、中國美術考古與地理發現，和中國哲學等四種。中國文學，內分三目，一為文學批評，二為唐至現代文學，三為專書選讀的《易經》或《春秋》；中國歷史，亦內分三目，一為宋至現代史，二為中西交通史，三為專書選讀的《新唐書》或《明史》；中國美術考古與地理發現，亦內分三目，一為雕刻，二為繪畫，三為六朝至明之地理發現；中國哲學，則內分四目，一為宋明理學，二為唐至現代的佛學，三為現代思想及其與西方之關係，四為專書選讀的《六祖壇經》或《近思錄》。這三年的課程，除了講課外，另有與課程有關的各種高級習作。這樣的課程，幾乎已概括了中國學術文化的全體，所以系內的同事比之別系之同事，都特別忙碌。[35]

35　羅香林：〈林仰山教授與中國學術文化的關係〉（上），頁 4。另參看羅香林：〈香港大學中文系之發展〉，頁 232-238、254-256。

任教這些課程的中堅，正是羅香林、劉百閔、饒宗頤、唐君毅諸位南來學者。羅香林的《中國民族史》、《唐代文化史》，劉百閔的《經學通論》、《經子肄言》、《易事理學序論》，饒宗頤的《楚辭別錄》、《漢魏六朝文學通表》、《楚辭書錄》、《詞籍考》、《人間詞話平議》等都是教學過程的相關成果。[36]

　　東方文化研究院延攬的南來學者，以任職中文系諸位為骨幹，配合錢穆、唐君毅、簡又文、衛聚賢、徐慶譽、張瑄、楊宗翰、董作賓等，成果着實超卓。現以金新宇等學者在林仰山退休時總結東方文化研究院諸成果的報告為據，將一九五二至一九六四年間各名譽研究員與專任研究員刊行的專著與發表的論文數目作一統計。現表列如下：

姓名	書籍數目	論文數目
G. Bertuccioli	0	3
張瑄	0	2
錢穆（算至 1956）	7	8
A.C. Graham	0	1
徐慶譽	0	3
簡又文	4	23
R.P. Kramers	0	1
G. Morechand	0	1
A.C. Scott	5	1
董作賓	2	19
Holmes H. Welch	1	1

　　同時期在東方文化研究院從事學術研究的中文系教員，刊行的專著與發表的論文數目亦表列如下：

36　相關著述，參看羅香林：《中國民族史》，臺北：中華文化出版事業委員會，1953 年；羅香林：《唐代文化史》，臺北：臺灣商務印書館，1955 年；劉百閔：《經學通論》，香港：香港大學，1953 年；劉百閔：《經子肄言》，香港：學不倦齋，1964 年；劉百閔：《易事理學序論》，香港：學不倦齋，1965 年；饒宗頤：《人間詞話平議》，香港：作者自刊，1953 年；饒宗頤：《楚辭別錄》，香港：作者自刊，1960? 年；饒宗頤：《漢魏六朝文學通表》，香港：作者自刊，1960? 年；饒宗頤：《楚辭書錄》，香港：東南書局，1956 年；饒宗頤：《詞籍考》，香港：香港大學出版社，1963 年。各著者當時已出版的其他著述，可參看羅香林：〈香港大學中文系之發展〉，頁 254-256。

姓名	書籍數目	論文數目
林仰山	1	6
饒宗頤	8	51
劉若愚	0	3
劉百閔	0	17
羅錦堂	2	15
羅香林	18	38
牟宗三	4	10
G.E. Sargent	0	1
唐君毅（算至 1956）	2	3
楊維楨	0	1
余秉權	1	4

這可見羅香林、饒宗頤、錢穆、簡又文、唐君毅與董作賓等南來學者都是一時健筆。錢穆在一九五五年獲香港大學頒授名譽法學博士學位，[37]更使他成為南來學者們出色學術成就的表表者。

四 ・ 結語

南來學者對戰後香港大學中文系及東方文化研究院的貢獻已是有目共睹。林仰山在一九六四年榮休後，羅香林被推薦為中文系講座教授兼東方文化研究院院長。[38]但隨着時光流逝，林仰山任內延聘的南來學者在一九六八年羅香林任滿榮休時已無一留任。這十六年間，任教中文系的南來學者劉百閔、楊維楨、羅香林與牟宗三相繼榮休，而唐君毅與饒宗頤亦先後離職。香港大學校方更在羅香林榮休後將東方文化研究院改組為亞洲研究中心（Centre of Asian Studies）。此後，校方相繼聘用本校畢業生張曼儀、黃兆傑（1937－2007）、方穎嫻、趙令揚（1932－2019）、何沛雄（1935－2013）等擔任系內教職。他們都在香港大學

37　參看韓復智編：《錢穆先生學術年譜》（臺北：國立編譯館，2005 年 1 月），頁 2228。

38　參看羅敬之撰：《羅香林先生年譜》（臺北：國立編譯館，1995 年 11 月），頁 107。

本土化的過程中自覺地將師長的學養與造詣發揚光大，[39] 這使南來學者為戰後香港學術奠下的基石得到更穩固的鞏護與發展。

39　張曼儀肄業於香港大學文學院，主修中、英文學。一九六二年畢業後，負笈美國哥倫比亞大學（Columbia University），考取英文及比較文學碩士。黃兆傑於香港大學文學院畢業後，師從饒宗頤及 Dr. B. E. Booke 修讀碩士學位，完成後赴英國牛津大學（University of Oxford）攻讀博士。方穎嫻於香港大學文學院畢業後，師從牟宗三修讀碩士學位，完成後獲香港大學聘用。趙令揚於香港大學文學院畢業後，師從羅香林及林仰山修讀碩士學位，完成後赴澳洲雪梨大學任教，並攻讀博士學位。何沛雄（1935－2013）於香港大學文學院畢業後，師從饒宗頤修讀碩士學位，完成後赴英國牛津大學攻讀博士。相關資料，參考各人著述的介紹，不一一贅列。

第十二章
劉百閔的經學著述

一 · 導言

　　香港的經學教育曾在二十世紀初期蓬勃一時，大批原籍廣東的清朝翰林、舉人、秀才等在辛亥革命前後因着地緣的利便，相率南來避亂。他們不少藉着講授經書，在香港的各式學校舌耕維生。[1] 當中既具名望、又具學識者，還每能得到華商們提供經濟支持，從而過着華衣美食、瓊漿曼舞、詩酒唱酬、自得其樂的奢華生活。[2] 由於他們在社會上享有盛譽，港英政府在香港的管治人員亦樂意跟他們交往。[3] 他們在前清翰林賴際熙（1865－1937）領導下，除於一九二三年憑着華商的大筆捐款在民間創辦學海書樓，大力推動經學教育外；更盡心協助香港大學在一九二七年成立中文學院，從而使經學教育得以廁身上庠。由於經學是他們着意標榜、矢志保存的「國粹」，也是他們努力奔走、盡心弘揚的「聖學」，所以在他們鼓動下，社會上廣泛掀起一股尊經、讀經的熱潮。

1　參看陳謙撰：《香港舊事見聞錄》（廣州：廣東人民出版社，1989 年 8 月），頁 187-188。

2　參看賴際熙撰、羅香林輯：《荔垞文存》（香港：學海書樓，2000 年），卷 1，〈誥授光祿大夫子丹陳公（陳步墀，1870－1934）行狀〉，頁 142；溫肅（1879－1939）撰：《溫文節公集》（香港：學海書樓，2001 年），卷 3，《檗庵文集》，〈陳子丹墓誌銘〉，頁 164。

3　賴際熙跟當時的香港總督金文泰私交甚篤，每星期都往山頂總督府教授金文泰研習經書一小時半（參看《荔垞文存》，卷 1，〈與陳子丹書〉，頁 74）。

魯迅（周樹人，1881－1936）在一九二七年南遊香港後，便嘗撰文大肆抨擊這股風氣。他除點名批判宣揚這股風氣的香港總督金文泰（Cecil Clementi，1875－1947，1925－1930 擔任香港總督）外，還痛責香港大學中文學院創辦者賴際熙大力鼓吹的「大學堂漢文專科」。[4] 香港大學領導層為免此等批評招來英國政府的咎責，便在重視漢文的金文泰於一九三〇年離職後趁機着手籌劃中文學院的課程改革。他們及時把握負責中文學院行政與領導職務的賴際熙在一九三三年已離任的良機，迅速把所有「經學」科從課程表上剔除，香港的經學教育自是風光不再。[5]

　　被日本侵佔三年多的香港，在一九四五年八月日本戰敗投降後再度淪為英國的殖民地。[6] 隨着國內大規模內戰的迅速開展，大批學者相率南來避亂。他們不少原籍廣東，而非廣東籍者尤多。他們在戰後百廢待舉的惡劣環境下，因緣際會成為香港學術界與教育界的新血。劉百閔（1898－1968）便是箇中一員。他因着香港大學中文系系主任林仰山（Frederick Sequier Drake，1892－1974）的推薦，於一九五二年九月被香港大學聘為中文系講師（Lecturer）後，迅即在「中國語言與文學」（Chinese Language and Literature）課程裏開設已被校方除名二十年的「經學」科。他相繼出版的五部經學著述不僅為他供職香港大學的歲月留下印記，更為當時香港的經學教育作了見證。

4　參看魯迅：〈略談香港〉，載盧瑋鑾編：《香港的憂鬱——文人筆下的香港（一九二五——一九四一）》（香港：華風書局，1983 年），頁 3-10。賴際熙大力鼓吹的「大學堂漢文專科」，實際便是香港大學文學院於一九一三年成立後一直由漢文教習賴際熙與區大典（1877－1937）講授的「經學」與「史學」科。相關記述，參看《香港舊事見聞錄》，頁 205-207。

5　詳情參看本書第一章〈二十世紀香港經學發展的背景〉與第二章〈香港大學首三十年的經學課程〉。

6　參看蔡榮芳撰：《香港人之香港史 1841－1945》（香港：牛津大學出版社，2001 年），頁 268-273。

二 · 認識劉百閔

　　劉百閔是浙江省黃巖縣人,本名學遜,後改名莊,字百閔,而以字
行。他在黃巖縣立中學畢業後,曾從學於恪守程(程顥,1032－1085;
程頤,1033－1107)朱(朱熹,1130－1200)學說、以清遺民自居的
夏靈峰(夏震武,1854－1930),[7] 問學於曾遊學歐美、又長期潛心國學
的馬一浮(1883－1967),[8] 因而奠下了深厚的學問基礎。錢穆(1895－
1990)的〈故友劉百閔兄悼辭〉稱:

　　　　其於夏氏,蓋得其理學嚴謹之傳緒;於馬氏,則深賞其詩文流風之
　　趣。其練達事務、通洽人情似馬氏,其立身有主、不踰大節似夏氏。其
　　學尤於古經籍及宋明理學家言為嫻熟。[9]

7　夏震武,又名震川,字伯定,號滌庵,浙江富陽人。同治十三年(1874)進士,光緒六
　　年(1880)任工部營繕司主事時,曾因中俄劃界,上疏彈劾權要親貴,直言敢諫,震動
　　朝野。宣統元年(1909)八月,被公舉為浙江省教育總會會長,任內發表〈告全浙教育
　　會長意見書〉,主張興教圖強。同年,他出任浙江官立兩級師範學堂監督時,因「謁孔」
　　及要求教師「參見」,引起教師罷教,被迫辭職。辛亥革命後,他以孤臣孽子自居,束
　　髮古裝,歸鄉授徒講學。一九一八年,他在富陽縣裏山隱岩崗建造「靈峰精舍」,專事
　　講學。從學者累計千餘人,除本國大多數省份的學生外,尚有慕名自日本、朝鮮、越南
　　來學者。他治學恪守程、朱,以「愛國愛民,重廉恥,講氣節」為辦學宗旨,提出「合
　　孟子(孟軻,前372－前289)、程、朱而一之」,以「居敬窮理,力行交修」為用力
　　途徑;以「窮理」為「知言」之本;以「居敬力行」為「養氣集義之功」。他的著述有《靈
　　峰詩文集》、《人道大義錄》、《資治通鑑後編校勘記》、《夏氏叢刊四卷》、《悔言辯證》、
　　《大學衍義講授》等二十餘種。有關他的生平,可參看浙江省教育志編纂委員會:《浙江
　　省教育志》(杭州:浙江大學出版社,2004年),頁1038-1039。

8　馬一浮,原名浮,字一佛,幼名福田,號諶翁、蠲叟、蠲戲老人,浙江紹興人。光緒
　　二十五年(1899),他年僅十六歲,已應考鄉試、得第一名。光緒二十七年(1901),
　　他與馬君武(1881－1940)等人合辦《翻譯世界》。兩年後,他留學美國,學習歐洲
　　文學;繼而遊學德國、日本,研究西方哲學。他在一九一一年回國後,積極支持孫中山
　　(1866－1925)的革命活動。由於他長期潛心國學,他在一九三八年獲國立浙江大學校
　　長竺可楨(1890－1974)邀請,為學生講授國學。一九三九年,他在學生壽景偉(壽
　　毅成,1891－1959)、劉百閔等建議下,於四川樂山縣建立復性書院,並親任院長。
　　一九五三年,他出任浙江文史館館長。他的著述主要有《泰和會語》、《爾雅台答問》、
　　《宜山會語》、《老子道德經注》、《朱子讀書法》等。有關他的生平,可參看馬鏡泉等撰:
　　《馬一浮評傳》(南昌:百花洲文藝出版社,2010年),〈馬一浮先生年譜〉,頁147-
　　163。

9　錢穆:〈故友劉百閔兄悼辭〉,載張學明等編:《誠明古道照顏色 —— 新亞書院55周年
　　紀念文集》(香港:香港中文大學新亞書院,2006年),頁96。錢穆此文原刊於臺北《中

〔下轉頁252〕

他先行「盡讀《十三經》注疏、二十四史及通志堂叢書」，[10] 隨而東渡日本，入讀東京法政大學。一九三一年夏天，他自東瀛畢業歸國後，便出掌日本研究會，主編《日本評論》，並先後翻譯《世界各國之政治組織》與《儒教對於德國政治思想的影響》兩書。[11] 他除撰寫《日本政治制度》與《行政學論綱》兩書外，[12] 亦編成《日本之化學工業》與《中日關係條約彙釋》兩書。[13] 他還相繼在中央政治學校、中央大學、大夏大學等院校擔任教職。一九三二年三月，他應聘為國難會議會員。抗日戰爭期間，他連續擔任四屆國民參政會參政員，並兼理文化服務社。一九四六年十一月，他當選為制憲國大代表。一九四八年憲法頒行後，他更被選為立法院南京市區立法委員。

劉百閔在一九四九年由廣州移居香港，於九龍鑽石山山崖傍溪賃屋養雞為生。[14] 他原已決定在一九五一年九月舉家遷居臺灣，[15] 卻出乎意料得到林仰山的賞識，在一九五二年九月獲香港大學聘為中文系講師。[16] 他從

央日報》，分題為〈故友劉百閔兄悼辭・上〉（載，《中央日報》，1968 年 1 月 25 日，第 9 版）與〈故友劉百閔兄悼辭・下〉（載，《中央日報》，1968 年 1 月 26 日，第 9 版）。

10　程滄波：〈劉百閔先生傳略〉，載秦孝儀（1921－2007）主編：《革命人物誌》，第 23 集（臺北：中央文物供應社，1983 年），頁 410。程滄波此文原刊臺北《中央日報》，1968 年 1 月 28 日，第 9 版。

11　熊川千代喜原著、劉百閔編譯：《世界各國之政治組織》，上海：光華書局，1931 年；五來欣造（1875－1944）撰，劉百閔、劉燕穀譯：《儒教對於德國政治思想的影響》，長沙：商務印書館，1938 年。

12　劉莊撰：《日本政治制度》，南京：日本研究會，1932 年；劉百閔撰：《行政學論綱》，上海：中國文化服務社，1947 年。

13　劉百閔撰：《日本之化學工業》，南京：正中書局，1933 年；趙紀彬（1905－1982）、劉百閔、秦林舒編：《中日關係條約彙釋》，長沙：商務印書館，1940 年。

14　錢穆：〈故友劉百閔兄悼辭〉，頁 95；程滄波：〈劉百閔先生傳略〉，頁 411。

15　劉百閔在一九五一年七月九日致函雷震（1897－1979），自稱「房子賣了，九月中可來臺。」（載傅正主編：《雷震秘藏書信選》（臺北：桂冠圖書股份有限公司，1990 年），頁 145，〈張發奎、顧孟餘從事組織與團結──劉百閔致雷震〉）同年八月十三日，他再致書雷震，言「弟房子已賣掉，下月五日出屋。第二步在賣雞，此為一、二年之心血所累積，一旦賤價棄之，心殊有不捨得耳。弟入境證到九月底止，則入臺至遲亦不能過九月也。諸事能捭擋得了，弟即將九月初來臺。」（同上書，頁 153，〈人才重要但領袖最好無能──劉百閔致雷震〉）劉百閔與雷震的書函交往，承車行健教授提示，特致謝忱。

16　參看羅香林（1906－1978）：〈林仰山教授與中國學術文化的關係〉（上），載《大成》，第 16 期（1975 年 3 月），頁 4。

此全神貫注於教學與研究。一九五六年起，他被校方擢升為中文系的高級講師（Senior Lecturer）。[17] 他在一九六五年六月榮休，計共服務香港大學十三年。[18] 他在退休前一年開始專注於整理舊作，先後以「學不倦齋自刊書」的名義出版《經子肄言》、《易事理學序論》與《周易事理通義》三書。[19] 他嘗自稱「退休以後，暫留舊居，從事著述，整理積稿，以便繼續刊行」。[20] 可惜，他在一九六八年一月四日竟因喘病遽然辭世。[21]《孔門五論》是他生前最後一本親自定稿的「學不倦齋自刊書」，書在他逝世後三個月被標為「劉百閔遺著」出版面世。[22] 一九七〇年三月出版的《經學通論》則是他來不及親自定稿便付梓的最後一部「劉百閔遺著」。[23] 這五部後人津津樂道的著述都是他任教香港大學期間跟教學關係異常密切的學術研究成果。此外，他還有若干論文與《中日文化論集》、《中國文選》等合編著述傳世。[24] 儘管他沒有寫出等身的著述，他「於學術，不喜

---

17 參看 University of Hong Kong: *University of Hong Kong Calendar, 1956-57* (Hong Kong: Hong Kong University Press, 1956), p.39.

18 香港大學中文系於一九六五年六月二十三日舉行公宴歡送劉百閔榮休，牟宗三（1909 – 1995）撰〈劉百閔先生榮休序〉，由饒宗頤隨筆書於一厚冊，冊面、冊底是精美織錦，封面序名由羅香林題簽。此冊原件現藏於香港大學中文學院，序文載羅世略撰：《黌門憶舊錄》（香港：出版者缺，1998 年，不標頁碼）。自一九六五至一九六六學年起，劉百閔已不再在香港大學任教。因此，劉百閔的名字便不載於香港大學編的 *University of Hong Kong Calendar, 1965-66* (Hong Kong: Hong Kong University Press, 1965, p.39)。錢穆的〈故友劉百閔兄悼辭〉稱他「前後任職港大達十五年」（頁 96）；程滄波的〈劉百閔先生傳略〉稱他「在香港大學任中文部高等講師凡十六年」（頁 411）；徐友春主編的《民國人物大辭典》稱他在「1967 年辭去教席」（石家莊：河北人民出版社，1991 年，頁 411）；俱非事實。

19 劉百閔撰：《經子肄言》，香港：學不倦齋，1964 年；劉百閔撰：《易事理學序論》，香港：學不倦齋，1965 年；劉百閔撰：《周易事理通義》，香港：學不倦齋，1965 年。

20 語見劉百閔於一九六五年七月十二日致中文系教職員的函件，感謝中文系舉行公宴歡送他榮休。此函影印本載《黌門憶舊錄》（不標頁碼）。

21 程滄波：〈劉百閔先生傳略〉，頁 412。

22 劉百閔遺著：《孔門五論》，香港：學不倦齋，1968 年。劉百閔為此書撰〈序〉，自署寫於「五六、九、十、」（不標頁碼），即民國五十六年（1967）九月十日。

23 劉百閔遺著：《經學通論》，臺北：國防研究出版部，1970 年。

24 劉百閔等著：《中日文化論集》，臺北：中華文化出版事業委員會，1955 年；劉百閔等編：《中國文選》，香港：香港大學出版社，1955 年。

為專家，亦絕無門戶之見」，[25] 卻是不易的公論。[26]

三·認識劉百閔的經學著述

劉百閔在一九四九年移居香港後，便一直致力於經學的教學與研究。他自一九六四年起相繼撰成五部經學著述。這難怪論者稱他「為學無所不窺，用力專精，尤在治經」。[27] 各著述為：

(一)《經子肄言》

《經子肄言》是劉百閔第一部成書的經學論著（參見圖一）。全書於一九六四年九月印成，當時已是劉百閔任教香港大學的最後一個學年。推薦他任職香港大學的中文系系主任林仰山已在一九六四年六月榮休。他自己亦已決定引退離任，並正着手整理舊稿，本書便是他整理積稿的首項成果。他在一九六三年十二月為該書撰寫的〈自序〉簡述付梓的梗概：

> 這本書的初稿，原來是替《香港時報》「新青年」副刊寫的專欄。當時——大約是一九五五年，我接受了《香港時報》社長許孝炎先生的要求，為一般青年寫點有關國學常識一類東西。當時我慨然答應，每三天給它寫一稿送去，倒也十分輕鬆，不過千把字左右，稱為「國學淺說」。一直寫了年把，寫到〈閩學在新儒學上的集大成〉，因為別種原故，稿子沒有再寫下去，突然停止。這時，我在香港大學中文系兼授《近思錄》，〈新儒學的形成與特質及關係諸方面〉及〈濂溪《太極圖說》

25　錢穆：〈故友劉百閔兄悼辭〉，頁96。

26　劉百閔的生平事蹟，知者一向不多，資料主要參看錢穆：〈故友劉百閔兄悼辭〉，頁95-98；程滄波：〈劉百閔先生傳略〉，頁410-412；《民國人物大辭典》，頁1113-1414，〈劉百閔〉條。但三者的記載都有或多或少的錯誤，本文採用時已嘗考證糾繆，不再逐一標出。

27　程滄波：〈劉百閔先生傳略〉，頁411。

與《通書》在儒學上的地位〉、〈洛學在新儒學上的建樹及其開展〉、〈關學在新儒學上所建立底門庭〉、〈閩學在新儒學上的集大成〉幾篇亦便作為講稿。以後又因唐君毅（1909－1978）先生赴美，代他講授中國哲學史，又陸續寫了〈朱陸異同與鵝湖之會〉、〈王陽明的致良知、知行合一和天泉證道〉、〈顏習齋所謂聖賢之道與聖賢之學〉、〈戴東原的道論、性論及其理欲不分論〉四篇，亦作為講稿，先後在《香港大學文學會年刊》（案：「香港大學文學會」實即香港大學文學院 Faculty of Arts 的學生會 The Arts Association，此年刊的英文名稱為 The Quill）及學生會《年刊》（案：此當為中文學會《年刊》）刊出。當時一面寫，一面亦接到香港及臺灣的讀者的來信，要我將此稿改出一書，以便翻閱，當時我十分感謝他們的一番盛意，但出版則諉為寫完再說。……一直到一九六一年，劉子鵬先生主辦田風印刷廠，慫恿我出版這本稿子，而且他亦出了主意，要求我加注，便利讀者。我又慨然答應。這給我引起很大的麻煩，亦化了我不少工夫。而這本稿子亦改稱了《經子肄言》。可是這位子鵬先生為德不卒，這本稿子排了一年多，沒有排上五分之二。今年陳道夷先生服務臺糖印刷所，來信要為我出版我這十年來在香港大學的講義，因此我從田風印刷廠拿回來稿子，亦付了幾百元的排工費，和我的舊稿《周易事理通義》一併交道夷付排或重排。現在這本稿子總算排完了；可是這本稿子的出世，一路多少有點崎嶇，不很順利。[28]

全書分為「甲編」及「乙編」，「甲編」二十二目言「經學」、「乙編」三十四目談「子學」，另加「附錄」的〈宋學重要的問題及其線索〉。「甲編」與「乙編」的細目為：[29]

---

28 《經子肄言》，〈自序〉，頁 1-2。他在〈自序〉提及的《香港時報》，創刊於一九四九年八月四日，由許孝炎擔任社長。相關簡介，可參看李谷城：《香港報業百年滄桑》（香港：明報出版社有限公司，2000 年），頁 194-195。

29 參看同上書，〈經子肄言目錄〉，頁 1-6。

甲編	乙編
1　我們祖先的精神產物	1　從六藝時代到諸子時代
2　「經」為書中之書	2　諸子時代的時代精神
3　《易》建立了事理學	3　當時的遊說之士和客
4　《尚書》在史學上的地位	4　儒家、道家、法家、墨家
5　《詩》是古代的詩歌總集	5　儒家在中國歷史上的地位
6　《儀禮》從文化學立場來看	6　道家從老子莊子說起
7　大小戴《禮記》與禮意學	7　法家是儒家和道家的混血兒
8　《周禮》——古代的行政法典	8　墨家在各家中是最特別的一家
9　從《春秋》談到官報和民報	9　名家之學為各家共有之學
10　《春秋左氏傳》是歷史文學	10　陰陽家在各家中是最古老的一家
11　《春秋公羊傳》的歷史哲學	11　縱橫家、農家、雜家、小說家
12　《春秋穀梁傳》與語意學	12　秦漢之際文化界的地下活動
13　《論語》與孔子人格精神	13　「黃老於漢」與所謂黃老學
14　孟子的認識自我與建立自我	14　儒家的抬頭及其定為一尊
15　《孝經》為孔子顯天心之作	15　陰陽家言在兩漢的泛濫
16　《爾雅》在訓詁學上的價值	16　時代思潮的反激與思想批判
17　經今文學與古文學	17　從巫覡方士道士到道教的形成
18　今古文學上的周公和孔子	18　兩晉清談與所謂老莊學
19　南學北學和《十三經注疏》	19　名辯與名理在兩晉清談的合流
20　漢學鄭玄和宋學朱熹	20　神仙家言及道教的長成
21　《四書五經大全》和「新十三經注疏」	21　佛教東來與「佛於晉魏梁隋之間」
22　群經的新章句和新集註	22　儒、道、佛三教異同底爭論
	23　佛教在唐代的發展及其登峰造極
	24　道教在唐代的發展及其南北兩宗
	25　儒家在唐代的休眠及其起蟄
	26　新儒學的形成與特質及關係諸方面
	27　濂溪《太極圖說》與《通書》在新儒學上的地位
	28　洛學在新儒學上的建樹及其開展
	29　關學在新儒學上所建立底門庭
	30　閩學在新儒學上的集大成
	31　朱陸異同與鵝湖之會
	32　論王陽明的致良知、知行合一和天泉證道
	33　顏習齋所謂聖賢之道與聖賢之學
	34　戴東原的道論、性論及其理慾不分論

▲　圖一、《經子肄言》

他解釋書末收錄〈宋學重要的問題及其線索〉的原因，他說：

> 末了的附錄〈宋學重要的問題及其線索〉，是從《東方雜誌》第四
> 卷第二八期抄出來的。這是民國十四年六月，替亡友繆巨卿先生代作的
> 《學生國學叢書・宋元學案新序》裏邊的一部分，當時商務印書館編譯
> 所所長朱經農先生認為這一部分可節出來在《東方雜誌》發表。現在作
> 為這本書的附錄，對一般青年讀者，亦不能說沒有用處。[30]

這部著述既有他課餘為報章撰寫的副刊文章，亦有講授哲學與專書科目
的講稿，更有專論宋學的文章。全書涵括的時限，自先秦迄明清；篇章
涵蓋的內容，則自經學、子學、以至哲學。劉百閔自稱此書具備的三大
優點為：

> 一、頭緒清楚；二、句調清疏俐落，沒有拖泥帶水的毛病；三、談

30　同上書，〈自序〉，頁 3。

問題能抓到要點，具體地說出，對人多少能發生一點感染。[31]

正是這樣一部頗歷滄桑的著述，推動了他接踵而來的「學不倦齋自刊書」系列相繼面世。

（二）《易事理學序論》

《易事理學序論》被劉百閔列為「學不倦齋自刊書之二」，是他撰著的第二部經學論著，亦是他撰著的第一部《易》學著述（參見圖二）。全書於一九六五年五月印成，當時正是劉百閔任教香港大學的最後一個月。他在一九六五年三月為本書撰寫的〈易事理學序論自序〉劈頭便說：

> 《易事理學序論》，何為而作也？曰：將以明《易》之為事理之學也。[32]

他細心析述「所謂學者，實字也，而虛名也」[33] 的道理，指出「學者，即成法之學也」。[34] 他還援用英語的「Logy」作解釋：

> 此所謂學者，蓋與英語之羅鈴 Logy 相似。羅鈴者，中譯為學；凡研究一種事物，自成統系，具有條貫者，皆謂之羅鈴，皆謂之學也；今之所謂各科學者，皆此學之義也。明此學之為義，然後可以論《易》之為事理之學。[35]

31　同上書，〈自序〉，頁 2-3。

32　《易事理學序論》，〈易事理學序論自序〉，頁 1。

33　同上注。

34　同上書，〈易事理學序論自序〉，頁 2。

35　同上注。

▲　圖二、《易事理學序論》

　　本於此「學」的定義，他進而詳細闡釋「《易》之為事理之學」的
理據：

　　　　《漢書・藝文志》：「六藝之文——《樂》以和神，仁之表也；《詩》
　　以正言，義之用也；《禮》以明禮，明者著見，故無訓也；《書》以廣聽，
　　知之術也；《春秋》以斷事，信之符也。五者蓋五常之道，相須而備，
　　而《易》為之原。」則以《易》為五學之原。章學誠（1738－1801）《文
　　史通義・易教・上》：「六經皆史也。古人不著書，古人未嘗離事而言
　　理。六經，皆先王之政典也。」予則曰：《詩》、《書》、《禮》、《樂》、
　　《春秋》五學，皆先王之政典也，亦即事也；而《易》一學，則言其理。
　　言事則理在其中，故曰「由顯以之隱」，猶今言由具體而抽象也；言理
　　則事亦賅焉，故曰「由隱以之顯」，猶今言由抽象而具體也。英哲斯賓
　　塞（Herbert Spencer，1820－1903）以學有具體之學、抽象之學、具
　　體抽象間之學，則《詩》、《書》、《春秋》，具體之學也；《禮》、《樂》，
　　具體抽象間之學也；而《易》則抽象之學也。抽象之學為具體之學之
　　原，故曰《易》為五學之原也。事有已成事、未成事，欲學為史，視已
　　成事；則史者，言已成事者也。《詩》、《書》、《禮》、《樂》、《春秋》，
　　皆已成事也；而《易》則言未成事也。〈繫辭傳〉：「神以知來，知以藏
　　往。」藏往者，知之事也，史之事也；知來者，神之事也，《易》之事

也。故六經皆事也，而非皆史也。事有其跡，有其理，五學言其跡，而《易》則言其理。凡今之所謂學者，明其本末終始者也，皆欲以知來者也。天文學，將以知天文氣候變化之事也。病理學，將以知人體疾病變化之事也。而事理學者，則欲以知人事發展變化之事也。凡學之成其為學，必有其根本，有其體系，有其實踐者也；而《易》則整然具備。《易》有太極，則謂《易》有其根本原理；兼三才而兩之，謂之兼兩律；生生之謂易，謂之生生律；皆《易》之根本原理也。六爻之動，三極之道也。所謂三極，所謂三才，所謂天道、地道、人道，皆《易》之體系原理也。定之以中正仁義而主靜，立人極焉。所謂人極，所謂中正仁義，皆《易》之實踐原理也。具此三原理，而〈繫辭傳〉作者則又為之界曰：「通變之謂事。」宇宙萬事萬物森然並陳，皆事也；而《易》則通其變——變，事也；通，學也；此《易》之所以為事理之學也。[36]

憑着〈易事理學序論自序〉如此詳細的析論，讀者自能在閱讀此書前先行掌握書中〈易事理學序論〉、〈易事理學的第一原理〉、〈易事理學的存在原理〉與〈易事理學的實踐原理〉四篇的概括內容。伴隨着這四篇論著，劉百閔在書末另載有「附錄」三篇：〈周易繫辭傳認識論底考察〉、〈人極論〉與〈易事理學的實踐方法論〉，各篇都有助讀者從不同層面認識此「《易》事理學」的論說。

（三）《周易事理通義》

《周易事理通義》是劉百閔的「學不倦齋自刊書之三」，是他撰著的第三部經學論著，亦是他撰著的第二部《易》學著作（參見圖三、四）。全書於一九六六年五月印成，當時劉百閔已自香港大學退休差不多一年。他在書的〈周易事理通義自序〉開章明義闡釋《易》與「事理」的關係，他說：

36　同上書，〈易事理學序論自序〉，頁 2-3。

《詩》、《書》、《禮》、《樂》、《春秋》皆事也，而《易》為其原。
為其原者，為原其理也。即事以明理，《詩》、《書》、《禮》、《樂》、《春
秋》也。由理以設事，《易》也。凡即事以明理者，皆由顯而之微者也。
凡由理以設事者，皆因微者而之著者也。《詩》、《書》、《禮》、《樂》、
《春秋》皆有其事，而因以明理焉。《易》無其事，因理以設象，——
象者，像也；乃理之彷彿近似可以想像者也，而因以像似其事。虎尾不
可履而履焉，左腹不可入而入焉，無其事而有其理，故以象像似其事；
此《易》之所以與《詩》、《書》、《禮》、《樂》、《春秋》異也。凡學，
皆假設而言者也。其所言者，或實有其事，或實無其事；實有其事，如
箕子明夷，喪羊於《易》是也。實無其事，如載鬼一車，日中見鬥是
也。然而皆有其理；理無形無影，沖穆無朕，《易》所以設象而言之者，
則亦求其理而已。[37]

▲ 圖三、《周易事理通義》上冊

▲ 圖四、《周易事理通義》下冊

他進而就《易》一書的特點細作申析：

> 今世於節物無不有學，……而在我國之中古，則有《易》而倡為事

37　《周易事理通義》，〈周易事理通義自序〉，頁1。

理之學。《易》之興也，其於中古乎！作《易》者，其有憂患乎！《易》之興也，其當殷之末世、周之盛德，當文王與紂之事耶！然後《易》不僅有卦爻，而又有辭。六十四卦之〈卦辭〉，三百八十四爻之〈爻辭〉，皆假託以設象而像似其事者也；是之曰「經」。繼之有〈傳〉，則闡明其辭之所由作，然後《易》乃成其為學；其學則為事理之學。[38]

由於他深信《易》具備構成「事理之學」的「根本原理」、「體系原理」與「實踐原理」，是以特別強調「通變所以通《易》，通《易》所以通事。故是書所言，無不從事而言也」。[39]他還重申本書「名曰『通義』者，以舊注或囿於象數，或惑於圖書，離事而言，無當於《易》也；故曰『事理通義』」。[40]這使他份外傾力於本書的「事理」剖析。他說：

> 予是編《周易事理通義》之作，將以明《易》為事理之學。自來說《易》者多矣，以《易》為明人事之書，言之者亦多矣；然未知其《易》在吾民族已成其為事理之學。二千餘年來，先民皆嘗於是學致其心力，而成其為吾民族獨特之學。予蓋有《易事理學序論》之作，則泛論《易》之為事理之學，期與今世之心理學、倫理學、論理學、物理學同為專學，而能有事理學之作。《周易事理通義》，則專就《易》之本身，而闡其為事理之學。昔班固（32－92）有《白虎通義》之作，應劭（153?－196）有《風俗通義》之作，章句訓詁，末流滋弊，則通義實為其救。其後雖不標「通」，而體實存「通」之義，集解集註，皆其類也。戴氏（戴震，1724－1777）諸記，標分品目，以類相從，義非專一。而茲編於事理特著其義，冀於學人稍有裨益。《易辭》不外象、言、占而已。象，象事也：言，言事也；占，占事也。是編則即此三者而闡說之。[41]

《周易》一書，「有經有傳：經包括六十四卦與〈卦辭〉、〈爻辭〉而言。〈卦

38　同上注。

39　同上書，頁3。

40　同上注。

41　同上書，〈周易事理通義自序〉，頁3。

辭〉相傳為文王之所作,〈爻辭〉為周公之所作。傳則指解釋經文之傳而言,通常所稱孔子(前 551 - 前 479)作十翼,亦即十傳 ——〈彖傳·上〉、〈彖傳·下〉、〈象傳·上〉、〈象傳·下〉、〈繫辭傳·上〉、〈繫辭傳·下〉、〈文言傳〉、〈說卦傳〉、〈序卦傳〉、〈雜卦傳〉是。經分上、下經,〈上經〉三十卦、〈下經〉三十四卦。」[42]劉百閔遂將全書分為上、下兩冊,上冊先就〈上經〉、〈下經〉詳作闡釋;下冊再就十傳細作解說。〈上經〉、〈下經〉與十傳各篇開首均先作解題式的述說,介紹該經或該傳的重要內容與特點;經、傳的原文則以集解、集注的形式分析箇中涵義,而特別着重於事理的闡說。全書厚達一千零一十頁,實是他畢生治《易》功力的表現。他在〈周易事理通義自序〉的末端稱:

> 嗟乎!《易》,憂患之書也。其於習坎處困之道,念茲在茲。習坎,有孚,維心亨,行有尚。困、亨、貞、大人吉、無咎,有言不信。困而不失其所亨,其唯君子乎!《易》之興也,當文王與紂之事。今暴紂既殺人如麻,荼毒未已;舉世方向暴紂,共咒詛其時日曷喪及女偕亡之痛;則吾是書之作,旅貞之吉,我心不快,有不能盡言者矣。然復亨剛反,七日來復,此天行也;予將以此見天地之心焉。[43]

他清楚揭示自己的《易》事理學實寓有弦外音,這正好為有意探究劉百閔《易》學思想者提供了絕不容他們視若無睹的考察門徑。

(四)《孔門五論》

《孔門五論》是劉百閔的「學不倦齋自刊書之四」,是他撰著的第四部經學論著,亦是他唯一一部專論孔子學說的著作,更是他生前最後一部親自定稿的「遺著」(參見圖五)。全書於一九六八年四月印成,當時劉百閔已離世三個月。他在一九六七年九月撰寫的〈序〉介紹是書的編

42　同上書,〈周易上經〉,頁 2。

43　同上書,〈周易事理通義自序〉,頁 4。

纂與特點，他說：

> 予嘗為香港大學編《中國文選》，其用處在為中英文中學畢業生投考香港大學中文入學試驗之資。是編包括四部，亦可於中國典籍涉其藩籬。通常的國文選，僅注意及於普通文學而止，是編則於中國傳統文化精神之真髓，均約略與以沾漑，則庶幾進入大學之後而有以卓然自立。其中如《論語》則提出孔門論孝、論學、論仁、論敬、論君子之五論題，讀者雖未能於《論語》有所精研，然於孔門之教育精神，亦可領略。是編《孔門五論》，即為《中國文選》之補充，而特別提出「論敬」，則又為中國文化傳統精神之最重要的論題。[44]

全書除〈序〉外，分為〈孔門論孝〉、〈孔門論學〉、〈孔門論仁〉、〈孔門論君子〉與〈論中華民族文化傳統精神底「敬」〉五篇。各篇都以他曾參與編輯的《中國文選》上編所錄《論語》一書「論孝」、「論學」、「論仁」、「論君子」的相關條目為基礎，[45] 參酌歷代儒學論者的見解，援此證彼，就孔子的言論作深入淺出的分析。書末〈論中華民族文化傳統精神底「敬」〉一文復將前述四項探討對象逐一貫串，藉討論孔門「論敬」的言論，凸現「中華民族文化的傳統精神是主敬」[46]的論調。他更特別強調「如果我們恢復我們的傳統精神，無論在道德、藝術、科學三方面，都可以迎頭趕上的，不會永久落後的」。[47] 由於是書各篇多是演講稿，[48] 書的編纂又旨在作「《中國文選》之補充」；[49] 是以書的讀者大多是年青人。他在書中語重心長的寄寓，正是為年青人而說。

44　《孔門五論》，〈序〉，不標頁碼。

45　林仰山主編：《中國文選》（上篇）（香港：香港大學，1955 年），頁 22-42。《中國文選》一書的編纂，可參看羅香林：〈林仰山教授與中國學術文化的關係〉（上），頁 4。

46　《孔門五論》，〈論中華民族文化傳統精神底「敬」〉，頁 108。

47　同上注。

48　劉百閔自稱〈孔門論孝〉、〈孔門論學〉、〈孔門論仁〉三篇都是在香港孔聖堂作的演講（參看同上書，〈孔門論仁〉，頁 35）。

49　同上書，〈序〉，不標頁碼。

▲　圖五、《孔門五論》　　　　　　　　　　▲　圖六、《經學通論》

（五）《經學通論》

　　《經學通論》是劉百閔離世後，由臺灣中國文化學院創辦人、國防研
究院主任張其昀（1901－1985）付梓的「劉百閔遺著」。這是他撰著的
第五部經學論著，亦是他唯一來不及親自定稿便付梓的「遺著」（參見圖
六）。全書於一九七〇年三月印成，當時劉百閔已離世兩年多。錢穆的
〈劉百閔經學通論序〉稱：

> 　　《經學通論》，似為其在港大之講義，張君曉峰（張其昀）為之付
> 梓，劉夫人陳初雪女士，以穆與劉君有過從之雅，劉君生前未及為此書
> 作序，囑余序之，誼不敢辭。[50]

《經學通論》根本便是劉百閔在香港大學講授經學科目的講義。錢穆雖指
此書「似為其在港大之講義」，然他對於此書的來龍去脈實早已知曉，

50　《經學通論》，錢穆：〈劉百閔經學通論序〉，頁 1。

還特別就劉百閔的實際教學情況提出個人意見，他說：

> 如今在大學文學院設「經學通論」一科，以一年之課程，每週兩小時，全年不到一百小時，亦可使學者稍知經學之大體大意，揭示其大義要旨而有餘矣。劉君此書，若繩之以清儒之榘矱，誠若寡薄，未進於專門之奧窔，然庶有當於大學設教之所期嚮，至其篇章節目之間，與夫其內容之取捨，異議之抉擇，苟使後有繼者，循此軌轍，益臻精善，則劉君此書，要可為之作嚆矢，而豈可曰小補之云哉！[51]

這證明他雖自稱「病目有年，又方自有撰著，恨不能於劉君此書，仔細翻閱」，[52] 然卻因兩人在劉百閔生前交往頻密而頗知《經學通論》一書的大要，故能毫不猶豫稱許此書的篇目章節、內容取捨、異議抉擇均能成為後繼者的嚆矢。

其實，劉百閔於一九五二年九月應聘任教香港大學後，便自一九五三年九月起在中文系講授一年級基礎年（Preliminary Year）的「經學導論」（Introduction to Chinese Classics）科。[53] 當時劉百閔已編有專供講課用的講義（參見圖七）。[54] 由於課程安排上的相互協調，此一年級基礎年的「經學導論」科被列入「中國語言與文學」（Chinese Language and Literature）課程，連同「專書」（Special Books）科的《大學》、《中庸》、《論語》及《孟子》四書，均撥歸劉百閔負責，每週講授一課時。「專書」科內的《禮記》、《書經》、《春秋》、《詩經》、《易經》諸經書則分別列入其餘各級的「中國語言與文學」課程。[55] 劉百閔基於教學需要，每以一九五三年編成的講義為底本，時作增補修訂。張其

51　同上書，錢穆：〈劉百閔經學通論序〉，頁 3。

52　同上書，錢穆：〈劉百閔經學通論序〉，頁 1。

53　University of Hong Kong: *The University of Hong Kong Calendar, 1953-54* (Hong Kong: Hong Kong University Press, 1953), p. 86.

54　劉百閔講：《經學通論：香港大學講義本（一九五三年 —— 五四年）》，香港：香港大學，1953 年。

55　參看 *The University of Hong Kong Calendar, 1953-54*, pp.86-89.

昀付梓的《經學通論》正是他長期以此講義為基礎錘煉成書的「遺著」。
全書結構嚴密，篇目的設計與內容的安排為：

篇目	內容簡介
經學第一	全書的導論，主要闡釋「經」、「傳」、「經之名」、「學」、「經學」與「經學通論」諸項。
經教第二	主要闡釋「教」、「六藝」、「政與教」、「學與教」、「學校」與「文字與教」諸項。
經典第三	主要闡釋「典」、「經典」與「經學家序經」諸項，並逐一介紹《易》、《書》、《詩》、《禮》（《周禮》、《儀禮》、《禮記》）、《樂》、《春秋》各經。
經師第四	介紹漢代各經的師法傳承。
經文第五	介紹漢代今古文經學相爭、清末今文經學復興、今古文經學異同諸項。
經訓第六	介紹漢代訓經、釋經與文字學、金石學、龜甲古文學等學問、並敘述清代考證學的梗概。
經義第七	先指出誦經的要旨在籀繹大義、再解説各經所重的「義」、然後強調經義須「通義」與「別義」相配合。本此基礎，繼而敘述歷代經義的發展。
經行第八	從經明行修出發，就《論語》、《大學》、《中庸》、《孟子》、《孝經》、《禮記・儒行篇》標榜的種種「行」作介紹，再強調「學貴力行」與「尊行」的重要。
經術第九	主要闡釋漢代用經（所謂「通經致用」）的方法，包括陰陽、災異、五行、讖緯諸項。
經籍第十	扼要介紹歷代經書的傳、注、箋、解、義、疏、説等，並以漢為一期、魏晉至隋唐為一期、宋明為一期、清為一期逐一闡述。
經刻第十一	扼要敘述歷代板刻、石刻經書的概況與特色。
經譯第十二	介紹西夏、蒙古、滿清翻譯經書的概況，並略述日本、歐洲學者與傳教士翻譯群經的成果。

▲　圖七、《經學通論：香港大學講義本（一九五三年 ── 五四年）》

　　如此豐富的內容，明顯已超逾一般「經學通論」的涵蓋範圍。[56] 他的

56　自清末皮錫瑞（1850－1908）於光緒三十三年（1907）撰成《經學通論》一書後，學
　　者以「經學通論」四字命名著述者接踵不絕。皮錫瑞嘗在《經學通論》的〈序〉解釋自
　　己編撰是書的原因與目的為「前編《經學歷史》以授生徒弟子，猶恐語焉不詳，學者未
　　能窺治經之門徑，更纂《經學通論》以備參考。大旨以為一當知經為孔子所定，孔子以
　　前不得有經；二當知漢初去古未遠，以為孔子作經說必有據；三當知後漢古文說出，乃
　　尊周公以抑孔子；四當知晉宋以下，專信《古文尚書》、《毛詩》、《周官》、《左傳》，
　　而大義微言不彰；五當知宋元經學雖衰，而不信古文諸書，亦有特見；六當知國朝經學
　　復盛，乾嘉以後治今文者尤能窺見聖經微旨。執此六義以治諸經，乃知孔子為萬世師表
　　之尊，正以其有萬世不易之經。經之大義微言亦甚易明。治經者當先去其支離不足辨，
　　及其瑣碎無大關繫；而用漢人存大體玩經文之法，勉為漢時通經致用之才，斯不至以博
　　而寡要與迂而無用疑經矣」（上海：商務印書館，1936 年，〈序〉，頁 1-2）。他在書中
　　就《易》、《書》、《詩》、《三禮》與《春秋》各經列示論題，逐一解答。當中《易經》
　　佔三十題、《尚書》佔三十三題、《詩經》佔三十八題、《三禮》佔五十二題與《春秋》
　　佔五十六題。他依序就各經的撰著流傳、內容要義、歷代考證與注疏的得失、讀書與治
　　學的研究門徑等作簡要闡述。此後，龔向農（龔道耕，1876－1941）於一九二六年在
　　四川成都（參看林慶彰主編：《民國時期經學叢書》，第 2 輯，臺中市：文听閣圖書公
　　司，2008 年，第 1 冊，成都薛崇禮堂校 1947 年鐫本）、伍憲子（伍莊，1881－1959）
　　於一九三六年九月在上海（參看《民國時期經學叢書》，第 2 輯，第 1 冊，上海上海東
　　方文化出版社 1936 年刊本）、李源澄（1909－1958）於一九四四年在四川成都
　　（參看《民國時期經學叢書》，第 2 輯，第 2 冊，成都路明書店 1944 年刊本）、王靜芝
　　（1916－2002）於一九七二年九月在臺北（臺北：國立編譯館，1972 年）、葉國良與
　　夏長樸、李隆獻於二〇〇五年八月在臺北（臺北：大安出版社，2005 年）、馬宗霍與馬
　　巨父子於二〇一一年五月在北京（北京：中華書局，2011 年）出版的《經學通論》，雖

〔下轉頁 269〕

解釋為：

> 本篇所述，既曰「通論」，將不復為線之發展之敘述，而為面之展開之分論；其間自亦不能不為史之溯洄，然所重者，則在有關於經學之諸方面，明其統系而尋其條貫耳。[57]

他為使自己真能系統而具條理地闡釋經學的各相關層面，除特意標立「經行」、「經刻」、「經譯」諸目外，更特別強調「經學」跟「中華民族文化」相結合而產生的人類精神能力，從而藉標榜「經者，實為吾祖國、吾先民精神能力之所累積之精華」，[58] 處處凸顯「經學」的應世價值。由於修習「中國語言與文學」課程的一年級學生必須同時修習「翻譯」（Translation）一科，[59] 書的〈經譯第十二〉正好引導修習者將課程的「經學導論」科與「翻譯」科融為一體、出此入彼。這尤充分證明劉百閔設計的教學內容已切實擺脫學究式經學教育的陳腔濫調，盡力拓寬學生的眼界。

四・了解劉百閔經學著述的特色

一九六四年九月至一九七〇年三月間相繼問世的五種劉百閔經學著述，都是他移居香港後累積差不多二十年教學與研究心得的心血結晶。這五種著述的出版，實在各有因緣，而大體可歸納為：

因着各自秉持的理想、具備的學識、生活的環境、為學的重點而於著述內各顯才識，然卻都無可避免地深受皮錫瑞的影響，聚焦於「經」與「經學」涵義的闡釋、各經內容的交代、各經大義的剖析，從而形成一般「經學通論」約定俗成的涵蓋範圍。

57　《經學通論》，〈經學第一〉，頁 16

58　同上書，〈經學第一〉，頁 17。

59　參看 *The University of Hong Kong Calendar, 1953-54*, p.86.

書名＼類別	報刊專欄	學術專著		教　材		
		論文	專論	講稿	講義	補充教材
《經子巵言》	✓			✓		
《易事理學序論》		✓				
《周易事理通義》			✓			
《孔門五論》						✓
《經學通論》					✓	

　　由於講義是「教材的一種。指按照教學要求，編寫給學生學習、討論和研究用的材料」；[60] 而講稿則是「教師為講課而寫的包括全部講授內容或基本講授內容的底稿」，[61]「其內容不是教材內容的簡單重複，而是剖析教材、歸納教材、闡釋教材、發揮教材、補充教材的產物，是經過教師咀嚼消化之後的再創造，應既有理論方面的闡述，又有知識方面的說明，既有概括的總結，又有具體的例證，既有抽象的推斷，又有具體的描述」；[62] 兩者都是教師達成教學目標與要求的工具。補充教材是教材的補充物，它們不單可以成為教師教學的輔助材料，更不時成為學生課外閱讀的自學助手。它們與講義、講稿同樣具有明確的教學目標。劉百閔的五種經學著述：《經子巵言》本是刊登在報章副刊的專欄、亦是他在大學授課的講稿，《孔門五論》是他為香港大學中文入學試教材《中國文選》撰寫的補充材料，《經學通論》則是他在大學授課的講義，三者都可歸為教材類著述；而以「事理學」剖析《周易》全書的《周易事理通義》與闡釋此門學問的論文合集《易事理學序論》，無異都是學術類著述。它們都是他醉心《易》學研究與傾情經學傳揚的見證。但不管是教材類抑或學術類著述，他的這些論著都保持着頭緒清楚、句調清疏俐落、談問題能抓着要點，且對人能產生感染作用的一貫行文本色。[63] 劉百閔正是憑藉着他的清麗流暢文筆，將自己治經與治《易》的心得形諸文字，從而

60　朱子南主編：《中國文體學辭典》（長沙：湖南教育出版社，1988 年），頁 190。

61　閻景翰主編：《寫作藝術大辭典》（西安：陝西人民出版社，1990 年），頁 1349。

62　同上註。

63　參看《經子巵言》，〈自序〉，頁 2-3。

形塑了別樹一幟的經學著述特色。

劉百閔的經學著述貫徹始終地標示「經學」、「《易》學」與「事理學」特有的「學」的地位，將它們跟政治學、法律學、財政學、經濟學等人文科學（Cultural Science）與精神科學（Mental Science）等量齊觀，[64] 他認為：

> 所謂「學」者，蓋與英語之羅鈴 Logy 相似。羅鈴者，中譯為「學」；凡研究一種事物，自成統系，具有條貫者，皆謂之羅鈴，皆謂之「學」也；今之所謂各科學者，皆此「學」之義也。[65]

他除指出「經學」為「群經之學」，而經有《易》、《書》、《詩》、《禮》、《樂》、《春秋》，故經學有《易》學、《書》學、《詩》學、《禮》學、《樂》學、《春秋》學等「六學」外，[66] 還申明：

> 凡今之所謂「學」者，明其本末終始者也，皆欲以知來者也。天文學，將以知天文氣候變化之事也。病理學，將以知人體疾病變化之事也。而事理學者，則欲以知人事發展變化之事也。[67]

這使他份外注意於經學與人、事的三角互動關係，更特別重視經學多樣化、多層面的學術內涵與極具民族、國家凝聚力的應用價值。他指明：

> 「經學」者，謂其為聖賢之述作之尊稱耳；而其實則包括今之所謂語言學、道德學、史學、哲學、文學、文化學、政治學、法律學、財政學、經濟學諸學科也。凡此，皆為吾祖國、吾先民精神能力之所累積。任何民族之文化，皆其祖國、其先民精神能力之所累積也。則為吾中華

64　參看《經學通論》，〈經學第一〉，頁 17。

65　《易事理學序論》，〈易事理學序論自序〉，頁 2；《經學通論》，〈經學第一〉，頁 11-12。兩者文字完全相同。

66　參看《經學通論》，〈經學第一〉，頁 12。

67　《易事理學序論》，〈易事理學序論自序〉，頁 3。

> 民族文化之繼承而發揚光大者，必當寶貴其祖國、其先民精神能力之所
> 累積之物矣；而經者，實為吾祖國、吾先民精神能力之所累積之精華，
> 又何可土苴而弁髦之哉！ [68]

這持論正好跟他在《經子肄言》一書所標示「『經』為書中之書」與「經」
為「我們祖先的精神產物」相一致。[69] 經學既是中華民族文化的精華，後
世自當義無反顧地努力繼承、着力傳揚。因此，適當的教育方法與合適
的應用門徑便派上用場。

劉百閔早在移居香港前，已曾就經學的教育與應用暢抒己見。事緣
清末廢科舉、[70] 行學校後，[71] 中、小學的讀經課程已隨着中華民國的建立而
成為絕響。[72] 這期間，朝野雖曾就學校的讀經問題展開多番爭論，然始終
無法扭轉經學被逐出學校課程的命運。[73] 儘管經學的命運似已返魂乏術，

68　《經學通論》，〈經學第一〉，頁 17。

69　參看《經子肄言》，頁 1-8。

70　參看楊學為主編：《中國考試史文獻集成》，第 6 卷（北京：高等教育出版社，2003 年），
　　頁 790，〈袁世凱（1859－1916）、趙爾巽（1844－1927）、張之洞（1837－1909）
　　等會奏之停科舉推廣學校摺暨上諭立停科舉以廣學校〉（光緒三十一年八月四日）。

71　參看同上書，頁 790，〈袁世凱、趙爾巽、張之洞等會奏之停科舉推廣學校摺暨上諭立
　　停科舉以廣學校〉（光緒三十一年八月四日）。當時的學校制度，以張之洞、榮慶、張百
　　熙等共同設計，經清廷於一九〇四年一月十三日（光緒二十九年十一月二十六日丙午）
　　頒令推行的《奏定學堂章程》（即「癸卯學制」）為據。「癸卯學制」的內容，參看課程
　　教材研究所編：《20 世紀中國中小學課程標準 · 教學大綱匯編：課程（教學）計劃卷》（北
　　京：人民教育出版社，2001 年），〈奏定初等小學堂章程〉，頁 23-30；〈奏定高等小學
　　堂章程〉，頁 31-39；〈奏定中學堂章程〉，頁 40-48。

72　中華民國南京臨時政府教育部以「忠君」不合於共和政體、「尊孔」有違於信教自由，
　　取消清廷強調的「忠君」、「尊孔」教育。袁世凱的北京民國政府雖於一九一四年一月通
　　過「祀孔」法案，令全國恢復尊孔、祀孔，並在社會上掀起一股尊孔、讀經的風氣；可
　　是，隨着「壬子 —— 癸丑學制」的落實、洪憲帝制的失敗與袁世凱的病死，尊孔、讀經
　　在新文化運動衝擊下日漸失卻社會的支持。相關的史事，可參看李果主編：《20 世紀的
　　中國 · 教育事業卷》（蘭州：甘肅人民出版社，2000 年），頁 56-70；董孟懷等撰：《百
　　年教育回眸》（北京：中國經濟出版社，2000 年），頁 47-53；孫培青主編：《中國教育
　　史（修訂版）》（上海：華東師範大學出版社，2001 年），頁 357-373；楊東平主撰：《艱
　　難的日出 —— 中國現代教育的 20 世紀》（上海：文匯出版社，2003 年），頁 27-38；
　　蘇雲峰撰、吳家瑩整理：《中國新教育的萌芽與成長（1860－1928）》（北京：北京大
　　學出版社，2007 年），頁 19-39；袁征：〈儒學在中國現代教育中的地位（1901－1949
　　年）〉，載氏撰：《孔子 · 蔡元培 · 西南聯大 —— 中國教育的發展和轉折》（北京：人民
　　日報出版社，2007 年），頁 137-156。

73　中華民國時期有關讀經問題的爭議，主要可參看張禮永：〈讀經之史　讀經之實　讀經之

〔下轉頁 273〕

何炳松（何柏丞，1890－1946）在一九三四年主持商務印書館《教育雜誌》編務時，仍曾就讀經存廢的問題主動函邀學界專家發表意見。他更將回覆者的七十多篇意見編成專刊。[74] 當時劉百閔提出的意見主要為：

> 經之蘊奧，在倫理與事理。倫理在行，而事理在明。「行教」不重文字，重教育與陶冶；「明教」有由經驗而得，有由讀書而得，能讀書自亦為明事理之要道。[75]
>
> 「行教」為中國教育精神之所在，但非讀經所能恢復，必須養成風氣，其教不在文字而在「日用常行」。今人病目前教育，徒重知識而不重實行，於是民風日漓，然讀經非即為行教也，行教不重字之經，應散寄於日常實行之教訓。[76]
>
> 孔子以《易》授商瞿，以《詩》授子夏，其他亦各有所受，是經非尋常可讀之物。童時讀經，至以為苦，十八、九歲以後，漸漸能解，此後年齡愈大，所解亦愈多。蓋事理非成人以後，莫能明也。[77]
>
> 提倡讀經，予主成年以後讀，有暇自可多讀，無暇亦可少讀。提倡讀經者本人便應讀，服公務者、幹事業者都應讀。教小學生讀，勞而無益。教成年人讀，讀一句便有一句好處。[78]
>
> 能讀經，政治糾紛、社會糾紛，亦可少些。[79]

他在移居香港後講學上庠，正好為他的經學教育思想提供了實踐的良機。他着意宣揚「經學」、「《易》學」與「事理學」，重視經學與人、

死──對 1904 年至 1949 年歷次讀經爭議的考察〉，載《華東師範大學學報（教育科學版）》，第 27 卷第 2 期（2009 年 6 月），頁 83-89、96；洪明：〈讀經論爭的百年回眸〉，載《教育學報》，第 8 卷第 1 期（2012 年 2 月），頁 3-12。

74　此專刊載《教育雜誌》，第 25 卷第 5 期（1935 年 10 月）。龔鵬程曾將此專刊整理、校訂成書，題為《讀經有甚麼用：現代七十二位名家論學生讀經之是與非》（上海：上海人民出版社，2008 年），以便讀者。本文援用《教育雜誌》此期文章，即據此書。

75　《讀經有甚麼用：現代七十二位名家論學生讀經之是與非》，頁 272，〈劉百閔先生的意見〉。

76　同上注。

77　同上注。

78　同上書，頁 272-273，〈劉百閔先生的意見〉。

79　同上書，頁 273，〈劉百閔先生的意見〉。

事的三角互動關係，正是為了達成「明教」的目標。這遂促成了《周易事理通義》與《易事理學序論》兩部學術類著述的面世。他強調孔門論孝、論學、論仁、論君子、論敬的學說，則是為了將「行教」作系統的闡說，俾便「行教」者於日常實行時能更得心應手。這便是教材類著述《孔門五論》的成書緣起。當然，《經子肆言》與《經學通論》兩種教材類著述對促成「明教」與「行教」的推廣同樣功不可沒。

劉百閔自知讀者若非具備相當學術基礎，實在不易領略學術類著述《周易事理通義》與《易事理學序論》闡釋《周易》的精髓。因此，他相對地重視推廣經學的「行教」。《經子肆言》、《孔門五論》與《經學通論》三種教材類著述最初的讀者對象，分別是普羅大眾中的閱報者、應考香港大學入學試中文科的考生與香港大學中文系的學生。他們主要是在學的青年與曾受教育的成年人。劉百閔希望他們藉着有暇多讀、無暇少讀，日積月累，將所習付諸應用。由於他認定經學是中華民族文化的精華，利用書刊宣揚經學正是為了將中華民族文化的精華植根於讀者心中，他重視以清麗流暢的文筆從事著述，正好顯示他深諳宣傳的竅門。

劉百閔親自整理、並在他在世時出版的三部「學不倦齋自刊書」——《經子肆言》、《易事理學序論》與《周易事理通義》，書首的扉面都有別具意義的識言。《經子肆言》的識言為：

> 本書敬以紀念　先父苇棠先生逝世四十五年　先母張太夫人逝世五年劬育之恩。著者謹識　民國五十三年九月。[80]

《易事理學序論》的識言為：

> 本書謹以獻之　前輩蠲叟馬先生（馬一浮）八十晉三之壽。猶憶年二十一時，常從富陽過杭，向　先生假書，每月輒一覿對，藉得親其德音，領其緒論，四十年來，化育之恩，何可忘也！民國五十四年四月著

者謹識。[81]

《周易事理通義》的識言則為：

> 本書敬以紀念　先師靈峰先生逝世三十五年教育之恩。先師嚴氣正
> 性，泰山巖巖氣象，如在羹牆，未嘗忘也。中華民國五十四年六月十日
> 著者謹識。[82]

他由衷的尊親與敬師識言，不免打動讀者的心扉。這正好證明他除以身
作則、發揚經學重教育的「行教」外，更身體力行、印證他強調的「事
理學」的確「理在事中」。

五・結語

　　劉百閔先後撰成的五種經學著述，都是他因緣際會由政界投身學界
後的產物。他以《易》名家，而獨偏重於教材類著述的撰寫。這可見他
除重視經學研究外，更重視經學教育。箇中原因固然跟一九四九年後香
港獨特的政治與學術環境息息相關。他特別強調經學為中華民族文化的
精華，而推廣經學正是為了推廣中華民族文化，普及經學也是為了普及
中華民族文化。這遂使他的經學研究與經學教育別具一重不容忽視的深
層意義。這五種內容各具特色、能合理而得體地將「明教」與「行教」
相互配合的經學著述，自是更具深入探討的價值。

---

81 《易事理學序論》，書首扉面，不列頁碼。
82 《周易事理通義》，書首扉面，不列頁碼。

第十三章
《中國文選》與《論語分類選註》

一‧導言

　　香港大學於一九四一年十二月因日本侵略軍攻佔香港而停課後，直至一九四六年始逐步回復全面的教與學。校方始辦於一九一三年的香港大學入學資格考試（The University of Hong Kong Matriculation Examination）亦同時恢復。[1] 但校方於一九五一年決定自一九五四年起跟隨英國的學制改革，將香港大學一直沿用的四年學制改為三年學制，[2] 並乘時參考英國一般證書教育考試（The General Certificate of Education Examination）的模式，為香港大學入學資格考試各科目分別於一九五四年及一九五六年設立普通程度（Ordinary Level）與高級程度（Advanced Level）考卷。[3] 各科目的考核內容自是需要校內相關學系慎重籌劃，中文科考核內容的擬定便成了中文系責無旁貸的要務。

　　日本侵略軍攻佔香港前負責香港大學中文系行政工作的馬鑑

1　參看 Lindsay Ride: "The test of War", in Brian Harrison (ed.): *University of Hong Kong: The First 50 Years, 1911-1961* (Hong Kong: Hong Kong University Press, 1962), pp.58-84；Francis Stock: "A new beginning", *Ibid.*, pp.85-92.

2　參看 Bernard Mellor: *The University of Hong Kong: An Informal History*（Hong Kong: Hong Kong University Press, 1980）, p.118.

3　Sir Ivor Jennings and D.W. Logan: *A Report on The University of Hong Kong, September 1953* (Hong Kong: University of Hong Kong, 1954), p. 26；楊學為主編：《中國考試通史》，卷 5（北京：首都師範大學出版社，2004 年 11 月），頁 467。

（1883－1959）在一九四六年七月重返香港大學履行尚未完成的僱用合約。[4] 校方雖立時將他晉升為教授，卻是不懷好意的明陞實黜。[5] 但他仍得在人手極度短缺的艱苦環境下面對種種挑戰。當時全系教師除馬鑑外，便只有戰時一直守護馮平山圖書館藏書的原翻譯講師兼導師（Lecturer and Tutor in Translation）陳君葆。校方雖於一九四九年增聘曾任教金陵大學的賀光中（Ho Kuang－chung）為全職講師，並邀得原任澳大利亞悉尼大學（University of Sydney）東方學系（Department of Oriental Studies）講座教授（Chair Professor）的賴歐（J.K. Rideout）接掌馬鑑於一九五〇年二月榮休後遺下的空缺。[6] 可惜賴歐在一九五〇年一月十七日抵港不久，竟於同年二月十六日因病自沉棄世。[7] 校方在委任賀光中擔任代理主任後，因賀光中決定移席澳大利亞，遂邀已年屆六旬的原山東齊魯大學教授林仰山（Frederick Seguier Drake，1892－1974）於一九五二年六月起擔任香港大學中文系講座教授兼系主任。由於賀光中任內只新聘羅香林（1906－1978）為中國歷史講師；是以林仰山履新後，立即增聘劉百閔（1898－1969）為中國文學

4　參看陳君葆撰、謝榮滾主編：《陳君葆日記全集（卷二：1941－1949）》（香港：商務印書館，2004 年 7 月），頁 459-460；戴光中撰：《桃李不言 —— 馬鑑傳》（寧波：寧波出版社，1997 年 6 月），頁 129-130。

5　馬鑑於一九五九年五月二十三日早上逝世（參看〈馬宅訃啓〉，載《華僑日報》，1959年 5 月 24 日，第 2 張第 2 頁），陳君葆為表哀悼，於一九五九年五月三十一日的《大公報》發表〈送馬季明先生葬後歸作〉詩四首（第 12 版）。詩刊出後，「執手翻閱老鄭虔」句的意思引來讀者的關注。陳君葆在六月四日函覆該報主編查詢時，除說明鄭虔（691－764）本事外，還鄭重指出：「太平洋戰爭，日本人佔領了香港後，曾要馬季明先生出來當華人協會代表，馬託詞不懂粵語婉辭。戰後，港大復課時，擢升馬先生為教授，但附帶聲明以翌年即需退休。此一舉措，朋輩多認為太不公允，蓋戰後瘡痍未復，馬老以一九五一年退休（案：陳君葆此處誤記，馬鑑實於一九五〇年退休，參看〈馬鑑教授逝世今日四時大殮〉，載《華僑日報》，1959 年 5 月 24 日，第 3 張第 4 頁），投閒置散，前後不下十年。故詩中即以鄭廣文（即鄭虔）況之。抑且馬當時晉升教授，而事實上等於明升暗黜，此則亦僅可為知者道矣。此首當時本想附註，後因顧到環境關係，還將之略去耳。」（陳君葆撰、謝榮滾主編：《陳君葆日記全集（卷四：1957－1961）》，香港：商務印書館，2004 年 7 月，頁 275-276）

6　馬鑑榮休事，可參看陳君葆（1898－1982）撰、謝榮滾主編：《陳君葆日記全集（卷三：1950－1956）》（香港：商務印書館，2004 年 7 月），頁 8；聘任賴歐事，可參看《陳君葆日記全集（卷二：1941－1949）》，頁 624。

7　參看《陳君葆日記全集（卷三：1950－1956）》，頁 6、10-11。

講師、饒宗頤為副講師，以便迅速將學系的發展納入軌道。[8] 香港大學入學資格考試中文科考核內容的擬定自是成了他必須處理的要事。這遂促成被題為「香港大學入學考試用書」的《中國文選》因緣面世（參見圖一及圖二），[9] 也帶來了經學教育發展的新面貌。

▲ 圖一、《中國文選》封面

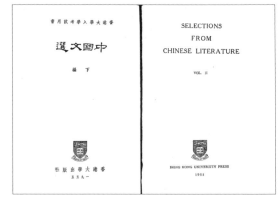

▲ 圖二、《中國文選》內頁

二·《中國文選》的先行者

林仰山甫上任，需為擬定香港大學入學資格考試中文科的考核內容而費神。陳君葆於一九五二年十二月九日寫下的日記稱：

中文系會議，討論入學試中文選要加註釋一問題。劉百閔並不知賀光中所選的幾十篇古文，是難替他搞的，而硬以為第一部分是文藝，第

---

8   有關林仰山在香港大學的貢獻，參看羅香林：〈林仰山教授與中國學術文化的關係（上）〉，載《大成》，第 16 期（1975 年 3 月），頁 2-8；羅香林：〈林仰山教授與中國學術文化的關係（下）〉，載《大成》，第 18 期（1975 年 5 月），頁 10 16；許振興：〈北學南移與香港大學〉，載鮑紹霖等主編：《北學南移：港臺文史哲溯源（文化卷）》（臺北：秀威資訊科技股份有限公司，2015 年 4 月），頁 175-185。

9   參看林仰山主編：《中國文選（上編）》，香港：香港大學出版社，1955 年 8 月；林仰山主編：《中國文選（下編）》，香港：香港大學出版社，1955 年 8 月；林仰山主編：《中國文選（附錄）》，香港：香港大學出版社，1955 年 8 月。

二部分是思想，不曉得其中是提倡綱常名教的，虧得饒宗頤為「指出」，然而宗頤亦聰明矣哉！[10]

這足見賀光中已在離職前履行了擬定入學資格考試中文科的考核內容，只是為德未卒，才需由劉百閔與饒宗頤續成。林仰山只是承擔系主任義不容辭的領導責任。陳君葆雖沒有交代此文選面世的情況，他在日記提供的資料，正可印證目前僅見於香港大學圖書館庋藏、封面只標出版於「一九五三」年、而編纂者姓名從略的《國文參考材料》（參見圖三）正是此番努力的成果。[11]

▲ 圖三、《國文參考材料》封面

《國文參考材料》一書既無前言，亦無後記。編纂者沒有片言隻語敘述成書的宗旨、緣起、體例、內容、使用方法等，只是開門見山在封面內頁後列出〈國文參考材料目錄〉，分全書為甲、乙兩部，收錄作品四十篇，包括：

（1）甲部二十四篇：

《詩經》的〈七月〉與〈東山〉、《尚書》的〈秦誓（《周書》）〉、《左傳》的〈呂相絕秦〉、《墨子》的〈兼愛·上〉、《戰國策》的〈魯仲連義不帝秦〉、屈原（前342？－前278）的〈涉江〉、賈誼（前200－前168）的〈過秦論〉、佚名的〈古詩十九首〉、曹植（192－232）的〈雜詩〉（六首）與〈贈白馬王彪〉、陶潛（352/365－427）的〈停雲並

10　《陳君葆日記全集（卷三：1950－1956）》，頁205-206。

11　香港大學編輯：《國文參考材料》，香港：香港大學，1953年。

序〉與〈詠荊軻〉、韓愈（768－824）的〈伯夷頌〉與〈祭田橫墓文〉、柳宗元（773－819）的〈箕子廟碑〉、歐陽修（1007－1072）的〈瀧岡阡表〉、蘇軾（1037－1101）的〈潮州韓文公廟碑〉、曾鞏（1019－1083）的〈戰國策目錄序〉、文天祥（1236－1283）的〈正氣歌並序〉、顧炎武（1613－1682）的〈與友人論學書〉、王夫之（1619－1692）的《讀通鑑論（三則）》、姚鼐（1731－1815）的〈方正學祠重修建記〉與曾國藩（1811－1872）的〈歐陽生文集序〉。

（2）乙部十六篇：

《易經》的〈乾文言〉、《孟子》的〈養氣章〉、《禮記》的〈大學〉、《荀子》的〈勸學篇（節錄）〉、《莊子》的〈秋水〉、《韓非》的〈五蠹〉、《呂氏春秋》的〈去私〉、司馬遷（約前145－約前86）的〈太史公自序〉、《漢書》的〈董仲舒傳〉、庾信（513－581）的〈哀江南賦序〉、韓愈的〈答李翊書〉、王安石（1021－1086）的〈上仁宗皇帝言事書〉、朱熹（1131－1200）的〈詩集傳序〉、王守仁（1472－1529）的《傳習錄（選錄）》、黃宗羲（1610－1695）的〈明儒學案凡例〉與章炳麟（1869－1936）的〈祭孫公文〉。[12]

凡參加香港大學入學資格普通程度中文科考試的考生只需研習甲部，而參加高級程度中文科考試的考生則需甲、乙兩部並習。由於編纂者沒有列明全書的體例，是以各篇體例未見統一。編纂者除逐一載錄各篇原文外，大多同時附上注釋，並增列一或多項「題解」（如〈呂相絕秦〉）、「題義」（如〈兼愛・上〉）、「注解」（如〈大學〉）、「眉批」（如〈董仲舒傳〉）、「作者」（如〈涉江〉）、「作者略歷」（如〈過秦論〉）、「暗示」（如〈涉江〉）等資料。儘管如此，書中實不乏倉卒成篇的顯而易見

12　參看同上書，〈國文參考材料目錄〉，不標頁碼。

錯誤，如〈目錄〉誤〈贈白馬王彪〉為〈送白馬王彪〉、[13]〈贈白馬王彪〉的「作者」稱「見〈與楊德祖書〉注」而全書實未收錄〈與楊德祖書〉、[14]〈答李翊書〉的「作者略歷」稱「見前〈張中丞傳後序〉課」而全書亦無收錄〈張中丞傳後序〉。[15] 書中不少魚魯亥豕的錯誤確為採用者帶來頗多不便，陳君葆於一九五三年十一月十日的日記寫道：

> 中文系要開會，僅早上發出通知，今日下午三時便開會，這也是港大文學院從來不曾有過的作風，一代不如一代。……開會時，我的目的只在看他們究竟要看甚麼東西。本來打算不發言，但有時候也禁不住要說一兩句，雖然明知不會被接納，而且由於出諸我的口，林仰山便早存懷疑的態度了。不過劉百閔卻正與饒宗頤時時意見相左，我在這場合只好不加一詞靜觀其變化！我也很明白百閔每個提出的用心。他們今天談的是修改那本大學試中文讀本的問題。饒主張為應付各校教員要求起見，就各篇編定一種參考書目錄發給各校，但劉反對這主張，以為應由各校教員提出困難問題，梅頓替他們解答，饒怕這樣難倒了自己，也表示反對，於是乎展開了熱烈爭辯！ [16]

日記雖未有記下會議的最終決議，卻清楚顯示《國文參考材料》一書的千瘡百孔。劉百閔與饒宗頤的熱烈爭辯只證明全書的糾誤匡謬絕非易事。因此，書的甲部篇章在一九五四及一九五五年被用作香港大學入學資格考試中文科普通程度考卷的命題依據後，[17] 便隨着《中國文選》在一九五五年編成出版而跟乙部篇章同遭棄用。

如果將《國文參考材料》的選文按中國典籍文獻的區分法分為經、

13　同上書，〈國文參考材料目錄〉，不標頁碼。

14　同上書，頁 52。

15　同上書，頁 187。

16　《陳君葆日記全集（卷三：1950－1956）》，頁 270。

17　參看 University of Hong Kong Matriculation Board (ed.): *Matriculation Examination: Ordinary Level Papers* (Hong Kong: Hong Kong University Press, 1954), Chinese Paper II, pp.2-5; University of Hong Kong Matriculation Board (ed.): *Matriculation Examination: Ordinary Level Papers* (Hong Kong: Hong Kong University Press, 1955), Chinese Paper I & II, pp.1-3.

史、子、集四類，屬「經」類作品者甲部只有《詩經》的〈七月〉與〈東山〉、《尚書》的〈秦誓（《周書》）〉與《左傳》的〈呂相絕秦〉四篇（佔甲部總數六分一，16.7%），而乙部亦僅得《易經》的〈乾文言〉、《孟子》的〈養氣章〉、《禮記》的〈大學〉三篇（佔乙部總數十六分三，18.75%）。全書除採錄七篇原文外，尚有：

篇　名	內　容	備　註
〈七月〉	注釋	沒標明此目
〈東山〉	注釋	沒標明此目
〈秦誓（《周書》）〉	注釋	
〈呂相絕秦〉	題解、注釋	
〈乾文言〉	題解、作者略歷、注釋	
〈養氣章〉	題解、注釋	
〈大學〉	注釋、暗示	

這跟民國以來一般國文教科書的內容編排大致相若。[18] 它們的「經」類身份幾已被棄若敝屣。負責此書注釋的劉百閔與饒宗頤雖都精研經學，卻緣於甫受聘新職，兼以成書倉卒，未見稍有藉此機會推動經學教育的意圖。

三·《中國文選》的編纂

林仰山深知自己領導劉百閔與饒宗頤編成《國文參考材料》一書，目的只在盡快為賀光中遺下的未完工作劃上句號，是以全書紕繆難免。

18　瞿世鎮、盧冠六編的《中學國文讀本》除排印選文的原文外，還備有「詞句註釋」、「作法指導」、「言文溝通」、「文法講話」、「練習問題」諸項輔助學生學習（參看該書第 1 冊，上海：春汀書局，1933 年，〈編輯大意〉，不標頁碼）。教育部編審委員會編的《國定教科書初中國文》除排印選文的原文外，則列有「題解」、「作者」、「註釋」、「語文對譯」、「習題」五項以輔助學生學習（參看該書第 1 冊，上海：華中書局，1943 年 1 月，〈編纂大意〉，頁 1-3）。這大抵顯示注釋原文、説明主旨等已成了國文教科書必備的內容。

他遂毅然決定重新擬定香港大學入學資格考試中文科的考核內容,並盡用諸新聘學者的專長,另編供師生採用的教科書。羅香林嘗憶述箇中情況:

> 林教授為着要提高中文系學生的程度,除了擴充本系的課程外,對於考生的中文基礎,和入學考試的水準,也特別的重視。他自一九五二年起,即約集劉百閔、饒宗頤二先生和我,一再商量,要編印一種應考港大普通水準和高級水準的文選。其中關於群經與詩文和小說、戲劇的選文和操作解題與注解的工作,商由劉、饒二先生擔任,關於史書的選文和操作解題與注解的工作,則要我擔任,他自己則擔任綜合和審定的工作。全書分上、下二冊,先考上冊的為普通水準,合考上、下二冊的為高級水準。稿子完成時,由我提議,命名為《中國文選》。事先通告各中英文中學,自一九五五年起,凡投考港大,而選考中文的,必先將《中國文選》攻讀,以便應考。這樣一來,無形中也就把香港中英文中學的中文程度,也逐漸提高了。[19]

全書於一九五五年八月初版,分為上、下兩編及附錄,由香港大學出版社出版。書的〈編輯例言〉稱:

1 本書原為本校入學考生之用;內容篇目,悉依照一九五五年及一九五六年本校入學考試手冊。本書材料,亦可供教學及自修之用。

2 本書分為上、下兩編。普通水準(Ordinary Level)考生,祇考上編;高級水準(Advanced Level)考生,須考上、下兩編。下編材料,約當以前大學一年級(即 Preliminary Year)程度。

3 本書所選經、史、子、辭賦、散文、詩、詞、曲、小說等,大抵為各時代之重要作品。雖不足以盡中國文學之全貌,讀者苟能悉心體會,對於歷代文學之體裁、風格及學術思想,要可獲一基本認識。

---

19 羅香林:〈林仰山教授與中國學術文化的關係(上)〉,頁4。有關《中國文選》一書,另可參看許振興:〈《中國文選》與香港的國學教育〉,《國學新視野》,2017年春季號(2017年3月),頁66-73。

各篇編次，先按類別，再循年代。

4　各篇均附解題，略述作者生平、時代背景、主要著作及其對學術與文學上之影響。

5　各篇注釋，力求詳贍，務使對正文易於明瞭。然以範圍廣泛，掛一漏萬，勢所難免；取材析義，見仁見智，容有異同。修訂補充，期以異日。

6　本書各篇作者生卒年分，大抵依據各史本傳及其年譜，均詳細注明，并參考姜亮夫《歷代名人年里碑傳總表》。

7　附錄杜詔（1666－1736）《讀史論略》一篇，另有單行本，須與本書各篇等量重視。宋文翰（1894－1971）、張文治《論文章法則》及傅東華《論修辭現象及原理》，亦須瀏覽；惟已見中華《新編高中國文》及商務《復興高中國文》，茲不復印。其他附錄所列《論文章體製》、《論論辯》及《六書淺說》各篇，均予從略。[20]

編纂者毫不諱言《中國文選》的體例以宋文翰、張文治、傅東華所編諸教科書為藍本。全書除載錄選文外，還附列「解題」，略述作者生平、時代背景、主要著作、學術與文學地位；並備「注釋」，詳盡闡釋選文的艱深字詞，以方便讀者了解文意。[21] 全書收錄作品九十七篇，包括：

（1）　上編六十三篇，供參加普通程度與高級程度考試的考生研習：

《詩經》的〈陟岵〉、〈凱風〉與〈蓼莪〉，《小戴禮記》的〈三年問〉，《大戴禮記》的〈曾子大孝〉，《論語》的〈論孝〉、〈論學〉、〈論仁〉、〈論君子〉，《孟子》的〈論四端〉、〈論義利〉、〈論知言養氣〉，《管子》的〈牧民〉，《荀子》的〈勸學〉，《莊子》的〈秋水〉，《墨子》的〈兼愛〉，《韓非子》的〈定法〉，《公孫龍子》的〈白馬論〉，屈原的〈哀郢〉，司馬相如（前179？－前118）的〈長門賦〉，王粲（177－

20　《中國文選（上編）》，〈編輯例言〉，頁 1-2。

21　宋文翰、張文治合編的《新編高中國文》（上海：中華書局，1937 年 8 月）於每篇選文後均附「題解」、「作者略歷」與「注釋」；傅東華、陳望道編的《國文》（上海：商會印書館，1933 年 2 月）除錄入選文原文外，列「注釋與說明」與「文法與修辭」。

217）的〈登樓賦〉，酈道元（466/472－527）的〈水經．江水注〉，韓愈的〈送孟東野序〉，柳宗元的〈永州雜記〉，歐陽修的〈江鄰幾文集序〉，王安石的〈祭王回深甫文〉，歸有光（1507－1571）的〈項脊軒志〉，徐宏祖（1587－1641）的〈遊廬山日記〉，汪中（1745－1794）的〈漢上琴臺之銘〉，佚名的〈古詩十九首〉、曹植的〈贈白馬王彪並序〉，陶潛的〈歸園田居〉，杜甫（712－770）的〈北征〉，李白（701－762）的〈宣州謝朓樓餞別校書叔雲〉，李商隱（813－858？）的〈無題〉（二首），韋莊（836－910）的〈秦婦吟〉，黃庭堅（1045－1105）的〈登快閣〉，陸游（1125－1210）的〈太息〉，文天祥的〈正氣歌〉，李煜（937－978）的〈浪淘沙二首〉與〈相見歡二首〉，蘇軾的〈念奴嬌（赤壁懷古）〉，周邦彥（1056－1121）的〈六醜（落花，一作「薔薇謝後作」）〉，岳飛（1103－1142）的〈滿江紅〉，姜夔（1155－1209）的〈揚州慢〉，辛棄疾（1140－1207）的〈菩薩蠻（書江西造口壁）〉，馬致遠（1250－1321）的〈秋思〉，王實甫（1260－1336）的〈哭宴〉，關漢卿（1219－1301）的〈題情〉，白樸（1226－1306）的〈梧桐雨（第四折）〉，紀君祥的〈趙氏孤兒〉，孔尚任（1648－1718）的〈餘韻（《桃花扇》下卷第四十齣續）〉，洪昇（1645－1704）的〈彈詞（《長生殿》第三十八齣）〉，杜光庭（850－933）的〈虯髯客傳〉，施耐庵（1296－1372）的〈林冲〉，羅貫中（1280？－1360）的〈諸葛亮舌戰群儒〉，吳承恩（1501－1582）的〈孫悟空〉，吳敬梓（1701－1754）的〈王冕〉，曹雪芹（1715－1763）的〈劉老老〉與劉鶚（1857－1909）的〈桃花山月下遇虎〉。[22]

22　參看《中國文選（上編）》，〈目錄〉，頁 1-4。

（2）　下篇三十三篇，供參加高級程度考試的考生研習：

《周易》的〈乾文言〉與〈坤文言〉，《尚書》的〈洪範〉，《詩經》的〈抑〉，《小戴禮記》的〈經解〉、〈大學〉與〈中庸〉，《大戴禮記》的〈武王踐阼〉，《春秋左氏傳》的〈魯叔孫豹論不朽〉，司馬遷的〈太史公自序（節錄）〉，班固（32－92）的〈漢書藝文志諸子略〉，劉知幾（661－721）的〈二體〉，司馬光（1019－1086）的《資治通鑑》（論節），馬端臨（1254－1323）的〈文獻通考序（節錄）〉，章學誠（1738－1801）的〈書教〉，王充（27－97）的〈論衡自紀篇（節錄）〉，王弼（226－249）的〈明象〉，《舊唐書》的〈僧玄奘傳〉，程頤（1033－1107）的〈明道先生行狀〉，朱熹的〈白鹿洞書院學規〉，王守仁的〈大學問〉，江藩（1761－1831）的〈漢學師承記〉，曾國藩的〈聖哲畫像記〉，嚴復（1854－1921）的〈天演論〉，卜商（前507－？）的〈毛詩序〉，曹丕（187－226）的〈典論論文〉，劉勰（約465－約532/約470－約539）的〈情采（《文心雕龍》）〉，鍾嶸（469－518）的〈詩品序（節錄）〉，白居易（772－846）的〈與元九書〉，姚鼐（1731－1815）的〈復魯絜非書〉，張惠言（1761－1802）的〈詞選序〉，吳梅（1884－1939）的〈中國戲曲概說〉與梁啟超（1873－1929）的〈論小說與群治之關係〉。[23]

這加上附錄的杜詔〈讀史論略〉，[24] 都能為考生提供分量充足，涵蓋層面廣泛的應考材料。

如果將《中國文選》各選文按經、史、子、集四類區分，屬「經」類作品者，上編有《詩經》的〈陟岵〉、〈凱風〉與〈蓼莪〉，《小戴禮

23　參看《中國文選（下編）》，〈目錄〉，頁 1-3。

24　參看《中國文選（附錄）》，頁 1-50。

記》的〈三年問〉,《大戴禮記》的〈曾子大孝〉,《論語》的〈論孝〉、〈論學〉、〈論仁〉、〈論君子〉,《孟子》的〈論四端〉、〈論義利〉、〈論知言養氣〉十二篇（佔上編總數二十一分四,**19.1%**）,而下編則有《周易》的〈乾文言〉與〈坤文言〉,《尚書》的〈洪範〉,《詩經》的〈抑〉,《小戴禮記》的〈經解〉、〈大學〉與〈中庸〉,《大戴禮記》的〈武王踐阼〉,《春秋左氏傳》的〈魯叔孫豹論不朽〉九篇（佔下編總數十一分三,**27.3%**）。這顯示劉百閔雖成功在一九五三年九月起於中文系開授一年級基礎年（Preliminary Year）的「經學導論」（Introduction to Chinese Classics）科,[25] 卻未見利用編纂《中國文選》的機會大幅增多「經」類作品的數目。

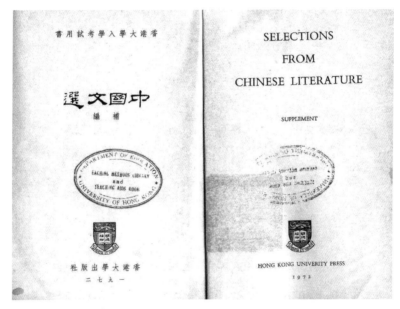

▲　圖四、《中國文選補編》封面內頁

　　《中國文選》雖是香港大學入學資格考試規限下的產物,編纂者的嚴謹從事成功令它廣受學子歡迎,面世僅一年多,已相繼於「一九五五

25　University of Hong Kong: *The University of Hong Kong Calendar, 1953-54* (Hong Kong: Hong Kong University Press, 1953）, p. 86.

年八月初版二千冊，一九五六年八月修訂初版二千五百冊，一九五六年十月修訂再版二千五百冊」，[26] 此後，此書連番重印，[27] 並配合一九七二年出版的《中國文選補編》（參見圖四），[28] 長期成為應考香港大學高級程度考試中文科的學生奉為圭臬的教材。它們的地位直至一九八五年才被一九八三年出版的《新編中國文選》（參見圖五）取代。[29] 讀者遂能藉着涵括經、史、子、辭賦、散文、詩、詞、曲、小說各範疇的選文與詳述各範疇發展脈絡與要項的「解題」，扼要掌握中國歷代經學史、文學史、哲學史、儒學史、思想史、學術史、史學史等基本知識。這不單符合林仰山提高中文系學生程度與入學試考生水平的意願，更令此書成為一紙風行的教學與自修教材。[30] 劉百閔的《孔門五論》（參見圖六）、[31] 陳禮頌的《中國文選語譯及問題詳解》、[32] 周鴻翔的《中國文選提綱》、[33] 李直方的《中國文選詮要》（參見圖七）、[34] 王質盧（王則潞，1907－1983）的

26　《中國文選（上編）》，封底內頁。

27　目前香港各大學圖書館尚藏有《中國文選》的一九六二、一九六四及一九七九年重印本。

28　黃六平（？－1997）、羅忼烈（1918－2009）、何沛雄（1935－2013）合編：《中國文選補編》，香港：香港大學出版社，1972 年 2 月。

29　何沛雄、陳炳良主編：《新編中國文選》，香港：香港大學出版社，1983 年。

30　《中國文選（上編）》的〈編輯例言〉便稱此書材料「可供教學及自修之用」（頁 1）。

31　劉百閔遺著：《孔門五論》，香港：學不倦齋，1968 年 4 月。

32　陳禮頌編譯：《中國文選語譯及問題詳解》，香港：大公書局，1957 年 3 月。此書出版後頗受學子歡迎，不旋踵已增訂再版。《香港工商日報》一則題為〈中學會考應試生佳音：《中國文選》新書出版〉的報道稱：「陳禮頌編譯增訂版《中國文選語譯及問題詳解》上、下編，均附有一九六〇年及以前歷屆中英文中學會考試題答案，港九各校學生，莫不稱便，於是各校咸樂採用，為學生應試必修之讀物。」（1961 年 3 月 13 日，第 7 頁）

33　周鴻翔撰：《中國文選提綱》，香港：馬來亞教育出版社，1959 年。《華僑日報》於一九五九年二月二十八日題為〈便利學生而振學風《中國文選》提綱－考港大及中學會考適用〉的報道稱：「周鴻翔編著之《中國文選提綱》一書，經已出版（經香港大學中文系諸教授校閱）。該書依照港大頒佈之《中國文選》上冊編寫，其中時代背景及文學史部分，適用於港大入學試中文科之 PAPER 4，課文分析則適用於 PAPER 1，自一九五五年至五八年三年中之入學試題，書中都有詳細解答，行文淺顯生動，為投考港大及中英文中學會考生之最佳參考書。又書中特重『孝』、『大孝』、『禮樂』及『從師』等德性教育，對當日日漸敗壞之學風，相信會起潛移默化之作用。」（第 2 張第 3 頁）

34　李直方撰：《中國文選詮要》（一集），香港：文理預科夜校，1964 年 8 月；李直方撰：《中國文選詮要》（二集），香港：文理預科夜校，1964 年 9 月。

《中國文選詳解》（參見圖八），[35] 都是因應《中國文選》的出版而陸續面世的副產品，這都是林仰山意想不到的收穫。

▲　圖五、《新編中國文選》封面

▲　圖六、《孔門五論》封面

▲　圖七、《中國文選詮要》封面

▲　圖八、《中國文選詳解》封面

35　王質廬（王則潞）撰：《中國文選詳解》，香港：喜羅印刷有限公司承印，1966 年。

四·《論語分類選註》的身世

林仰山主編的《中國文選》除備受香港大批師生與好學大眾歡迎外，還因該書內容豐富，涵蓋中華民族學術文化的不同層面，而被臺灣的世界書局在一九六一年易名為《大學國文講疏》（參見圖九），列為「大學用書」，供當地的大學生使用。[36] 當時的臺灣教育界不僅輸入有價值的教材，更廣納大批外來的學者。原居香港的王則潞在一九七一年移居臺灣後講學上庠時出版的《論語分類選註》竟是《中國文選》的另一副產品。這相信絕非早於一九六四年六月已榮休返回英國的林仰山始料可及。[37]

《論語分類選註》的編纂者王則潞，字子異，號易齋，晚號質廬，福州市人，光緒三十三年（1907）生於廣州黃埔。[38] 他幼年時回閩接受教育，並在一九二五年畢業於福建國學專修學院。他先後師從謝希安（1866–1939）、黃公渚（1900–1964）諸名家習藝，[39] 而於經義、詩文、金石、書畫造詣尤深。他在一九二八年步跡服務海軍的伯父王考鳴與父親王可華（1871–1928），毅然考入海軍編譯處任編輯。[40] 他從此任

36　香港大學原選、世界書局編輯所重編：《大學國文講疏》，臺北：世界書局，1961 年 4 月。

37　林仰山榮休返英，可參看他撰寫的〈別香港友人（一九六四年六月二十四日於「明賓士泰」輪啓碇前修正原稿）〉（載《東方》，第 14 期，1964 年 9 月，頁 2）。

38　王則潞的〈子異字說〉稱：「余生於胥江（廣州黃埔），先君子請楊子欣先生為余名，先生名之曰則潞，冀異日道德、文章、事業，能則效文潞公（文彥博，1006–1097）之為人也。稍長，遊於謝希安先生門，先生字之曰『子異』。昔契丹使者見文潞公，退而語人曰：『真異人也』，先生以是字余，其意亦曰『子其必有以異於人哉』。」（王則潞撰：《質廬存稿》，臺北：華正書局，1978 年，頁 49）

39　王則潞的〈侯官謝希安先生年譜跋〉稱：「余年十七，始受業於吾師之門，師授以劉蕺山（劉宗周，1578–1645）《人譜》一冊，命之曰：『生既有志於古聖賢之學，聖賢亦人耳，特能電勉以盡乎為人之道，兢兢業業以懍乎立己之方，凡此者皆所以合乎為人之譜而已矣。生能於此求之，抑亦入道之門也。』」（《質廬存稿》，頁 51）他的〈自傳〉復稱：「余於課暇亦自修習，以所作漢隸及山水向黃公渚師請益，師以為書畫切不可入俗，俗則不可救藥，屬余臨禮器以其剛健婀娜為褚河南所自出也。兼令習〈張遷〉（即《張遷碑》，全稱為《漢故穀城長蕩陰令張君表頌》，亦稱《張遷表頌》，漢靈帝中平三年〔186〕立碑於山東東平縣），取其樸茂渾雄。於山水則以為石谷（王翬，字石谷，1632–1717）太熟，熟則甜，不宜學，不如學王麓台，取其用筆拙，使墨厚，可以藥纖薄之病。至是余始有途徑可循。」（《質廬存稿》，頁 45-46）

40　王則潞的〈送外甥吳雄赴日〉詩稱：「吾家世航海，父輩均水師。」（《質廬存稿》，頁 34）

職海軍十八年，直至一九四五年遭解聘後始改任上海巴川銀行秘書。他在次年八月巴川銀行倒閉後轉任中國工鑛銀行秘書，並於一九四八年調任成都分行副理、一九四九年再調青島分行副理。一九五〇年初，他自青島赴上海，[41] 再輾轉於同年五月抵達香港。二戰結束後的香港，人浮於事，等閒皆無事可為、無業可展。[42] 他為糊口，曾充當家庭教師，並相繼於新法書院（New Method College，1949－2012）與格致書院（Mansfield College，1964－1986）任教。日後

▲　圖九、《大學國文講疏》封面

蜚聲國際的中國歷史學家陳學霖（1938－2011）便是他此時的得意門生。[43] 他同時活躍於香港的詩壇，與吳稼秋（1898－1974）、徐義衡、包天白（1902－1986）、郭亦園（1903－1979）諸人經常聚會唱酬，時人尊他們為「香港詩壇五老」。[44] 他在一九七一年定居臺灣後，[45] 除擔任銘傳女子商專兼任副教授外，還被中國文化學院院長張其昀（1901－1985）力邀，任職專任副教授。《論語分類選註》便是他主講中國文化學院時的教學用書。此外，他尚有《中國文選詳解》與《質廬存稿》

41　王則潞的〈庚寅上元作時由青島返滬〉詩言：「海澨歸來強自寬，親知存問意何安。乍逢各話流離苦，小飲聊消料峭寒。亂後九空生不易，尊前一醉聚常難。人生幾度逢元夜，語笑還應到夜闌。」（《質廬存稿》，頁 1）

42　王則潞的〈庚寅五月抵港偶成〉詩言：「兒時曾此作勾留，投老飄蓬感舊游。風物已殊寧可戀，世途原險復何尤。墜天玉石應俱盡，徹夜笙歌竟未休。流轉即今艱一飽，倚閭長使老親憂。」（同上書，頁 3）

43　王則潞的〈贈陳生學霖〉詩言：「客授殊方忽十年，及門惟爾最翩翩。能從高士窺堂奧，時向寒齋借簡編。用世豈宜耽絕學，識途深愧著先鞭。懷詩暮夜來商略，枕上微吟為損眠。」（同上書，頁 8）

44　參看潘兆賢：〈哭王則潞先生〉，《華僑日報》，1983 年 12 月 1 日，第 5 張第 2 頁。

45　王則潞有詩〈辛亥重陽寄懷香港詩壇諸老〉（《質廬存稿》，頁 24），足證一九七一年重陽時他已定居臺灣。

▲ 圖十、《論語分類選註》（華岡版）
封面

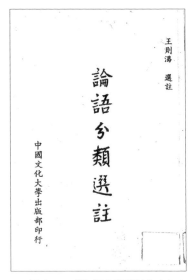

▲ 圖十一、《論語分類選註》（文大
版）封面

傳世。[46]

　　《論語分類選註》一書何時初版，今已無法得知。目前所見只有中國
文化學院華岡出版部於一九七三年十二月出版的第五版（參見圖十）與
中國文化大學出版部於一九八九年十二月出版的第六版（參見圖十一）。
兩版本內容、版式與頁數完全一樣，只是書的簡介第五版置於書末（參
見圖十二）而第六版冠於書首（參見圖十三）。該書簡介稱：

> 　　本書為本校教授王則潞所編註。《論語》一書，為儒家學說之精
> 蘊，本編從《論語》中選出關於論孝、論學、論仁、論君子等，分為四
> 大類，蓋一個人立身處世的基本學問，都具備於此，也可以說是《論
> 語》的菁華，已摘錄無遺。就這四大類來說：「孝」是家庭道德的基礎，
> 「學」是自身修養的基礎，「仁」是接物處世的基礎，這三個基礎能夠建
> 立得穩固，自然人格完美成為一個成德的「君子」了。[47]

46　有關王則潞的生平，主要參看王則潞的〈六十自述（用杜工部秋興韻）〉（《質廬存稿》，
　　頁 16-18）與〈自傳〉（《質廬存稿》，頁 43-48）。

47　王則潞編註：《論語分類選註》（臺北：華岡出版部，1973 年，以下簡稱《論語分類選
　　註（華岡版）》），書末版權頁；王則潞編註：《論語分類選註》（臺北：中國文化大學出

〔下轉頁 293〕

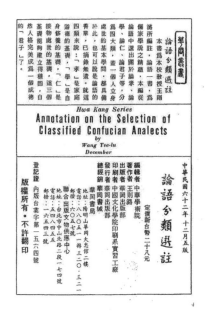

▲ 圖十二、《論語分類選註》（華岡版）書末簡介　　▲ 圖十三、《論語分類選註》（文大版）書首簡介

由於此書被編輯者中華學術院列入「華岡叢書」系列，此簡介相信出自叢書編輯者的手筆，而內容則應取材自王則潞為本書撰寫的〈前言〉。該〈前言〉稱：

> 　　本篇所選論孝、論學、論仁、論君子，是從《論語》各篇裏有關於論孝的、論學的、論仁（疑缺「的」字）、論君子的，各章選錄出來，分為四大類。雖然沒有將《論語》裏有關這四大類的完全選錄出來，但可以說一個人立身處世的基本學問，都具備於此，也可以說是《論語》的菁華，已摘錄於此了。學者應該對每章都能夠明白了解，並付諸實行，我想不難做到孔子（孔丘，前 551－前 479）所謂的君子。就這四類來說：孝是家庭道德的基礎，學是自身修養的基礎，仁是接物處世的基礎，這三個基礎建立得穩固之後，自然人格完美成為一個成德的君子。此種分類的選錄，比較切實容易領悟。而所選約全書十分之一，在此人人事務紛繁之際，無法盡讀聖賢書，讀此亦可以含英咀華，執簡

版部，1989 年，以下簡稱《論語分類選註（文大版）》），書首封面內頁。

馭繁矣。[48]

這憑藉「孝」、「學」、「仁」以成就「君子」的個人修養方式，無疑是王則潞讀書期間的深切體會。他雖沒有交代分類選注《論語》的準則，卻明顯流露了他的選注實以學生的易學易懂為主要考量依據。

《論語分類選註》一書由〈前言〉、〈通論〉、〈論孝〉、〈論學〉、〈論仁〉、〈論君子〉及〈引用參考書目錄〉七部分組成。〈前言〉交代分類選註的用意，〈通論〉就「何謂《論語》？」、「《論語》的內容」、「《論語》何以又稱為《魯論》？」、「《論語》的作者」、「《論語》在群經裏的地位」、「《論語》在文學上的價值」、「《論語》的研讀法」與「孔子的生平」八項作概括介紹，〈引用參考書目錄〉臚列全書或引用、或參考的五十一種書籍名稱，都能為讀者認識此書提供基礎的背景資料。〈論孝〉、〈論學〉、〈論仁〉與〈論君子〉四部分毫無疑問是全書的重點。各部分分別闡釋「孝」、「學」、「仁」與「君子」的意義，再逐條列出被選的《論語》原文，然後按實際需要依次就「辨音」、「註釋」、「語譯」、「分析」、「參考」五項交代每則原文的意蘊。〈論孝〉最末還別出心裁另設「綜合分析」一項作總結。現將此四部分所選原文表列，並顯示「辨音」、「註釋」、「語譯」、「分析」、「參考」五項的使用情況：

(1)〈論孝〉

原　　文	辨音	註釋	語譯	分析	參考
1. 孟武伯問孝。子曰：「父母唯其疾之憂。」（〈為政第二〉）		✓	✓	✓	✓
2. 子游問孝。子曰：「今之孝者，是謂能養。至於犬馬，皆能有養；不敬，何以別乎？」（〈為政第二〉）	✓	✓	✓	✓	✓
3. 子夏問孝。子曰：「色難。有事，弟子服其勞；有酒食，先生饌；曾是以為孝乎？」（〈為政第二〉）	✓	✓	✓	✓	✓

48　《論語分類選註（華岡版）》，頁 1；《論語分類選註（文大版）》，頁 1。

（續上表）

原　文	辨音	註釋	語譯	分析	參考
4. 孟懿子問孝。子曰：「無違。」樊遲御，子告之曰：「孟孫問孝於我，我對曰『無違』。」樊遲曰：「何謂也？」子曰：「生，事之以禮；死，葬之以禮，祭之以禮。」（〈為政第二〉）	✓	✓	✓	✓	
5. 宰我問：「三年之喪，期已久矣。君子三年不為禮，禮必壞；三年不為樂，樂必崩。舊穀既沒，新穀既升，鑽燧改火，期可已矣。」	✓	✓	✓	✓	
6. 子曰：「食夫稻，衣夫錦，於女安乎？」曰：「安。」	✓	✓	✓	✓	
7.「女安則為之！夫君子之居喪，食旨不甘，聞樂不樂，居處不安，故不為也。今女安，則為之！」	✓	✓	✓	✓	
8. 宰我出。子曰：「予之不仁也！子生三年，然後免於父母之懷。夫三年之喪，天下之通喪也。予也有三年之愛於其父母乎？」（〈陽貨第十七〉）		✓	✓	✓	✓

　　由於上表第 5、6、7、8 條本同屬〈陽貨第十七〉的一則，故〈論孝〉實只錄〈為政第二〉四則與〈陽貨第十七〉一則。

（2）〈論學〉

原　文	辨音	註釋	語譯	分析	參考
1. 子曰：「生而知之者，上也；學而知之者，次也；困而學之，又其次也；困而不學，民斯為下矣。」（〈季氏第十六〉）		✓	✓	✓	
2. 子曰：「學如不及，猶恐失之。」（〈泰伯第八〉）			✓	✓	✓
3. 子曰：「學而時習之，不亦說乎？有朋自遠方來，不亦樂乎？人不知而不慍，不亦君子乎？」（〈學而第一〉）	✓	✓	✓	✓	
4. 子曰：「古之學者為己，今之學者為人。」（〈憲問第十四〉）	✓		✓	✓	✓
5. 子曰：「君子博學於文，約之以禮，亦可以弗畔矣夫！」（〈雍也第六〉）[49]	✓	✓	✓	✓	✓

49　此則同見於〈顏淵第十二〉。參看楊樹達（1885－1956）撰：《積微居論語疏證》（臺北：大通書局，1974 年），頁 211。

（續上表）

原　文	辨音	註釋	語譯	分析	參考
6. 子夏曰：「賢賢易色，事父母能竭其力，事君能致其身，與朋友交，言而有信。雖曰未學，吾必謂之學矣。」（〈學而第一〉）		✓	✓	✓	✓
7. 子曰：「君子食無求飽，居無求安，敏於事而慎於言，就有道而正焉，可謂好學也已。」（〈學而第一〉）	✓	✓	✓	✓	✓
8. 子曰：「吾嘗終日不食，終夜不寢，以思，無益，不如學也。」（〈衛靈公第十五〉）			✓	✓	✓
9. 子曰：「學而不思則罔，思而不學則殆。」（〈為政第二〉）		✓	✓	✓	✓
10. 子曰：「由也，女聞六言六蔽矣乎？」對曰：「未也。」「居！吾語女。好仁不好學，其蔽也愚；好知不好學，其蔽也蕩；好信不好學，其蔽也賊；好直不好學，其蔽也絞；好勇不好學，其蔽也亂；好剛不好學，其蔽也狂。」（〈陽貨第十七〉）	✓	✓	✓	✓	✓
11. 子夏曰：「博學而篤志，切問而近思，仁在其中矣。」（〈子張第十八〉）			✓	✓	✓

〈論學〉共選錄〈學而第一〉三則與〈為政第二〉、〈雍也第六〉、〈泰伯第八〉、〈憲問第十四〉、〈衛靈公第十五〉、〈季氏第十六〉、〈陽貨第十七〉、〈子張第十八〉各一則，總計十一則。

（3）〈論仁〉

原　文	辨音	註釋	語譯	分析	參考
1.　顏淵問仁。子曰：「克己復禮，為仁。一日克己復禮，天下歸仁焉。為仁由己，而由人乎哉？」顏淵曰：「請問其目。」子曰：「非禮勿視，非禮勿聽，非禮勿言，非禮勿動。」顏淵曰：「回雖不敏，請事斯語矣。」顏淵問仁。子曰：「克己復禮，為仁。一日克己復禮，天下歸仁焉。為仁由己，而由人乎哉？」顏淵曰：「請問其目。」子曰：「非禮勿視，非禮勿聽，非禮勿言，非禮勿動。」顏淵曰：「回雖不敏，請事斯語矣。」（〈顏淵第十二〉）		✓	✓	✓	✓
2.　仲弓問仁。子曰：「出門如見大賓，使民如承大祭。己所不欲，勿施於人。在邦無怨，在家無怨。」仲弓曰：「雍雖不敏，請事斯語矣。」（〈顏淵第十二〉）		✓	✓	✓	✓

（續上表）

原　文	辨音	註釋	語譯	分析	參考
3.　司馬牛問仁。子曰：「仁者其言也訒。」曰：「其言也訒，斯謂之仁已乎？」子曰：「為之難，言之得無訒乎？」[50]（〈顏淵第十二〉）	✓	✓	✓	✓	✓
4.　樊遲問仁。子曰：「居處恭，執事敬，與人忠。雖之夷狄，不可棄也。」（〈子路第十三〉）	✓	✓	✓	✓	✓
5.　子曰：「剛毅、木訥，近仁。」（〈子路第十三〉）		✓	✓	✓	✓
6.　憲問恥。子曰：「邦有道，穀；邦無道，穀，恥也。」		✓	✓	✓	✓
7.　「克、伐、怨、欲不行焉，可以為仁矣？」子曰：「可以為難矣，仁則吾不知也。」（〈憲問第十四〉）		✓	✓	✓	✓
8.　子曰：「志士，仁人，無求生以害仁，有殺身以成仁。」（〈衛靈公第十五〉）		✓	✓	✓	✓
9.　子曰：「不仁者不可以久處約，不可以長處樂。仁者安仁，知者利仁。」（〈里仁第四〉）	✓	✓	✓	✓	✓
10.　子曰：「知者不惑，仁者不憂，勇者不懼。」（〈子罕第九〉）		✓	✓	✓	✓
11.　子曰：「惟仁者能好人，能惡人。」（〈里仁第四〉）	✓	✓	✓	✓	✓
12.　子曰：「巧言令色，鮮矣仁！」（〈學而第一〉）	✓	✓	✓	✓	✓
13.　子曰：「苟志於仁矣，無惡也。」（〈里仁第四〉）	✓	✓	✓	✓	✓
14.　子曰：「富與貴，是人之所欲也，不以其道得之，不處也；貧與賤，是人之所惡也，不以其道得之，不去也。君子去仁，惡乎成名？君子無終食之間違仁，造次必於是，顛沛必於是。」（〈里仁第四〉）	✓	✓	✓	✓	✓
15.　子曰：「我未見好仁者，惡不仁者。好仁者，無以尚之；惡不仁者，其為仁矣，不使不仁者加乎其身。有能一日用其力於仁矣乎？我未見力不足者。蓋有之矣，我未之見也。」（〈里仁第四〉）	✓	✓	✓	✓	✓

　　由於上表第 6、7 條本同屬〈憲問第十四〉的一則，故〈論仁〉實選錄〈里仁第四〉五則、〈顏淵第十二〉三則、〈子路第十三〉兩則與〈學而第一〉、〈子罕第九〉、〈憲問第十四〉、〈衛靈公第十五〉各一則，合共十四則。

50　本書作「斯謂之仁矣乎」（《論語分類選註（華岡版）》，頁 49；《論語分類選註（文大版）》，頁 49）

（4）〈論君子〉

原　文	辨音	註釋	語譯	分析	參考
1. 子曰：「君子恥其言而過其行。」（〈憲問第十四〉）	✓	✓	✓	✓	✓
2. 子貢問君子。子曰：「先行其言，而後從之。」（〈為政第二〉）		✓	✓	✓	
3. 子曰：「君子欲訥於言而敏於行。」（〈里仁第四〉）		✓	✓	✓	
4. 子曰：「君子義以為質，禮以行之，孫以出之，信以成之。君子哉！」（〈衛靈公第十五〉）	✓	✓	✓	✓	
5. 子曰：「君子之於天下也，無適也，無莫也，義之與比。」（〈里仁第四〉）	✓	✓	✓	✓	
6. 子曰：「君子不重則不威，學則不固。主忠信，無友不如己者，過則勿憚改。」（〈學而第一〉）		✓	✓	✓	
7. 子曰：「君子病無能焉，不病人之不己知也。」（〈衛靈公第十五〉）		✓	✓	✓	
8. 司馬牛問君子。子曰：「君子不憂不懼。」曰：「不憂不懼，斯謂之君子矣乎？」子曰：「內省不疚，夫何憂何懼！」（〈顏淵第十二〉）	✓	✓	✓	✓	
9. 子曰：「君子道者三，我無能焉：仁者不憂，知者不惑，勇者不懼。」子貢曰：「夫子自道也。」（〈憲問第十四〉）		✓	✓	✓	
10. 子曰：「君子喻於義，小人喻於利。」（〈里仁第四〉）		✓	✓	✓	
11. 子曰：「君子上達，小人下達。」（〈憲問第十四〉）		✓	✓	✓	
12. 子曰：「君子求諸己，小人求諸人。」（〈衛靈公第十五〉）		✓	✓	✓	
13. 子曰：「君子成人之美，不成人之惡。小人反是。」（〈顏淵第十二〉）		✓	✓	✓	
14. 子曰：「君子坦蕩蕩，小人長戚戚。」（〈述而第七〉）		✓	✓	✓	
15. 子曰：「君子懷德，小人懷土；君子懷刑，小人懷惠。」（〈里仁第四〉）		✓	✓	✓	✓

　　〈論君子〉共選錄〈里仁第四〉四則、〈憲問第十四〉與〈衛靈公第十五〉各三則、〈顏淵第十二〉兩則與〈學而第一〉、〈為政第二〉、〈述而第七〉各一則，總計十五則。

　　整體而言，王則潞按「論孝」、「論學」、「論仁」、「論君子」四大範疇選錄了《論語》原文四十五則，並據實際需要應用「辨音」、「註

釋」、「語譯」、「分析」、「參考」五項以令讀者易學易懂，都是促成《論語分類選註》一書得以備受讀者歡迎，連續印刷六版的主因。但翻遍全書，他除在〈前言〉提及「孝是家庭道德的基礎，學是自身修養的基礎，仁是接物處世的基礎，這三個基礎建立得穩固之後，自然人格完美成為一個成德的君子」，[51] 藉以交代四者的關係外，便一直為讀者至少留下下述三謎團：

（1）王則潞何以按「論孝」、「論學」、「論仁」、「論君子」四大範疇分類選註《論語》？

（2）王則潞以甚麼準則按「論孝」、「論學」、「論仁」、「論君子」四大範疇分類選註《論語》此四十五則原文？

（3）王則潞按「辨音」、「註釋」、「語譯」、「分析」與「參考」五項闡釋選錄的四十五則《論語》原文，究竟有甚麼用意？

這等謎團背後，是否有着讀者更希望知道的某些秘辛呢？

其實，《論語分類選註》的初版日期雖暫時無法確定，卻總不應早於王則潞在一九七一年定居臺灣前。他赴臺定居前一直在香港的新法書院與格致書院教授中學中文科課程。他在一九六六年以「王質盧」名義出版的便是任教格致書院英文中學會考中文科課程時特意為學生編寫的考試用書。[52] 書的〈編輯大意〉稱：

> 在香港這地方，一般高中學生，雖然讀完了會考範圍所選的二十七課課文，如果問他課文裏的詞語，或問題，仍多茫然。這種毛病，全在沒有深切了解課文裏的詞語，及課文的內容，……這本詳解，就是幫助學生，使他能夠深切了解每一課課文裏，詞語應有的解釋，內容裏應有的問題，可以說是應有盡有的了。每課編輯的要點如下：（一）解題、

---

51 《論語分類選註（華岡版）》，頁 1；《論語分類選註（文大版）》，頁 1。

52 王則潞在《中國文選詳解》的〈凡例〉自稱：「編者學識有限，編纂時雖竭盡棉薄，悉心考訂，並時就諸名宿商榷疑義，以求盡善，但篇幅繁複，訛謬處恐所難免，讀者如發現錯誤，請惠函香港九龍尖沙咀諾士佛台格致書院王質盧收，期於再版時參酌改正，無任盼感！」（王質盧撰：《中國文選詳解》，香港：喜羅印刷有限公司，1966 年，〈凡例〉，頁 2）這足見他當時正任教格致書院。

（二）課文、（三）辨音、（四）註釋、（五）語譯、（六）每段的分析、
（七）參考、（八）綜合的分析。

　　有人說：坊本參考書多採一問一答的方式，使學生容易背誦以應付
會考，我認為這方法對學生只有害處，沒有益處？因為學生並不能將每
條的答案，都加以背誦，於是會考時試題所問的問題，如果恰好是背誦
的一題，縱使一字不錯，也僅僅算是合格，但偶然中間忘記了一二句，
就弄到上下不銜接，而不能合格了。如果恰好不是背誦的一題，那就不
能不擱筆興歎，有些學生硬將所背誦的一題，全部照搬上去作答，於是
所答非所問，自然更不能合格了。這是我在會考擔任閱卷時所發現的一
般怪現象，不能不懷疑是受到這些參考書的影響的。

　　試問為甚麼不將課文加以深切了解，只在一問一答上作片斷的認識
呢？拙編這本詳解，決心糾正這些弊病，每課提出了許多問題，也提供
許多資料，教學時使學生自己尋找資料作答，使學生能夠運用思想，加
以組織，寫出答案，既能當作考試時答題的準備，也能當作平時作文寫
作的實習，這對於學生來說，有一舉兩得的好處。[53]

他自是認定自己的安排將對學生最為有利，是以在書的〈凡例〉詳述編
輯的要點，他說：

　　本編內容分：解題、課文、辨音、註釋、語譯、分析、綜合的分
析、參考、圖表等。
　　解題：關於本課需要了解的常識，均特別提出，經子各篇，詳述學
說源流；詩文各篇，兼述文體演變、作家派別、作者生平、作品風格等。
　　課文：本書所有課文，均根據善本精校。其有訛誤脫漏，一律加以
勘正。
　　辨音：凡有變聲、異讀的字，均予列出，因讀音一變，字義亦異，
讀者往往不加注意，故特揭而出之，使誦習時有所遵循。
　　註釋：凡有難解的字或詞，均加註釋，其有數義者，亦列供參考。
成語、典故的出處、人名、地名、年號等，一律加以說明。
　　語譯：力求明晰，或直譯，或意譯，務以不背原文、原意為主。
　　分析：經、子各篇，每章、每節、甚至每句的涵義，均反覆申述，

53　同上書，〈編輯大意〉，頁 1-3。

以闡明聖哲立言本意。詩、文、詞各篇，逐段詳析，說明每一段的要旨，及其結構、作法。

綜合分析：在每篇課文之後，將全篇加以綜合分析，使讀者對於全篇意旨，更加明了。

參考：有關課文裏，必須參考的資料，都選擇列舉，使讀者作更深的了解。

本編（原誤作「篇」）於「經」、「子」的研讀法，及「詩」、「文」、「詞」的研習法，均有入門的介紹，使讀者除了解課文之外，更可循此以求進一步的研究。不僅為應試時敲門磚之用而已。

本編特點，不作一般試題式的一問一答，因試題式的問答，多係片斷的，每有顧此失彼之患，徒使考生增加記憶力上的負擔，讀後於每課內容，仍然隔閡，茫無所知。本編力矯此弊，將課文中所有問題，都歸納在「解題」及「分析」內，作系統的說明，讀者如能悉心探討，讀後對每一課便都有了完整的概念。應考作答，當綽有餘裕。[54]

他出版的《中國文選詳解》原擬分為三冊，目前只得見被列為「上編」的第一冊。書的〈凡例〉稱：

本編遵照香港教育司署一九六四年所頒發之一九六五年英文中學會考課程，並依照香港大學出版之《中國文選》上篇，加以編定，分為三冊：

第一冊：英文中學四年級課程

〈論孝〉、〈論學〉、〈論仁〉、〈論君子〉、〈送孟東野序〉、〈始得西山宴遊記〉、〈鈷鉧潭記〉、〈項脊軒志〉、〈虬髯客傳〉。（原按：〈鈷鉧潭記〉、〈項脊軒志〉兩篇一九六五年會考範圍已取銷，茲姑附入，聊備參考。）

第二冊：英文中學五年級課程

〈詩三篇〉、〈論四端〉、〈論義利〉、〈兼愛〉、〈秋水〉、〈江鄰幾文集序〉、〈祭王回深甫文〉。

第三冊：英文中學五年級課程

〈古詩十九首〉、〈贈白馬王彪詩〉、〈歸園田居〉、〈宣州謝朓樓餞

別校書叔雲〉、〈北征〉、〈登快閣〉、〈正氣歌〉、〈念奴嬌〉、〈滿江紅〉。[55]

這可見〈論孝〉、〈論學〉、〈論仁〉、〈論君子〉四篇本是當時香港教育司署編定英文中學四年級中文科課程的《論語》選文，[56] 而它們得以廁身被選行列則可溯源於香港大學出版的《中國文選》。王則潞將此書命名為《中國文選詳解》，正好顯示他的編撰目的實在「詳解《中國文選》」。

根據羅香林介紹的《中國文選》編纂分工，「經」類選文由劉百閔負責。[57]《論語》既是群經的一種，則按「孝」、「學」、「仁」與「君子」四大範疇分類選取《論語》原文組成的〈論孝〉、〈論學〉、〈論仁〉與〈論君子〉四篇選文毫無疑問必是劉百閔的傑作。劉百閔在一九六七年九月為《孔門五論》一書撰寫的〈序〉稱：

予嘗為香港大學編《中國文選》，其用處在為中英文中學畢業生投考香港大學中文入學試驗之資。是編包括四部，亦可於中國典籍涉其藩籬。通常的國文選，僅注意及於普通文學而止，是編則於中國傳統文化精神之真髓，均約略與以沾溉，則庶幾進入大學之後而有以卓然自立。其中如《論語》則提出孔門論孝、論學、論仁、論敬、論君子之五論題，讀者雖未能於《論語》有所精研，然於孔門之教育精神，亦可領略。是編《孔門五論》，即為《中國文選》之補充，而特別提出「論敬」，則又為中國文化傳統精神之最重要的論題。[58]

全書除〈序〉外，分為〈孔門論孝〉、〈孔門論學〉、〈孔門論仁〉、〈孔門論君子〉與〈論中華民族文化傳統精神底「敬」〉五篇。各篇都以他曾參與編輯的《中國文選》上編所錄《論語》一書「論孝」、「論學」、

55　同上書，〈凡例〉，頁 1。

56　二十世紀五、六十年代香港英文中學中文科課程的選文，可參看汪文恂（1922–2002）撰：《中學中文教學法舉要》（香港：香港政府印務局，1957 年），頁 44-49。

57　羅香林：〈林仰山教授與中國學術文化的關係（上）〉，頁 4。

58　劉百閔遺著：《孔門五論》（香港：學不倦齋，1968 年），〈序〉，不標頁碼。

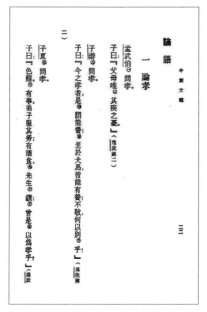
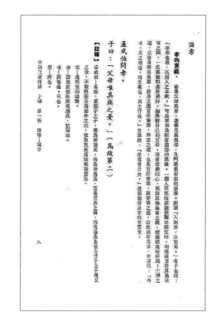

▲ 圖十四、《中國文選》的〈論孝〉書影　　▲ 圖十五、《中國文選詳解》的〈論孝〉書影

　　「論仁」、「論君子」的相關條目為基礎,[59] 參酌歷代儒學論者的見解,援此證彼,就孔子的言論作深入淺出的分析。書末〈論中華民族文化傳統精神底「敬」〉一文復將前述四項探討對象逐一貫串,藉討論孔門「論敬」的言論,以凸現「中華民族文化的傳統精神是主敬」。[60] 這說明他編選「論孝」、「論學」、「論仁」、「論君子」的目的,正為了凸現「敬」的重要;而確立主題、條列資料便成了經學教育中經書教學的新方法。他為《中國文選》上編選錄《孟子》原文時亦是採用相同的方法,先確立「論四端」、「論義利」、「論知言養氣」三主題,再條列〈公孫丑・上〉、〈梁惠王・上〉、〈告子・下〉的相關文字。[61]

　　今檢《中國文選》,知劉百閔為此四篇選取的《論語》原文共四十五

59　《中國文選（上編）》,頁 22-42。

60　《孔門五論》,〈論中華民族文化傳統精神底「敬」〉,頁 108。有關《孔門五論》一書,可參看本書第十二章〈劉百閔的經學著述〉。

61　《中國文選（上編）》,頁 43-61。

則（附圖十四），[62] 跟王則潞於《中國文選詳解》按「辨音」、「註釋」、「語譯」、「分析」與「參考」五項詳解的《論語》原文完全相同（附圖十五），[63] 亦跟《論語分類選註》所錄《論語》原文四十五則別無稍異者。因此，《論語分類選註》實際便是《中國文選詳解》相關部分的臺灣複製本，箇中情況為：

	書　名	
	《中國文選詳解》	《論語分類選註》
目錄	〈編輯大意〉	/
	〈凡例〉	/
	/	〈前言〉
	《論語》——〈論孝〉問題一覽	/
	《論語》——解題	〈通論〉
	〈論孝〉	〈論孝〉
	《論語》——〈論學〉問題一覽	/
	〈論學〉	〈論學〉
	《論語》——〈論仁〉問題一覽	/
	〈論仁〉	〈論仁〉
	《論語》——〈論君子〉問題一覽	/
	〈論君子〉	〈論君子〉
	/	〈引用參考書目錄〉

　　《論語分類選註》只是在《中國文選詳解》相關部分的基礎上增添簡短的〈前言〉與〈引用參考書目錄〉，書的〈通論〉（附圖十六）根本便是《中國文選詳解》一書〈《論語》——解題〉（附圖十七）的原文照錄，而兩書的〈論孝〉、〈論學〉、〈論仁〉與〈論君子〉四篇俱無隻字增減。由於兩書的讀者對象不同，王則潞只是刪去《中國文選詳解》的〈《論語》——〈論孝〉問題一覽〉、〈《論語》——〈論學〉問題一覽〉、〈《論語》——〈論仁〉問題一覽〉與〈《論語》——〈論君子〉問題一覽〉。這遂使

62　《中國文選（上編）》，頁 22-33。

63　《中國文選詳解》，頁 9-94。

原供香港英文中學四年級生使用的中文科考試用書，搖身一變成為中國文化學院學生的經學教學用書。因此，回應《論語分類選註》為讀者留下的三謎團：

（1）　按「論孝」、「論學」、「論仁」、「論君子」四大範疇分類選注《論語》的主意並非王則潞自創。他只是將劉百閔為《中國文選》編定的選文挪用。

（2）　由於王則潞只是挪用劉百閔為《中國文選》編定的選文，所以他沒有、也沒可能在《論語分類選註》一書交代按「論孝」、「論學」、「論仁」、「論君子」四大範疇分類選注《論

論語分類選註
通論

何謂論語？ 論語是四書裏的一部。所謂四書，即大學、中庸、論語、孟子。宋淳熙間編爲四書，理學家朱熹加以章句集註，後來元、明、清、科舉都規定以四書出題取士，遂爲士人所必讀，而所讀的註解，以朱註爲主，故朱註比較通行。正如現代的教科書一樣。謂之論語者，據漢代經學家鄭玄說：「答述曰語，以此書所載，皆仲尼應答門弟子及時人之辭，故曰語；而論者，必經論撰，然後載之，以示非妄謬也。」這是論語命名最切當的解釋。

按：梁，皇侃，論語義疏序：「此書旣是論難答述之事，宜以論爲名，故名爲論語也。然此語命名孔子在時所說，而論是孔子沒後方論，論在語後，應曰語論，而今不曰語論，而云論語者，其義有二，一則恐後有穿鑿之嫌，故以語在論下，示非率爾故也。二則欲現此語非徒然之說，萬代之準繩，所以先論己，以備有圓周之理，理在於事前，急標論在上，故以論居語先也。」此說牽強附會，所謂論難，即孔子與門弟子及時人所論者，如宰我問三年喪是也，豈必在孔子沒而後論之。即孔子沒後而後論之，稱爲論語，亦未嘗不可，而必稱爲語論耶？

論語的內容： 論語一共有二十篇。（學而第一，爲政第二，八佾第三，里仁第四，公冶長第五，雍也第六，述而第七，泰伯第八，子罕第九，鄉黨第十，先進第十一，顏淵第十二，子路第十三，憲問第十四，衞靈公第十五，季氏第十六，陽貨第十七，微子第十八，子張第十九，堯曰第二十。）四百九十八章。其內容有些是孔子答門

通論

三

▲　圖十六、《論語分類選註》的〈通論〉書影

語》四十五則原文的準則。

（3）王則潞按「辨音」、「註釋」、「語譯」、「分析」與「參考」
五項闡釋選錄的四十五則《論語》原文，相關用意只嘗在
《中國文選詳解》的〈凡例〉交代。讀者只需一讀，便已
了然。

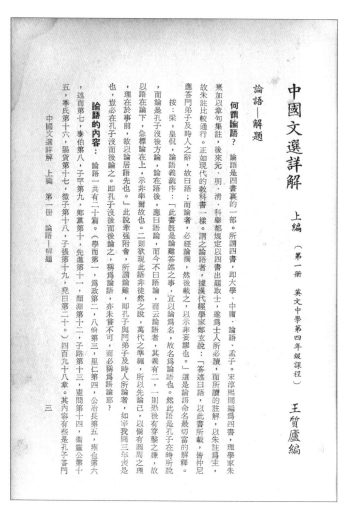

▲ 圖十七、《中國文選詳解》的〈《論語》——解題〉書影

五・結語

　　《論語分類選註》絕不是戰後臺灣出色的經學著述，它只是一本供學生使用的經學教學用書。由於它是差不多半世紀前的出版物，是以今日知者已寥寥。但昔日它能連續印刷六版，特別是一九七一至一九七三年的短短兩年間竟能連刊五版，足見王則潞闡釋全書四十五則《論語》原文的方法頗受當時讀者的歡迎。此書原是王則潞編撰《中國文選詳解》一書「詳解」《論語》的篇章，跟同書「詳解」〈送孟東野序〉、〈始得西山宴遊記〉、〈鈷鉧潭記〉、〈項脊軒志〉、〈虬髯客傳〉諸篇相同，目的只在幫助香港的英文中學學生應付繁艱的中學會考考試。當《論語分類選註》廁身臺灣上庠的「華岡叢書」系列後，劉百閔為《中國文選》設計經書選文時採用的確立主題、條列資料方法，配合王則潞為《中國文選詳解》「詳解《中國文選》」時訂定的「辨音」、「註釋」、「語譯」、「分析」與「參考」五項闡釋方法，都成了廣受師生歡迎的經書教學模式。當日溫肅採用此確立主題、條列資料的方法在香港大學中文學院講授「哲學」科的先秦諸子思想時，[64] 怎會想到竟為日後香港的經書教學樹立了嶄新的範例；劉百閔為《中國文選》選錄《論語》「論孝」、「論學」、「論仁」、「論君子」四大類四十五則原文時，又怎會想到香港課程發展議會與香港考試及評核局在二〇一五年為中四至中六學生提供的《論語》範文十六則，除「論孝」的兩則外，其餘的「論仁」四則、「論孝」兩則與「論君子」八則俱沿用他在一甲子前的選擇。[65] 這無疑論證了當年香港大學中文系講座教授兼系主任林仰山毅然捨棄錯謬不少的《國文參考材

64　參看本書第九章〈溫肅與朱汝珍的《大學中文哲學課本》〉。

65　參看課程發展議會與香港考試及評核局聯合編訂：《中國語文課程及評估指引（中四至中六）》（香港：課程發展議會與香港考試及評核局，2015 年 11 月），頁 99。另參看教育局附件〈指定文言經典學習材料原文（十二篇）〉（載 https://www.edb.gov.hk/attachment/tc/curriculum-development/kla/chi-edu/nss-lang/Set_text_12.pdf，2020 年 1 月 3 日閱覽）有關教育局此十六則《論語》選文，何文匯的〈學好《論語》讀範文第一篇，友名師第一人〉（載《談學習　憶名師》，香港：商務印書館〔香港〕有限公司，2017 年 7 月，頁 57-82）嘗作申析，可參看。

料》，另編《中國文選》作為香港大學入學考試中文科用書的決定，的確對數十年來香港的中文教育與經學教育產生極深遠的影響。

後　記

　　本書的出版是意想不到的意想不到的意想不到。

　　四十年來在香港大學中文系（中文學院）追隨去年夏天遽歸道山的業師趙令揚教授研習宋明時期的歷史，雖間或旁涉法制、政制、教育、文獻諸領域，卻從沒考慮涉足香港史、香港經學史、香港教育史或香港大學史的範疇。但趙師平日偶爾談及的學林掌故、校史系史軼聞，都出乎意料深入腦海，並因緣際會、意想不到地成為本書不少章節的養分。業師閒時的片言隻語，竟無意間為本書的面世早奠基礎，實在衷心感激不已。

　　本書各章的撰寫，歷時已逾一紀，而發端於二○○七年獲臺灣中央研究院中國文哲研究所經學研究室賜予機會為林慶彰教授舉辦的「變動時代的經學和經學家（1912－1949）」系列學術研討會提交論文。當時以「民國時期香港的經學」為題，除整體交代日本侵佔香港前的經學研究與教育狀況外，還分別探討了陳伯陶、區大典、溫肅、朱汝珍、李景康的若干著述，從而意想不到地涉足香港經學的範疇。此後，承李雄溪教授、盧鳴東教授、區志堅博士錯愛，容許在他們主辦的國際學術研討會獻曝，令相關範疇的積稿漸豐。本書個別章節曾分別刊於《變動時代的經學和經學家：民國時期（1912－1949）經學研究》論文集、《嶺南大學經學國際學術研討會論文集》、《北學南移：港台文史哲溯源（文化卷）》論文集、《嶺南學報》、《中國學術年刊》與《國學新視野》，箇中疏漏，今已盡力作了不同程度的增刪補苴。車行健教授早在二○一四年已曾建議、並向林慶彰教授推薦將已成篇各稿彙集出版；可惜個人礙於學殖所限，兼以種種俗務羈身，始終未敢應命。各教授的隆情厚意，一

直銘感五內。

今番厚顏將書稿付梓，蔡崇禧博士、梁思樂博士多年來在各式事務上的幫忙，肯定居功不少。朱家恒先生、佘慧婷小姐、駱為孺先生在不同時期提供的無私襄助，同樣滿載送炭的深情。中華書局（香港）有限公司黎耀強先生、郭子晴小姐、黃杰華博士在編務上的統籌、編輯與校閱，令書稿意想不到地在極短時間內面世，勞苦功高，絕對功不可沒。謹向各位致以衷心感謝！

學海無涯，綆短汲深，錯誤難免，尚祈包涵！

許振興謹識

二〇二〇年五月

□ 責任編輯：黃杰華
□ 裝幀設計：黃希欣
□ 排　版：肖霞
□ 印　務：林佳年

經學、教育與香港大學 —— 二十世紀的足跡

□
著者
許振興

□
出版
中華書局（香港）有限公司
香港北角英皇道 499 號北角工業大廈一樓 B
電話：(852) 2137 2338　傳真：(852) 2713 8202
電子郵件：info@chunghwabook.com.hk
網址：http://www.chunghwabook.com.hk

□
發行
香港聯合書刊物流有限公司
香港新界大埔汀麗路 36 號
中華商務印刷大廈 3 字樓
電話：(852) 2150 2100　傳真：(852) 2407 3062
電子郵件：info@suplogistics.com.hk

□
印刷
美雅印刷製本有限公司
香港觀塘榮業街 6 號海濱工業大廈 4 樓 A 室

□
版次
2020 年 5 月初版
© 2020 中華書局（香港）有限公司

□
規格
16 開（230 mm×170 mm）

ISBN：978-988-8675-62-3